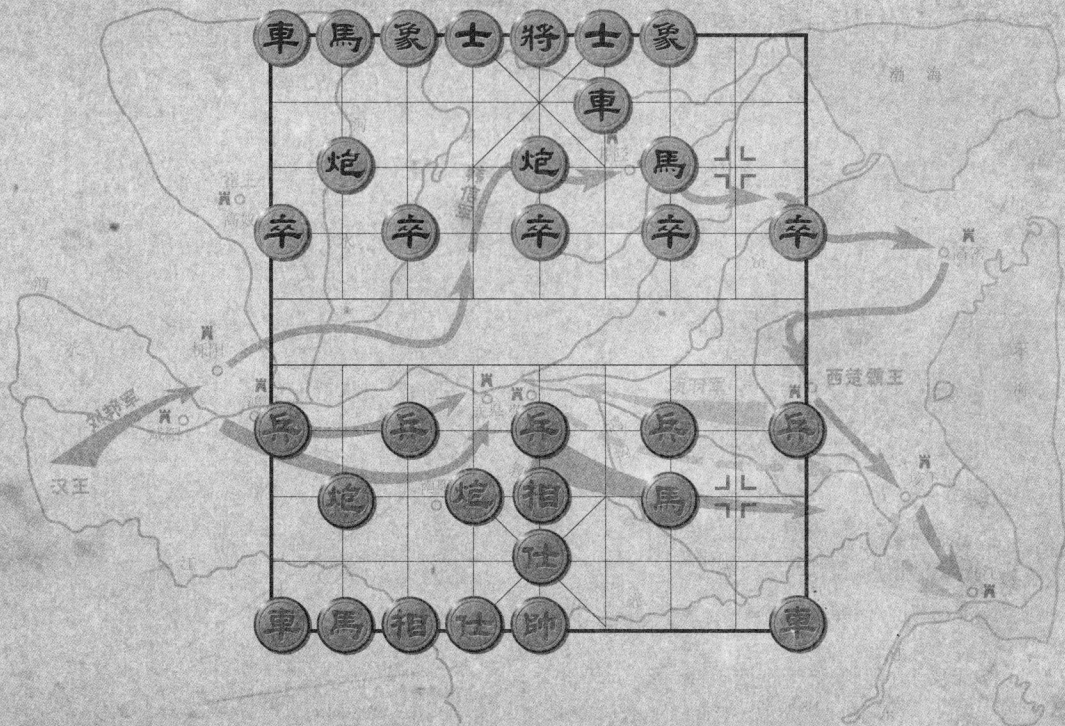

过宫炮对左中炮

黄少龙 段雅丽 编

经济管理出版社·棋书中心

图书在版编目（CIP）数据

过宫炮对左中炮/黄少龙，段雅丽编.—北京：经济管理出版社，2015.2
ISBN 978-7-5096-3498-1

Ⅰ.①过… Ⅱ.①黄… ②段… Ⅲ.①中国象棋—布局（棋类运动） Ⅳ.①G891.2

中国版本图书馆 CIP 数据核字（2014）第 276287 号

组稿编辑：郝光明 王 琼
责任编辑：郝光明 史岩龙
责任印制：黄章平
责任校对：超 凡

出版发行：经济管理出版社
　　　　　（北京市海淀区北蜂窝 8 号中雅大厦 A 座 11 层 100038）
网　　址：www.E-mp.com.cn
电　　话：（010）51915602
印　　刷：保定金石印刷有限公司
经　　销：新华书店
开　　本：720mm×1000mm/16
印　　张：12.75
字　　数：233 千字
版　　次：2015 年 2 月第 1 版 2015 年 2 月第 1 次印刷
印　　数：1—5000 册
书　　号：ISBN 978-7-5096-3498-1
定　　价：32.00 元

总　序

具有初、中级水平的棋友，如何提高棋力？这是大家关心的问题。

一是观摩象棋大师实战对局，细心观察大师在开局阶段怎样舒展子力、部署阵型，争夺先手；在中局阶段怎样进攻防御，谋子取势、攻杀入局；在残局阶段怎样运子，决战决胜，或者巧妙求和。从大师对局中汲取精华，为我所用。

二是把大师对局按照开局阵式分类罗列，比较不同阵式的特点、利弊及对中局以至残局的影响，从中领悟开局的规律及其对全盘棋的重要性。由于这些对局是大师们经过研究的作品，所以对我们有很实用的价值，是学习的捷径。

本丛书就是为满足广大棋友的需要，按上述思路编写的。全套丛书以开局分类共51册，每册一种开局阵式。读者可以选择先学某册开局，并在自己对弈实践中体会有关变化，对照大师对局的弈法找出优劣关键，就会提高开局功力，然后选择另一册，照此办理。这样一册一册学下去，掌握越来越多的开局知识，你的开局水平定会大为提高，赢棋就多起来。

本丛书以宏大的气魄，把象棋开局及其后续变化的巨大篇幅展示在读者面前，是棋谱出版的创举，也是广大棋友研究象棋的好教材，相信必将得到棋友们的喜爱。

黄少龙

2013. 11. 6

前　言

　　过宫炮对左中炮局，最早载于清朝《王氏梅花谱》。红方过早调运右车巡河攻击黑右马，由于顾攻不顾守，后防薄弱，结果吃亏。古谱给人的印象是过宫炮不敌当头炮，但这个结论不成立。关键在于红方必须改变战略思维，待左翼子力部署妥当，阵式巩固之后再策划进攻，"先为不可胜，以待敌之可胜"，这才是过宫炮本来的战略方针。

　　本布局通常红开直车黑起横车，这与顺炮局有些类似，可以借鉴。红方有补右仕或左仕两类着法，前者跳左边马疏通车路，后者可跳左正马，必要时把左角炮移右角，或再补左相然后退左炮，都暗藏反弹力。

　　古谱黑方还中炮过于强硬，反击不成不便转变阵形，缺乏灵活性，现今采用者已不多了。目前黑方较稳健的应法是飞象横车，便于控制局面，伺机反击。

　　目前过宫炮局仍在发展，因为它可演变成许多种阵式，适合中残棋功力较深的棋手使用。

黄少龙　段雅丽

2014 年 12 月 1 日

目 录

第一章　过宫炮右仕对左中炮

第1局　胡荣华胜刘殿中

1. 炮二平六　炮8平5	2. 马二进三　马8进7
3. 仕四进五　马2进3	4. 相三进五　车9平8
5. 车一平四　卒5进1	6. 马八进七　卒5进1
7. 兵五进一　马3进5	8. 炮六进一　炮5进3（图1）
9. 炮八进四　卒3进1	10. 炮八平三　炮2平3
11. 车九平八　卒3进1	12. 炮六平五！卒3平4
13. 马七退九　车8进3	14. 车四进六！炮3进1
15. 炮五进三！马7退9	16. 炮五退一　车8进1
17. 车八进五　炮3平7	18. 车四平三　车1进2
19. 车八平六！（图2）	

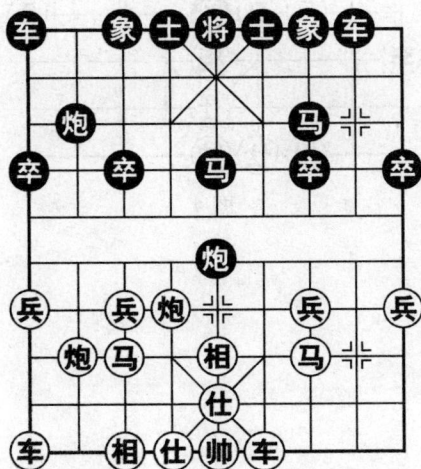

图1

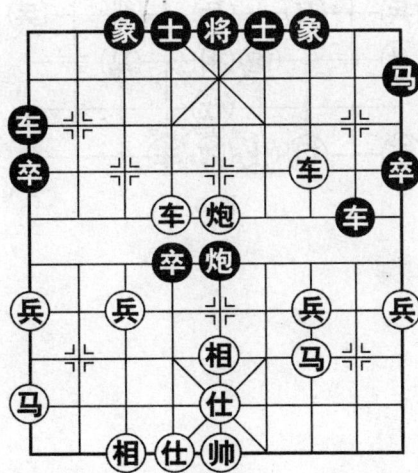

图2

·1·

第 2 局　洪智负于幼华

1. 炮二平六　炮8平5	2. 马二进三　马8进7
3. 仕四进五　车9平8	4. 相三进五　马2进3
5. 车一平四　车8进4	6. 马八进九　车8平2
7. 炮八进五　炮5平2	8. 兵三进一　车1平2（图3）
9. 兵九进一　卒7进1	10. 车四进四　炮2平1
11. 兵三进一　前车平7	12. 马九进八　卒1进1
13. 马八进七　车2进3	14. 炮六平七　象3进5
15. 马七退八　炮1进3！	16. 马八退六　马3进4！
17. 车四平七　马4进2！	18. 炮七平八　马2进3！
19. 马三进四　车2进4	20. 兵五进一　马3退5
21. 车九进二　车2退3！（图4）	

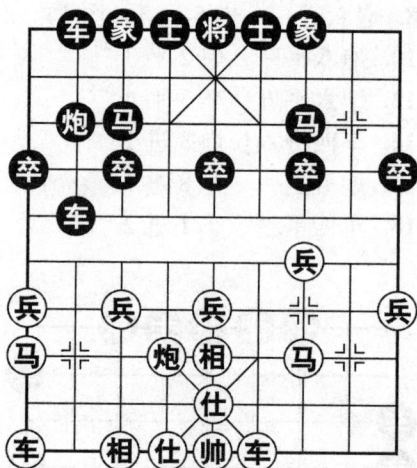

图3

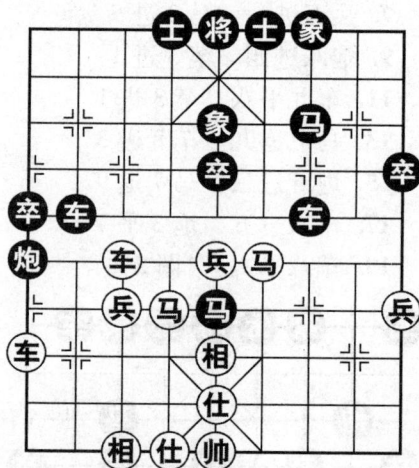

图4

第3局　陈富贵负言穆江

1. 炮二平六　炮8平5	2. 马二进三　马8进7
3. 车一平二　马2进3	4. 兵七进一　车9进1
5. 马八进七　车9平4	6. 仕四进五　卒5进1
7. 炮八进二　车4进5	8. 车二进六　卒3进1（图5）
9. 车二平三　卒3进1	10. 车三平七　卒3进1
11. 车七进一　卒3进1	12. 炮六平五　炮2退1
13. 车七进一　炮2平1	14. 车九平八　炮1进5！
15. 炮五进三　士6进5	16. 车七退二　炮1平5
17. 相七进五　后炮进1！	18. 炮八平九　象3进1
19. 车八进七　车4退2	20. 炮五退一　前炮平1！
21. 车八平三　炮1进3！（图6）	

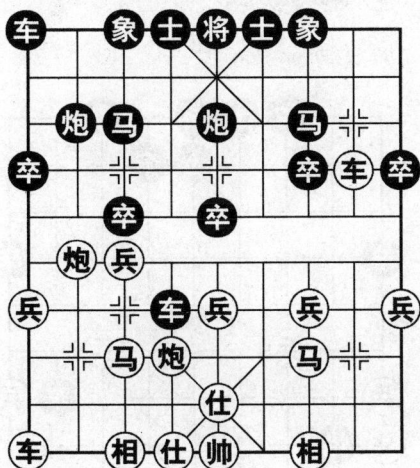

图5

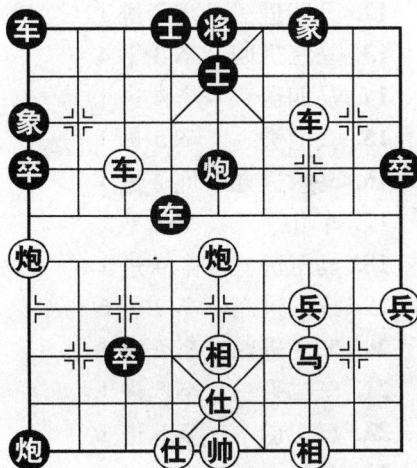

图6

第4局 谢添顺负李国勋

1. 炮二平六　炮8平5
2. 马二进三　马8进7
3. 车一平二　车9进1
4. 仕四进五　马2进3
5. 车二进六　卒3进1！
6. 炮八进二　马3进4
7. 炮八平六　马4进6
8. 相三进五　炮2进5（图7）
9. 马三退四　炮5进4
10. 兵三进一　车9平6
11. 车二退三　炮2退1！
12. 马四进三　卒3进1！
13. 马三进四　卒3平4
14. 马四退三　卒4进1
15. 兵七进一　卒5进1
16. 马八进九　炮2进1
17. 车九平八　车1平2
18. 马三进五　卒4进1
19. 仕五进六　车2进6
20. 车二进四　卒5进1
21. 车二平三　卒5进1
22. 车三退一　卒5进1
23. 车三平五　士6进5
24. 车五退四　车2平8！（图8）

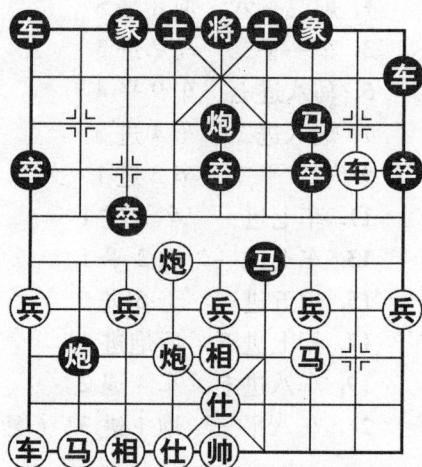

图7

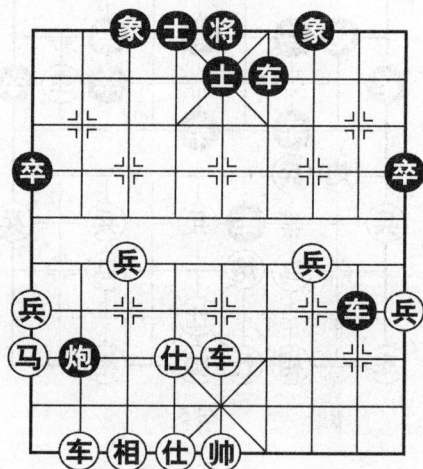

图8

第 5 局 苗永鹏胜李望祥

1. 炮二平六　炮 8 平 5
2. 马二进三　马 8 进 7
3. 仕四进五　车 9 平 8
4. 相三进五　马 2 进 3
5. 车一平四　卒 3 进 1
6. 马八进九　士 4 进 5
7. 炮八平七　马 3 进 4
8. 车九平八　车 1 进 2（图 9）
9. 炮六进二！　炮 2 平 4
10. 车四进五！　卒 5 进 1
11. 炮六平九　车 1 平 2
12. 车八进七　炮 5 平 2
13. 车四平五　炮 2 进 2
14. 兵七进一　象 3 进 5
15. 兵七进一　象 5 进 3
16. 炮九平五！　象 7 进 5
17. 兵九进一　卒 7 进 1
18. 马九进八　马 4 进 3
19. 车五平七！　马 3 退 5
20. 车七平八　马 5 进 7
21. 马八进六　后马进 6
22. 马六进四　车 8 平 7
23. 车八进四　炮 4 退 2
24. 炮七进六！（图 10）

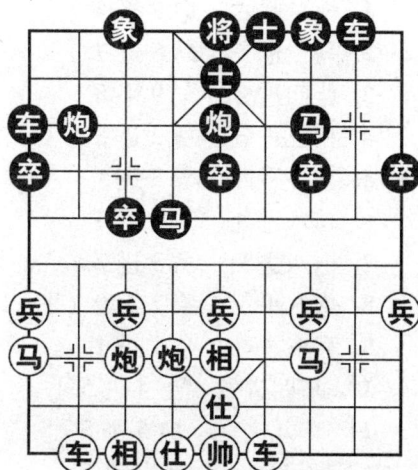

图 9

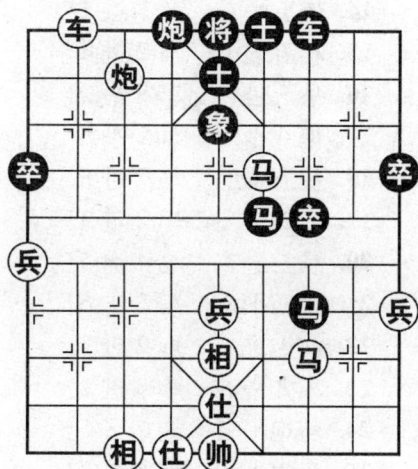

图 10

第 6 局　李国勋负胡荣华

1. 炮二平六　　炮 8 平 5
2. 马二进三　　马 8 进 7
3. 仕四进五　　车 9 平 8
4. 相三进五　　马 2 进 3
5. 车一平四　　卒 3 进 1
6. 马八进九　　车 8 进 4
7. 炮八进四　　马 3 进 2
8. 炮八平三　　象 7 进 9（图 11）
9. 兵三进一　　卒 1 进 1
10. 车四进四　　士 4 进 5
11. 车九进一　　炮 5 平 3
12. 车四进二　　象 3 进 5
13. 炮三平五　　车 1 进 3！
14. 炮五平八　　卒 3 进 1！
15. 相五进七　　马 2 进 4
16. 兵五进一　　车 8 平 2！
17. 炮八平六　　车 1 平 3
18. 仕五退四　　马 7 进 8
19. 车四退三　　车 2 进 3！
20. 马三进二　　马 4 退 5！
21. 车四平六　　马 5 进 6！
22. 前炮进二　　炮 2 进 3
23. 车九平五　　车 3 进 2！
24. 前炮平七　　炮 2 平 5！
25. 车六平五　　炮 5 平 7！
26. 后车平三　　车 3 平 5！（图 12）

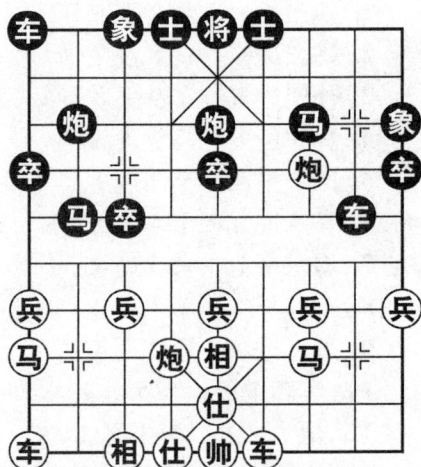

图 11

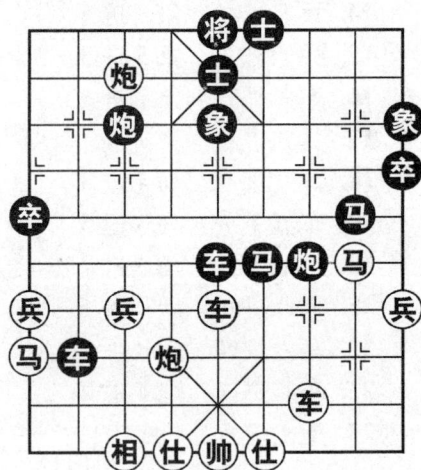

图 12

第7局　谢添顺负蔡忠诚

1. 炮二平六　　炮 8 平 5
2. 马二进三　　车 9 进 1
3. 车一平二　　车 9 平 4
4. 仕四进五　　马 8 进 7
5. 车二进六　　马 2 进 3
6. 车二平三　　卒 3 进 1
7. 相三进五　　炮 5 退 1
8. 炮八进二　　炮 5 平 7
9. 车三平四　　马 7 进 8
10. 车四退三　　车 1 进 1（图 13）
11. 兵三进一　　车 4 平 6
12. 车四平二　　车 6 进 3
13. 马八进九　　象 7 进 5
14. 兵五进一　　车 1 平 4
15. 车九进一　　马 8 进 7！
16. 兵七进一　　车 4 进 5！
17. 车九平七　　马 7 进 5！
18. 车二退二　　炮 7 进 6！
19. 相七进五　　炮 7 平 4
20. 兵七进一　　炮 4 平 2
21. 兵七进一　　马 3 退 5
22. 炮八进二　　马 5 进 7
23. 兵七进一　　车 4 平 2！
24. 炮八平七　　后炮进 2
25. 车二进六　　马 7 进 8
26. 仕五退四　　马 8 进 7！（图 14）

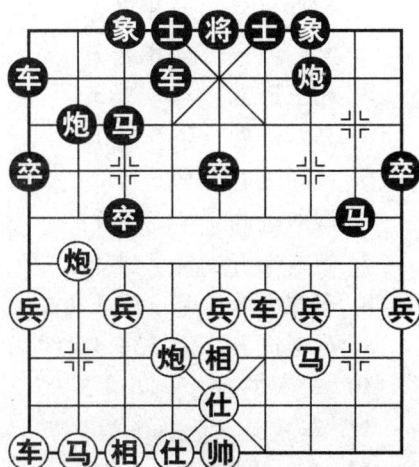

图 13

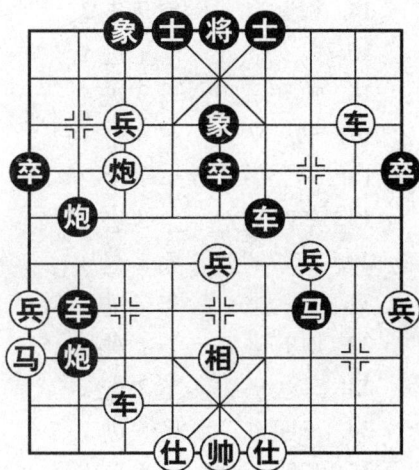

图 14

第8局　郑新年胜张晓平

1. 炮二平六　炮8平5
2. 马二进三　马8进7
3. 相三进五　马2进3
4. 马八进九　卒5进1
5. 仕四进五　马3进5
6. 炮八进四　卒5进1
7. 炮八平五　马7进5
8. 车九平八　卒5进1（图15）
9. 马三进五　炮5进4
10. 车八进七　士4进5
11. 车八退三　炮5平1
12. 车一平四　车9平8
13. 车四进六！马5进3
14. 相五退三！象7进5
15. 炮六平五　卒1进1
16. 帅五平四　马3进4
17. 车八平二！车8平7
18. 车二平六　车1平2
19. 车四平六　象3进1
20. 后车平五　象1退3
21. 车六进二！车7进2
22. 炮五进五　士5进4
23. 车六平四　车2进4
24. 车四进一　将5进1
25. 车四退一　将5退1
26. 车五平二！车7退2
27. 炮五退五！（图16）

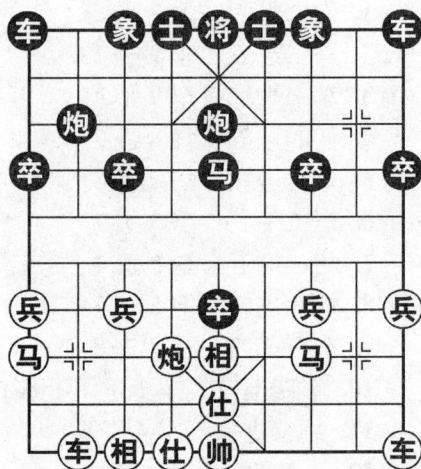

图15

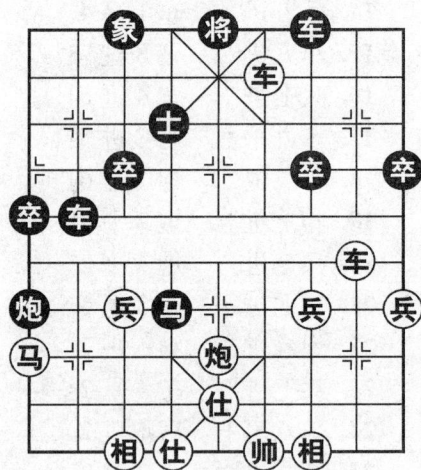

图16

第9局　赵国荣胜王斌

1. 炮二平六　炮8平5
2. 马二进三　马8进7
3. 车一平二　马2进3
4. 兵七进一　炮2平1
5. 马八进九　车9进1
6. 车九平八　卒7进1
7. 仕四进五　马7进6
8. 炮八平七　车1平2
9. 车八进九　马3退2
10. 相三进五　炮1进4（图17）

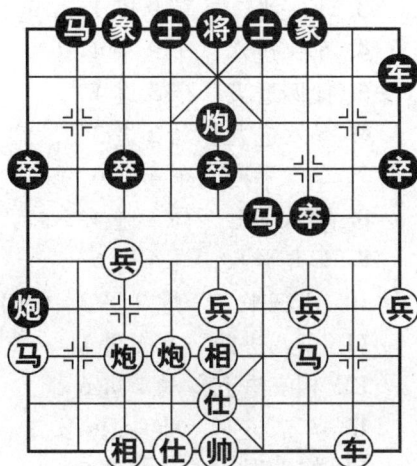

图17

11. 车二进四　马6进5
12. 炮七进四　车9平6
13. 马九进七　车6进5
14. 马七进五！炮1退1
15. 马五进三　车6退2
16. 后马进五　车6平7
17. 车二进二！象3进1
18. 马五进三　马2进4
19. 炮七平六　马4进2
20. 前炮平八　炮1平7
21. 兵三进一　车7平9
22. 车二平三！车9进2
23. 车三进三　象1退3
24. 车三退三　马2进4
25. 炮八平五　士4进5
26. 炮六进三！车9平4
27. 兵七进一！象3进1
28. 车三平四！（图18）

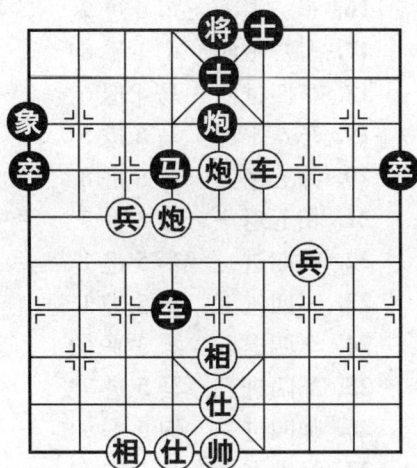

图18

第 10 局　陈柏祥负麦昌幸

1. 炮二平六　炮 8 平 5
2. 马二进三　马 8 进 7
3. 车一平二　车 9 进 1
4. 车二进六　车 9 平 4
5. 仕四进五　卒 3 进 1
6. 马八进九　马 2 进 3
7. 车二平三　车 4 平 6
8. 炮八平七　马 3 进 4
9. 车九平八　马 4 进 6
10. 车三平二　炮 2 平 3（图 19）
11. 车八进四　车 1 进 1
12. 相三进五　马 7 进 6
13. 车二进三　前马退 4！
14. 炮七退一　马 6 进 5
15. 马三进五　炮 5 进 4
16. 车二退七　车 6 进 2
17. 车二平四　车 1 平 8！
18. 车四进四　马 4 退 6
19. 车八平四　马 6 进 5！
20. 帅五平四　车 8 进 8
21. 相五退三　车 8 平 7
22. 帅四进一　卒 5 进 1
23. 车四进五　将 5 进 1
24. 车四退五　炮 3 平 6！
25. 车四进三　马 5 进 7！
26. 帅四进一　炮 5 平 9！
27. 炮六平八　卒 5 进 1！
28. 炮八进一　卒 5 进 1！
29. 兵七进一　卒 5 进 1！（图 20）

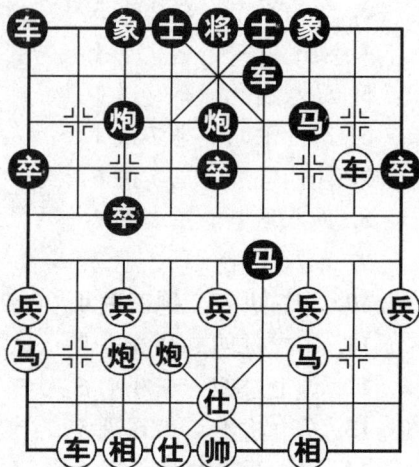

图 19

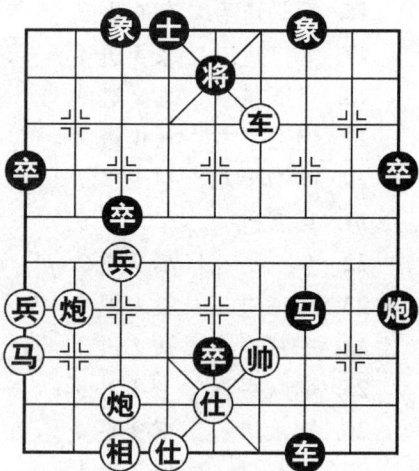

图 20

第 11 局　宗永生胜万春林

1. 炮二平六　炮 8 平 5
2. 马二进三　马 8 进 7
3. 仕四进五　车 9 平 8
4. 相三进五　马 2 进 3
5. 车一平四　车 8 进 4
6. 马八进九　卒 3 进 1
7. 炮八进四　马 3 进 2
8. 炮八平三　象 7 进 9
9. 兵三进一　士 4 进 5
10. 车四进四　卒 1 进 1
11. 兵七进一　炮 5 平 3
12. 马九退七　车 8 平 4 （图 21）

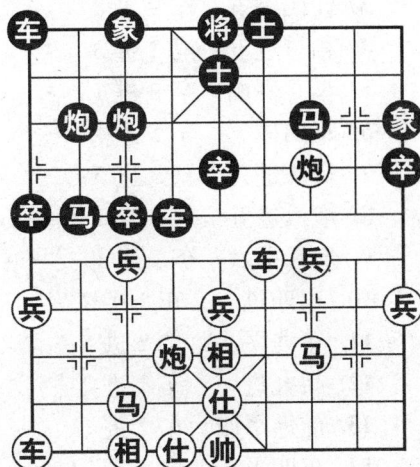

图 21

13. 兵七进一　车 4 平 3
14. 马七进六　车 3 进 2
15. 车四进一　马 2 进 4
16. 炮六进二　车 3 平 4
17. 炮六平四　炮 2 进 5
18. 炮四退一　车 4 退 1
19. 车四退一！车 4 退 1
20. 车四平七　炮 3 平 5
21. 马三进四！车 4 平 8
22. 车七平八　炮 2 平 3
23. 车九进二　炮 3 退 3
24. 车九平六　炮 5 进 4
25. 车六进三　车 8 平 4
26. 马四进六　炮 5 退 2
27. 炮三平二！象 3 进 5
28. 炮四平三！马 7 进 6
29. 马六进五！（图 22）

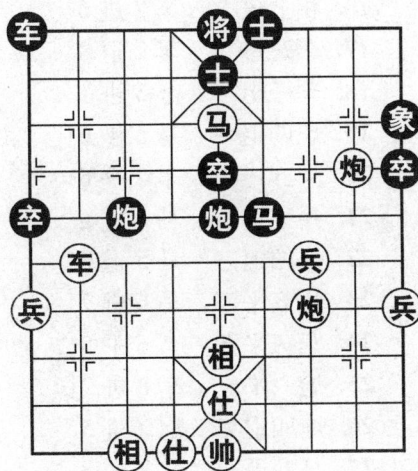

图 22

第 12 局　蒋志梁负杨官璘

1. 炮二平六　炮8平5
2. 马二进三　马8进7

3. 仕四进五　车9平8
4. 相三进五　马2进3
5. 车一平四　卒3进1
6. 车四进五　卒5进1
7. 马八进九　马3进5
8. 炮六进五　炮5退1（图23）
9. 炮八平六　卒7进1
10. 车四进一　车1平2
11. 车九平八　炮2进5
12. 兵九进一　车2进2
13. 前炮平四　车2进1
14. 车四平三　炮5平7！
15. 炮四退一　炮2平5！
16. 相七进五　车2进6！
17. 车三进一　车2退8
18. 车三退一　卒5进1
19. 炮四退一　马5进6！
20. 兵五进一　车2平6
21. 兵五进一　马6进5
22. 炮四退三　马5退6！
23. 兵五平四　马6进7
24. 车三平五　车6平5！
25. 炮六平五　车8进9！
26. 炮四退二　炮7进5
27. 马九退八　炮7平5
28. 车五退三　马7退5！
29. 马八进六　车8退3！（图24）

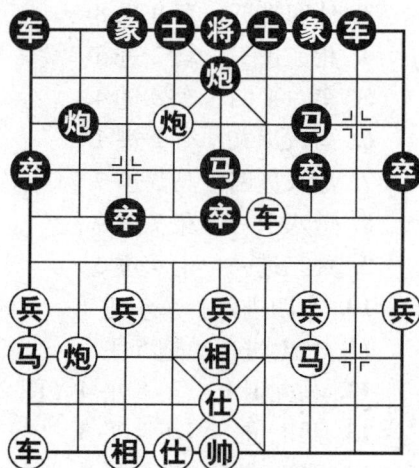

图 23

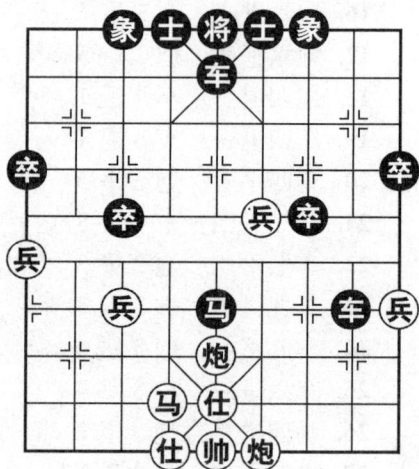

图 24

第 13 局 庄玉庭负宇兵

1. 炮二平六　炮 8 平 5
2. 马二进三　马 8 进 7
3. 车一平二　马 2 进 3
4. 兵七进一　炮 2 平 1
5. 马八进九　车 9 进 1
6. 车九平八　车 9 平 4
7. 仕四进五　车 1 平 2
8. 车二进六　车 2 进 6（图 25）
9. 炮八平七　车 2 进 3
10. 马九退八　卒 5 进 1
11. 车二平三　马 3 进 5
12. 兵三进一　车 4 进 4
13. 车三平四　车 4 平 7
14. 相三进五　车 7 退 1
15. 炮七进四　卒 5 进 1
16. 兵五进一　炮 5 进 3
17. 马八进九　炮 1 平 5
18. 马九退七　车 7 进 2!
19. 帅五平四　后炮退 1!
20. 马七进九　前炮平 4
21. 马九进七　炮 4 退 1
22. 马七进九　炮 4 平 6!
23. 马九进八　马 5 进 6
24. 帅四平五　马 6 进 8
25. 马八进七　炮 5 平 4
26. 仕五退四　马 8 进 7
27. 帅五进一　炮 6 平 8!
28. 车四平二　炮 8 平 5!
29. 相五进三　车 7 进 1!（图 26）

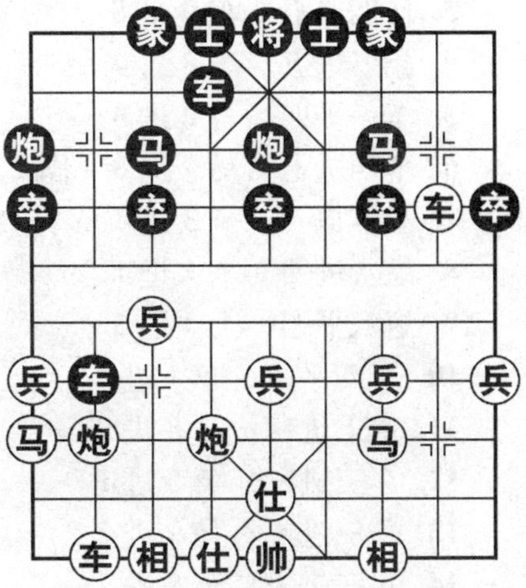

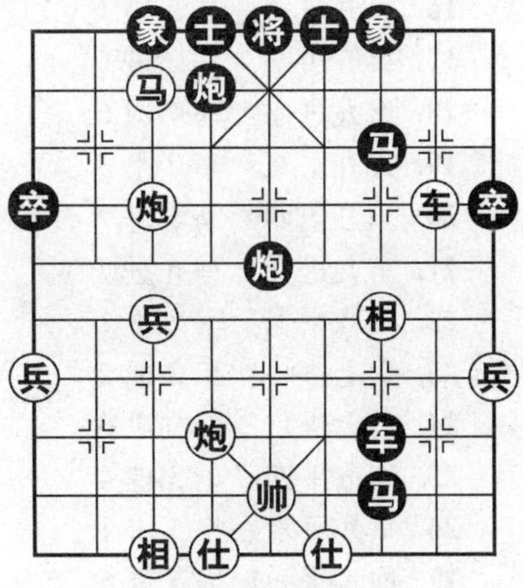

图 25

图 26

第 14 局 赵国荣胜徐天红

1. 炮二平六　炮 8 平 5

2. 马二进三　马 8 进 7

3. 仕四进五　车 9 平 8

4. 相三进五　车 8 进 4

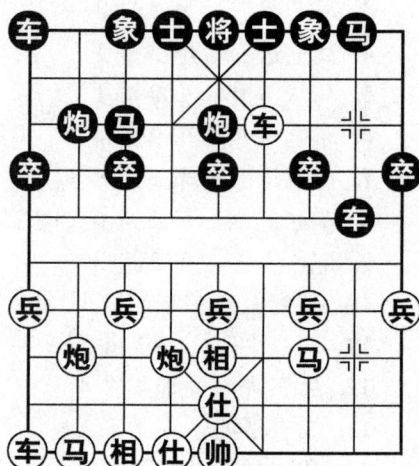

图 27

5. 车一平四　马 2 进 3

6. 车四进七　马 7 退 8（图 27）

7. 车四退一　卒 3 进 1

8. 炮八进四　卒 1 进 1

9. 炮八平七　士 4 进 5

10. 车四平三　车 1 进 3

11. 炮七进三　马 8 进 9

12. 车三进三！卒 5 进 1

13. 兵三进一　马 9 进 7

14. 兵三进一！车 8 平 7

15. 马八进七　车 1 平 2

16. 兵九进一　卒 5 进 1

17. 兵五进一　马 3 进 5

18. 兵九进一　马 7 退 6

19. 兵九平八！车 2 平 3

20. 车三退四　马 5 进 7

21. 车九进九　马 6 进 7

22. 兵八平七！车 3 进 1

23. 兵七进一！车 3 退 2

24. 马七进六　前马进 6

25. 炮七平四　士 5 退 4

26. 车九平六　将 5 进 1

27. 炮六平七！炮 5 进 5

28. 相七进五　车 3 平 5

29. 车六退三！（图 28）

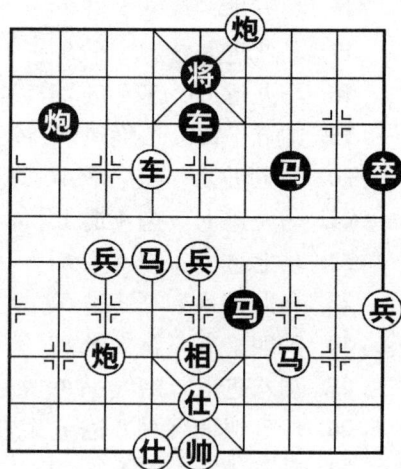

图 28

第 15 局　马宽负胡荣华

1. 炮二平六	炮 8 平 5
3. 仕四进五	车 9 进 1
4. 相三进五	卒 5 进 1
5. 马八进九	马 2 进 3
6. 炮八进四	车 9 平 4
7. 车一平四	卒 3 进 1
8. 车四进六	马 3 进 5（图 29）
9. 车四退三	卒 7 进 1
10. 车九进一	车 1 进 1
11. 炮八平七	车 1 平 2！
12. 车九平八	炮 2 进 5
13. 帅五平四	车 4 平 6！
14. 车四进五	车 2 平 6
15. 帅四平五	车 6 平 2！
16. 炮六进四	卒 5 进 1
17. 炮七平五	马 7 进 5
18. 兵五进一	炮 5 进 3
19. 炮六退三	马 5 进 6
20. 炮六平四	卒 3 进 1！
21. 兵三进一	卒 7 进 1
22. 马三进四	卒 7 平 6
23. 炮四退一	炮 2 退 3
24. 车八平六	炮 2 平 6！
25. 炮四退二	炮 6 平 3！
26. 车六进四	象 3 进 5
27. 车六平四	卒 3 平 4！
28. 车四进四	将 5 进 1
29. 马九退七	车 2 进 7！（图 30）

2. 马二进三　马 8 进 7

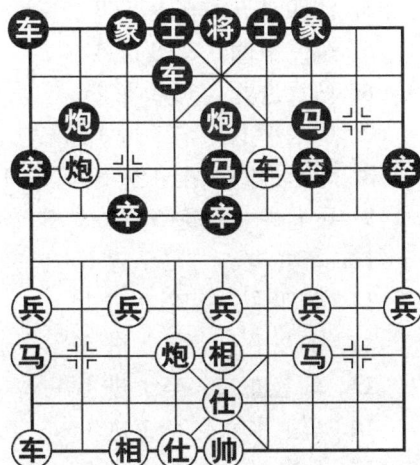

图 29

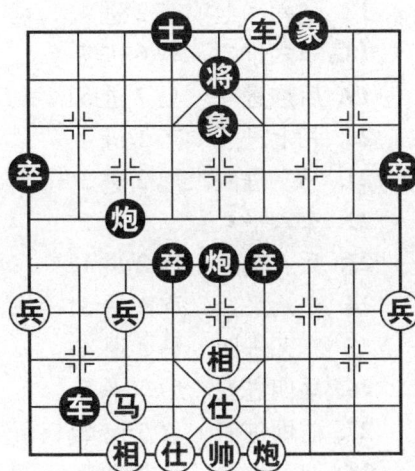

图 30

第16局　柳大华负于幼华

1. 炮二平六　炮8平5
2. 马二进三　马8进7
3. 仕四进五　车9平8
4. 相三进五　马2进3
5. 车一平四　车8进4
6. 马八进九　车8平2
7. 炮八平七　卒7进1
8. 炮七进四　士4进5（图31）
9. 兵七进一　炮5平6
10. 车九进一　马7进6
11. 车四平二　卒9进1！
12. 车九平七　象3进5
13. 车七进二　卒1进1
14. 车七平六　卒1进1
15. 兵九进一　车1进5
16. 车二进四　车1退2
17. 炮六平七　车2进4
18. 车六进二　马6进7
19. 后炮进一　马7进5！
20. 相七进五　车1进4
21. 马三进四　炮2进3
22. 车六平八　车1平2
23. 兵五进一　炮2平1
24. 车八平九　炮1平5！
25. 车九进四　马3退4
26. 马四进五　后车平5
27. 前炮进三　象5退3
28. 炮七进六　马4进3
29. 车二平五　车5退2
30. 马五进七　士5进4！（图32）

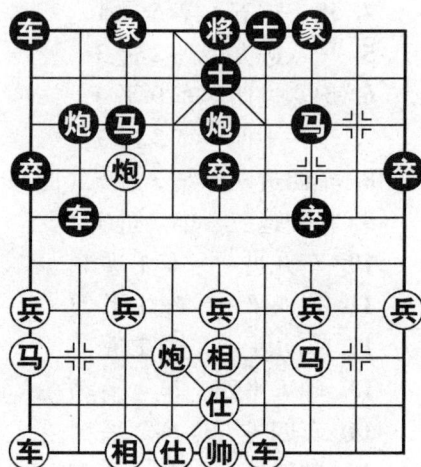

图31

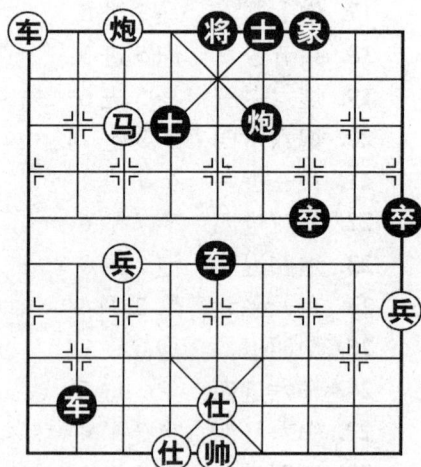

图32

第 17 局　陈寒峰胜金松

1. 炮二平六　炮8平5
2. 马二进三　马8进7
3. 车一平二　车9进1
4. 车二进六　马2进3
5. 车二平三　车9平4
6. 仕四进五　炮5退1
7. 马八进九　炮5平7
8. 车三平四　车4进1（图33）
9. 兵三进一　车4平6
10. 车四退二！象7进9
11. 炮六平四！车6平4
12. 炮八平五　车1平2
13. 车九平八　炮2进4
14. 兵七进一　士4进5
15. 车八进二　象3进5
16. 炮四进七！士5退6
17. 车四进三　马7进8
18. 炮五进四！士6进5
19. 车八平四！将5平4
20. 炮五进二　将4进1
21. 兵三进一！象9进7
22. 马三进四　炮2平9
23. 马四进二　炮9进3
24. 相三进一　车2平8
25. 前车进一　炮7平5
26. 前车平五！将4平5
27. 马二进三　将5平4
28. 马三进二　车4进1
29. 马二退三　车4退1
30. 车四进六（图34）

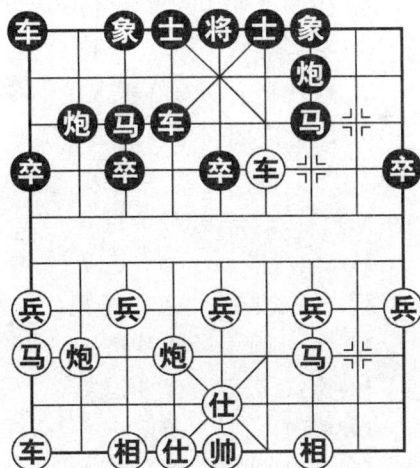

图 33

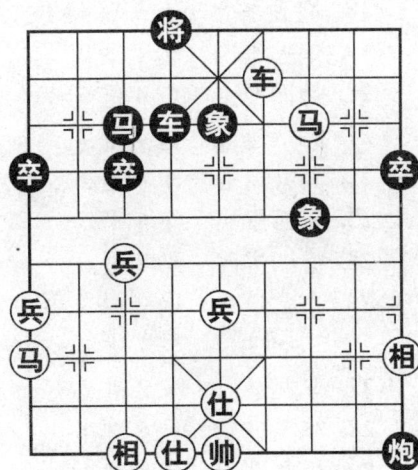

图 34

第 18 局 马有共负许波

1. 炮二平六 炮8平5	2. 马二进三 马8进7
3. 车一平二 车9进1	4. 车二进六 车9平4

5. 仕四进五 卒7进1

6. 车二平三 马2进3

7. 炮八平七 马3退5

8. 炮七进四 车4进2（图35）

9. 炮七退二 象7进9

10. 车三平二 马7进6

11. 炮六平五 马5进7

12. 车二平四 炮2进1！

13. 马八进七 士4进5

14. 炮七进三 车4退1

15. 炮七平五 象3进5

16. 车四进二 炮2平3！

17. 马七退九 车4进6

18. 炮五平七 炮3平4！

19. 炮七平四 车1平2

20. 炮四退一 炮4进6！

21. 相七进九 炮4平7！

22. 马九退七 车4退3

23. 车四平二 车4平6

24. 炮四进四 马7进6

25. 车二退八 炮7退3

26. 马七进六 卒7进1

27. 车九平六 车2进7

28. 车二进二 马6进4

29. 相九进七 马4进6！

30. 车二退一 车6退1

31. 仕五进四 炮7平5！（图36）

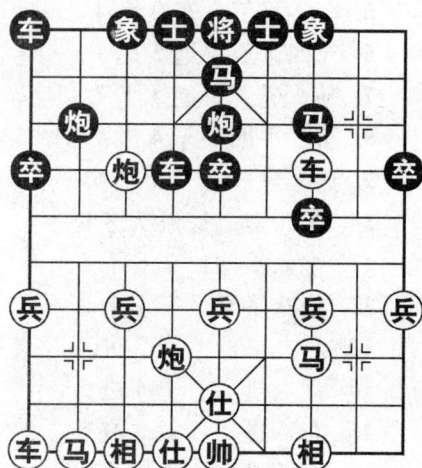

图 35

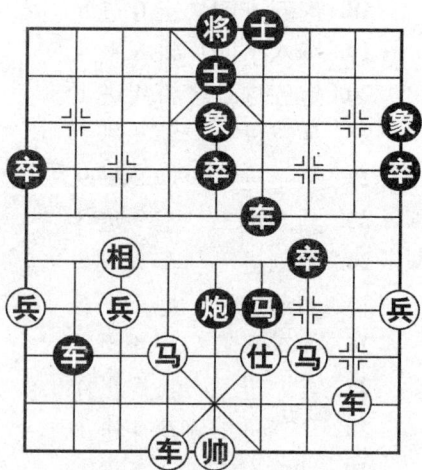

图 36

第 19 局　曹霖负胡庆阳

1. 炮二平六　炮 8 平 5　　　　2. 马二进三　马 8 进 7
3. 车一平二　车 9 进 1　　　　4. 马八进九　车 9 平 4
5. 仕四进五　马 2 进 3　　　　6. 车二进六　卒 3 进 1
7. 车二平三　炮 5 退 1
8. 相七进五　炮 5 平 7
9. 车三平四　车 1 进 1
10. 兵七进一　马 3 进 4!（图 37）
11. 车四退三　车 4 平 6!
12. 车四进五　车 1 平 6
13. 兵七进一　马 4 进 6
14. 兵三进一　马 7 进 8
15. 车九平七　炮 2 平 8!
16. 车七进四　马 8 进 7!
17. 仕五退四　炮 8 进 3
18. 车七退四　马 6 进 7
19. 炮六平三　炮 8 进 4!
20. 仕六进五　马 7 进 5
21. 车七进二　马 5 退 7
22. 车七平六　车 6 进 5
23. 炮八进七　士 6 进 5
24. 车六进一　象 7 进 5
25. 马九进七　车 6 进 2
26. 炮八退八　车 6 退 3
27. 马七进六　车 6 平 2
28. 马六进四　炮 7 平 6
29. 炮八平六　马 7 进 5
30. 炮三平四　士 5 进 6!
31. 车六退一　车 2 进 4!
32. 仕五退六　马 5 进 4!（图 38）

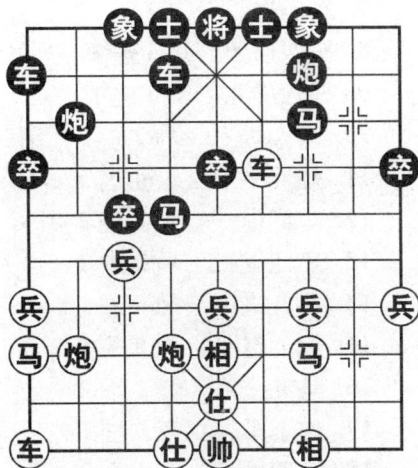

图 37

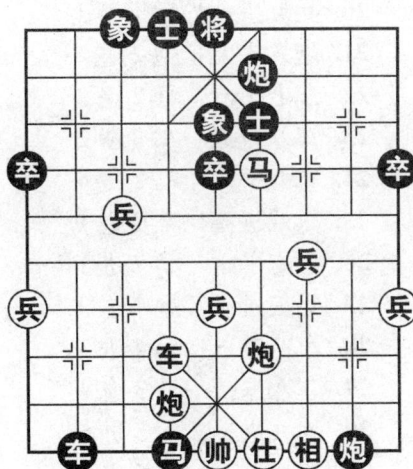

图 38

第 20 局　许银川胜吕钦

1. 炮二平六	炮 8 平 5	2. 马二进三　马 8 进 7
3. 相三进五	车 9 平 8	4. 仕四进五　车 8 进 4
5. 车一平四	马 2 进 3	6. 车四进七　马 3 退 5

7. 车四进一　炮 2 退 1

8. 车四退四　马 5 进 3

9. 马八进九　卒 3 进 1

10. 车四进三　马 7 退 8（图 39）

11. 炮八平七　士 4 进 5

12. 车四退一　炮 2 进 2

13. 车四退二　马 3 进 2

14. 兵九进一　马 8 进 7

15. 炮七退一　炮 5 平 1

16. 马九进八　炮 1 平 2

17. 炮七平九！卒 3 进 1

18. 车四平七　车 1 平 2

19. 炮九进五！象 3 进 5

20. 兵九进一！后炮平 1

21. 炮六平九！炮 2 进 2

22. 车七平八　马 2 退 3

23. 车八进五　马 3 退 2

24. 车九平八　马 2 进 4

25. 车八进五！卒 7 进 1

26. 后炮平六　卒 7 进 1

27. 兵三进一　炮 1 进 2

28. 车八进三！马 4 进 3

29. 车八退二　马 3 退 4

30. 炮九进三　士 5 进 6

31. 车八进三！将 5 进 1

32. 车八退一！（图 40）

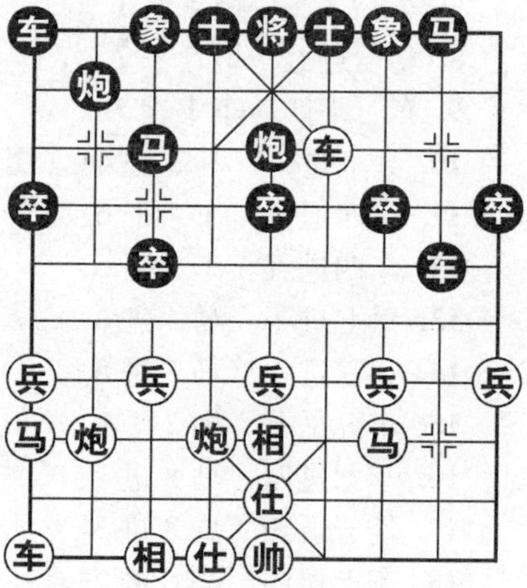

图 39

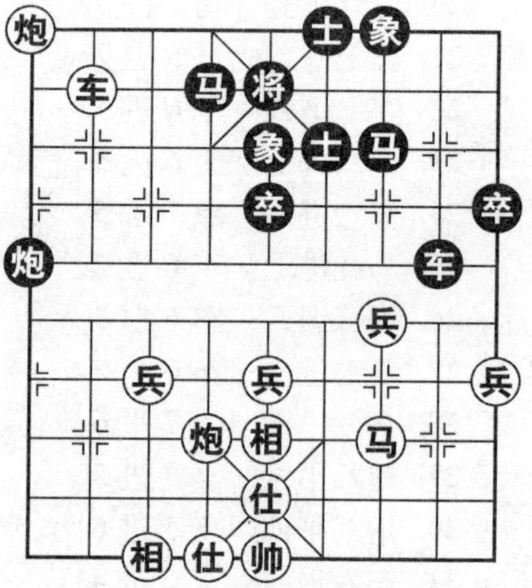

图 40

第 21 局　黄勇负张影富

1. 炮二平六　炮 8 平 5	2. 马二进三　马 8 进 7
3. 车一平二　车 9 进 1	4. 车二进六　卒 7 进 1
5. 车二平三　车 9 平 4	6. 仕四进五　马 2 进 3

7. 马八进九　炮 5 退 1

8. 炮八平七　车 4 进 1

9. 车九平八　车 1 进 2

10. 车八进六　炮 5 平 7（图 41）

11. 车三平四　炮 7 平 3

12. 兵七进一　车 4 进 3

13. 车四退四　马 3 退 5!

14. 车八退三　炮 3 平 2

15. 车八平七　前炮平 3

16. 兵五进一　车 1 平 2!

17. 车七平四　象 3 进 5

18. 相三进五　马 5 退 3

19. 前车平五　士 4 进 5

20. 炮七进一　车 2 进 5

21. 车四进四　卒 3 进 1!

22. 兵七进一　炮 3 进 4

23. 车五平七　马 3 进 2

24. 车四平三　马 7 退 9

25. 兵七进一　马 2 进 3

26. 车七平五　马 3 进 2!

27. 车五平七　炮 2 平 1!

28. 车三平五　炮 1 进 5

29. 车七进一　车 4 进 2!

30. 车七平九　车 4 退 1!

31. 车五平六　卒 1 进 1!

32. 车九平八　车 4 退 3!（图 42）

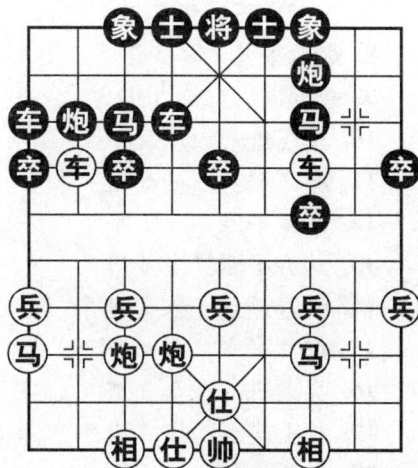

图 41

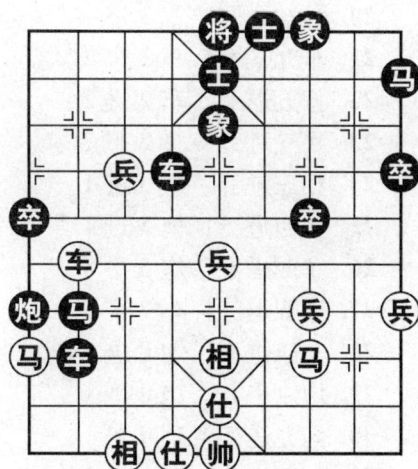

图 42

第 22 局　王嘉良胜田嘉树

1. 炮二平六　炮8平5	2. 马二进三　马8进7
3. 马八进九　车9进1	4. 仕四进五　马2进3
5. 车一平二　车9平4	6. 车二进六　卒5进1
7. 车二平三　卒5进1	
8. 炮六平五　马3进5（图43）	

9. 兵五进一！炮5进3

10. 车三进一　炮2平5

11. 车三退一　马5进4

12. 车三平四　车1平2

13. 帅五平四！士4进5

14. 炮五进五　象7进5

15. 炮八平六　马4进3

16. 兵九进一　车2进4

17. 相七进五　车4进5

18. 车四退二　炮5退2

19. 马九进八！车4平3

20. 马八退七　车3进1

21. 车九平七！车3进2

22. 相五退七　车2进2

23. 兵三进一　车2平7

24. 相三进五　卒3进1

25. 车四进二！炮5进1

26. 车四平五　炮5平8

27. 车五退三！车7平5

28. 马三进五　炮8进1

29. 炮六平九　炮8平7

30. 炮九进四　卒9进1

31. 马五进六　卒9进1

32. 马六进五　将5平4

33. 炮九退一　将4进1！（图44）

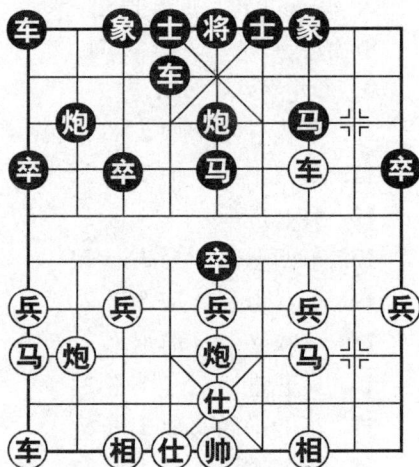

图 43

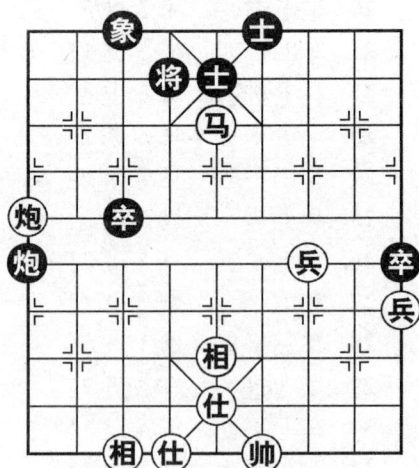

图 44

第 23 局 葛维蒲负童本平

1. 炮二平六　炮 8 平 5
2. 马二进三　马 8 进 7
3. 相三进五　车 9 平 8
4. 仕四进五　马 2 进 3
5. 车一平四　车 8 进 4
6. 车四进七　马 7 退 8
7. 车四退三　卒 3 进 1
8. 车四平六　炮 5 平 9（图 45）
9. 马八进九　象 3 进 5
10. 炮八进四　马 8 进 7
11. 炮八平三　马 3 进 2
12. 兵三进一　马 7 退 5
13. 车九进一　马 5 进 3
14. 炮三进一　士 4 进 5
15. 车六进二　士 5 进 6
16. 车六平八　炮 2 退 2
17. 炮六进四　车 1 进 1
18. 炮六平七　炮 9 退 1！
19. 车八退一　炮 9 平 2
20. 炮三进一　后炮进 4
21. 炮三平九　马 3 退 1
22. 炮七平一　后炮平 7
23. 车九平八　卒 3 进 1！
24. 马三进四　卒 3 平 4
25. 车八进三　马 1 进 3
26. 车八平六　炮 2 进 2
27. 仕五退四　炮 2 平 5
28. 仕六进五　车 8 退 1
29. 炮一进三　炮 5 平 8！
30. 帅五平六　卒 5 进 1！
31. 车六进三　士 6 退 5
32. 车六平五　车 8 平 4！
33. 仕五进六　炮 8 平 5！（图 46）

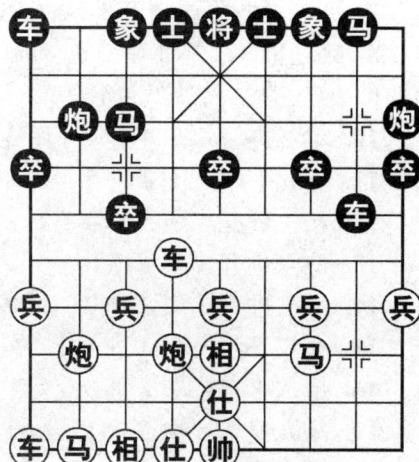

图 45

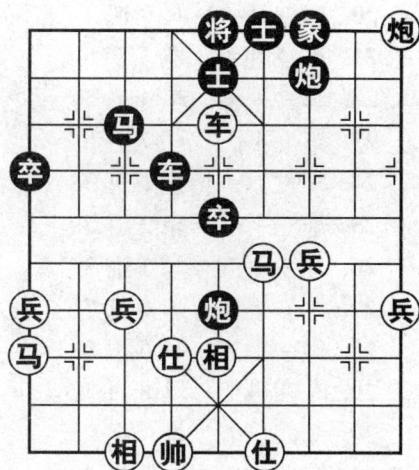

图 46

第24局 何顺安胜张增华

1. 炮二平六　炮8平5
2. 马二进三　马8进7
3. 车一平二　车9进1
4. 仕四进五　车9平4
5. 车二进六　马2进1
6. 车二平三　车4进3
7. 马八进九　炮2平3
8. 兵九进一　车1平2
9. 炮八进二　车2进4
10. 兵三进一　车4进1（图47）
11. 车九平八　士4进5
12. 相三进五　炮5平4
13. 炮六进五　车4退3
14. 兵三进一　象7进9
15. 兵三平四!　卒3进1
16. 炮八平三!　车2进5
17. 马九退八　炮3进1
18. 兵四进一　马7退9
19. 马八进九　车4进3
20. 车三平一!　马9退7
21. 车一进一　炮3平6
22. 车一平七　车4退5
23. 车七平三　马7进6
24. 车三退一!　炮6进3
25. 炮三平一　象3进5
26. 车三平五　马1退3
27. 车五平四　炮6平7
28. 炮一平五　马6退8
29. 车四进二　马8进7
30. 车四退五!　炮7退2
31. 车四进二　马3进4?
32. 车四平三　马4进5
33. 车三进一!（图48）

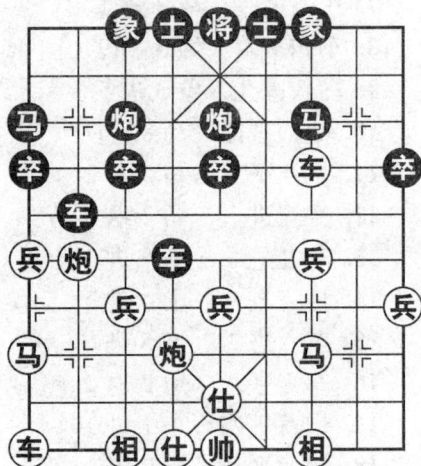

图47

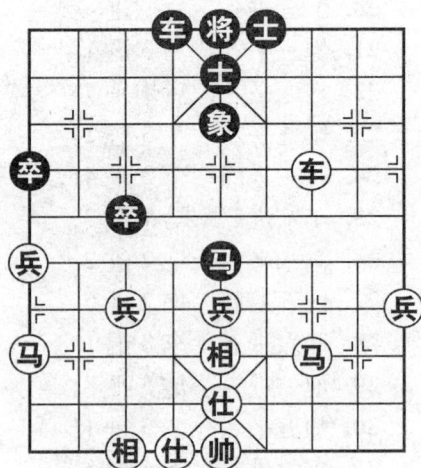

图48

第 25 局　赵国荣胜杨焯光

1. 炮二平六　炮 8 平 5
2. 马二进三　马 8 进 7
3. 车一平二　车 9 进 1
4. 仕四进五　车 9 平 4
5. 车二进六　卒 7 进 1
6. 车二平三　马 2 进 1
7. 兵九进一　车 4 进 4
8. 马八进九　炮 5 平 3
9. 炮八平七　象 3 进 5
10. 车九平八　车 1 平 2 （图 49）
11. 车八进六　卒 3 进 1
12. 相三进五　炮 2 退 1
13. 车三平四！炮 2 平 4
14. 车八平九！炮 4 进 6
15. 车九进一！炮 4 平 1
16. 车九平七　炮 1 进 2
17. 车四进二　士 4 进 5
18. 车七平五　车 2 进 7
19. 炮七平六　马 7 进 6
20. 车五退一　车 4 进 2
21. 仕五进六　马 6 进 4
22. 车五平六！车 2 平 4
23. 车六平八　车 4 平 2
24. 帅五进一　马 4 进 3
25. 帅五平四　车 4 退 1
26. 帅四进一　将 5 平 4
27. 车四退二！车 4 平 7
28. 车四平六！士 5 进 4
29. 车六进一　将 4 平 5
30. 车六进一　车 7 退 1
31. 帅四退一　马 3 进 4
32. 帅四平五　车 7 进 1
33. 帅五退一　马 4 退 3
34. 相七进九！（图 50）

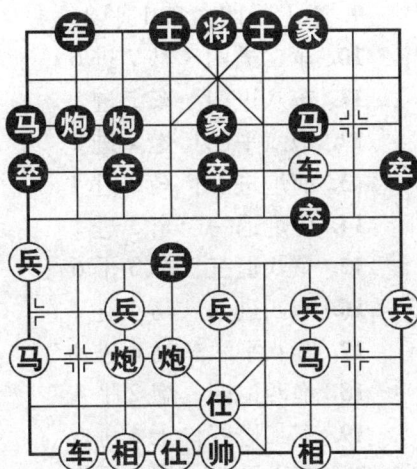

图 49

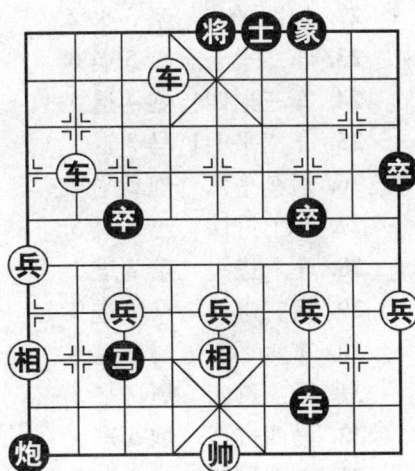

图 50

第 26 局　李来群胜李艾东

1. 炮二平六　炮8平5
2. 马二进三　马8进7
3. 车一平二　马2进3
4. 马八进七　车9进1
5. 仕四进五　车9平4
6. 炮八进二　卒7进1
7. 炮八平七　车4平3
8. 车九平八　卒3进1（图51）
9. 炮七平四　车1平2
10. 车二进四　马7进6
11. 车八进四　车2进1
12. 炮六平四！炮2进2
13. 前炮进五！马3进4
14. 前炮退一　卒3进1
15. 车八退三！车3平6
16. 炮四进六　马4进2
17. 车八平六　马6进4
18. 炮四退四　炮2平4
19. 车二进五！士4进5
20. 车六平八　炮5平2
21. 车八平七　马4进3
22. 炮四平八　卒3平2
23. 车二平三　士5退6
24. 车三退四！炮4退4
25. 车三平七！马3退1
26. 后车平六　炮2平7
27. 车七进四　士6进5
28. 车六进一　卒2进1
29. 兵三进一　马1进2
30. 车六平四　马2退3
31. 马三进四　炮7平5
32. 马四进五　炮5进4
33. 帅五平四！马3退5
34. 马五进七！（图52）

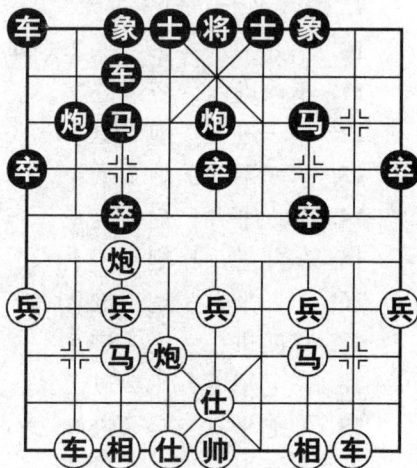

图 51

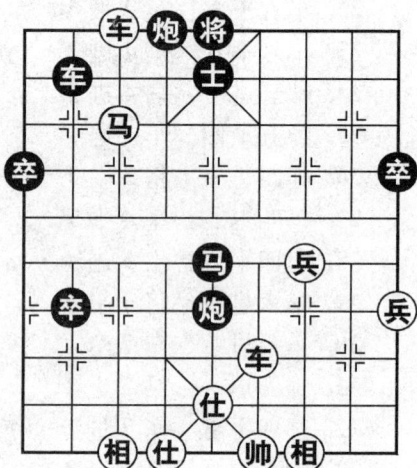

图 52

第 27 局 蒋川负王斌

1. 炮二平六　炮8平5
2. 马二进三　马8进7
3. 车一平二　马2进3
4. 兵七进一　炮2平1
5. 马八进九　车9进1
6. 车九平八　卒7进1
7. 炮八平七　卒5进1
8. 仕四进五　马3进5（图53）
9. 相三进五　车1进1!
10. 炮七进四　车1平2
11. 车八进八　车9平2
12. 车二进六　车2平4
13. 马九进七　炮1进4
14. 车二平三　炮5退1
15. 马七进九　炮1平7
16. 车三平四　卒1进1
17. 马九进七　马5进3
18. 兵七进一　车4进4
19. 炮七平八　卒5进1
20. 炮八进三　车4平2
21. 炮八平九　炮5进5
22. 兵七进一　卒1进1
23. 车四平六!　士6进5
24. 炮六平七　象7进5
25. 车六进二?　炮5平3
26. 车六退五　炮3平1!
27. 炮九退六?　炮7平1
28. 兵七进一?　马7进5!
29. 兵七进一　马5进4
30. 炮七平九　马4进2
31. 车六进三　马2进3
32. 帅五平四　车2进1
33. 马三进二　车2平8
34. 车六平二　炮1平6
35. 车二平四　炮6退1!（图54）

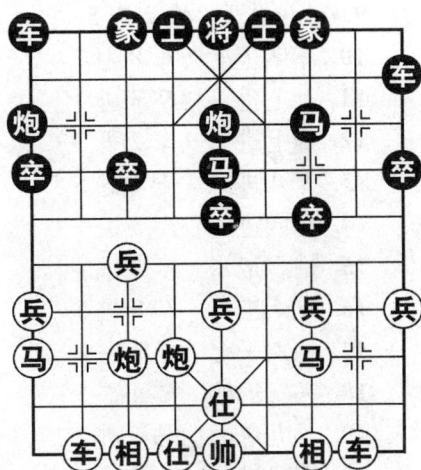

图 53

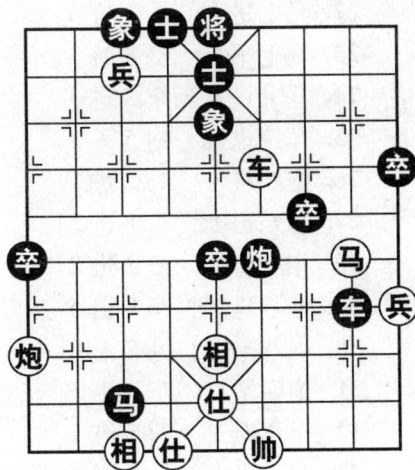

图 54

第28局　胡荣华胜刘殿中

1. 炮二平六　炮8平5
2. 马二进三　马8进7
3. 仕四进五　车9平8
4. 相三进五　马2进3
5. 车一平四　车8进4
6. 马八进九　卒3进1
7. 炮八进四　卒7进1
8. 炮八平七　车1平2（图55）
9. 车九平八　炮2进5
10. 车四进七　车8退2
11. 兵七进一！　卒3进1
12. 炮七进三　车2平3
13. 车八进二　士6进5
14. 车四进一　卒3进1
15. 炮六退一　卒3平4
16. 车八进一　车8进5
17. 炮六平七　马3退1
18. 马三退四　卒4平5
19. 马九进七！　马1进3
20. 车八进二！　前卒平4
21. 车八平三　马7退6
22. 马七进九　马3进4
23. 炮七平八　马4进2
24. 马九进八！　车3进3
25. 车三进四　炮5平2
26. 炮八进一　马2进1
27. 马八退七　车3进2！
28. 相七进九　车3进2
29. 炮八进二！　车8退5
30. 炮八平四！　炮2平6
31. 炮四平三　卒4平5
32. 车三退三　前卒进1
33. 车三平五　马6进8
34. 炮三平五！　卒5进1
35. 仕六进五　炮6平5

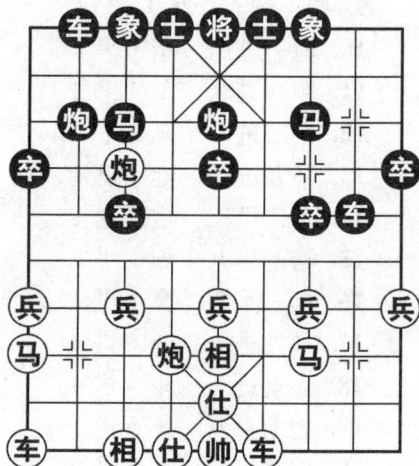

图 55

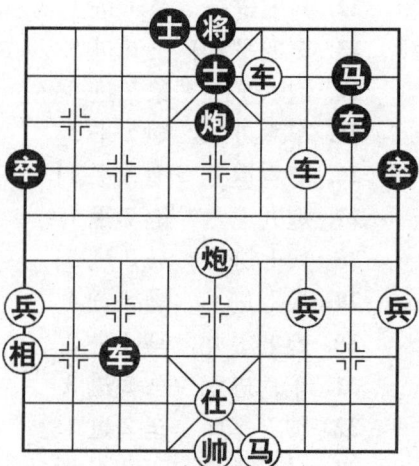

图 56

36. 车五平三！（图56）

第 29 局　金波负孙博

1. 炮二平六	炮8平5	2. 马二进三	马8进7
3. 车一平二	马2进3	4. 兵七进一	炮2平1
5. 马八进九	车9进1	6. 车九平八	卒5进1
7. 仕四进五	马3进5	8. 炮八进四	卒5进1
9. 炮六平五	马5进6		
10. 炮五进二	士6进5（图57）		
11. 马三退四	车9平6		
12. 相三进五	将5平6！		
13. 炮五平六	车1平2		
14. 兵七进一	马6退5		
15. 炮八平五	车2进9		
16. 炮五平一	马7进9！		
17. 马九退八	马9进7		
18. 车二进九	车6进5		
19. 马八进七	卒3进1！		

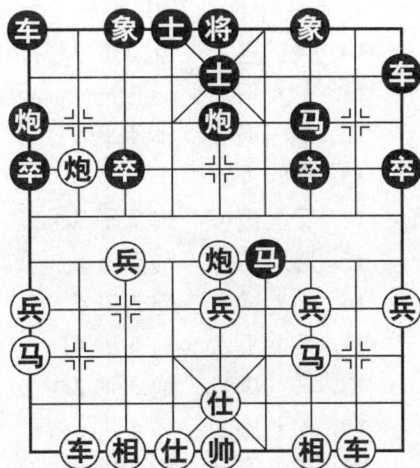

图 57

20. 车二平三	将6进1		
21. 车三退一	将6退1		
22. 炮六退一	车6退3	23. 炮六平七	炮1平3！
24. 炮七进四	马7进8	25. 仕五进四	马8进7
26. 帅五进一	车6进4		
27. 车三进一	将6进1		
28. 炮七进一	士5进4		
29. 帅五平六	车6进2		
30. 马七进六	车6退6！		
31. 车三平六	炮5进5		
32. 车六退一	将6退		
33. 车六退一	卒3进1		
34. 马六退五	马7退5！		
35. 仕六进五	马5退7		
36. 车六退四	车6进2！		
37. 炮七平八	车6平4！（图58）		

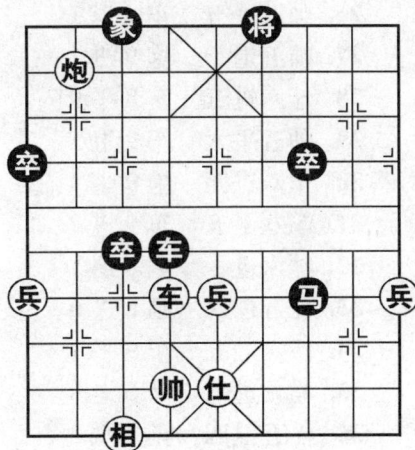

图 58

第30局 张申宏负林宏敏

1. 炮二平六　炮8平5
2. 马二进三　马8进7
3. 车一平二　车9进1
4. 车二进六　车9平4
5. 仕四进五　马2进3
6. 车二平三　卒3进1
7. 马八进九　炮5退1
8. 相七进五　炮5平7
9. 车三平四　车1进1
10. 兵三进一　象7进5（图59）
11. 车九平七　马3进4
12. 车四退三　车4平6
13. 车四进五　车1平6
14. 兵七进一　炮2平3
15. 炮八平七　马7进6
16. 兵七进一　炮3进5
17. 兵七平六　马6进4!
18. 马三进二　炮3平2
19. 车七进四　马4进6
20. 马二退一　炮7进8!
21. 车七退二　炮7平9!

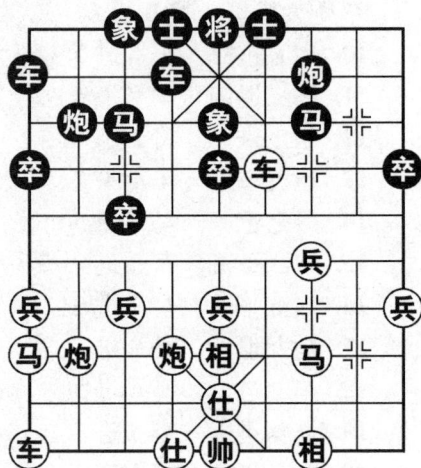

图59

22. 车七平八　车6平8
23. 帅五平四　车8进8
24. 帅四进一　炮9退1!
25. 仕五进四　马6进8
26. 帅四平五　车8退1
27. 帅五退一　炮9进1
28. 仕六进五　车8平9!
29. 帅五平六　车9退1
30. 车八进四　炮9平8!
31. 车八平五　车9进2
32. 帅六进一　炮8退1
33. 仕五退六　马8进6
34. 仕六进五　车9平1
35. 马九进七　马6退8
36. 仕五退四　车1平6
37. 相五进七（图60）

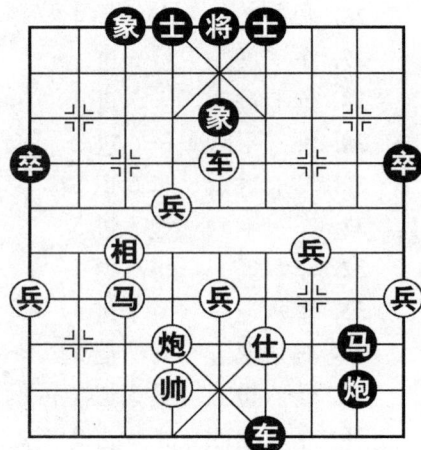

图60

第 31 局 洪智胜俞云涛

1. 炮二平六　炮 8 平 5　　　2. 马二进三　马 8 进 7

3. 相三进五　车 9 平 8　　　4. 仕四进五　马 2 进 1

5. 车一平四　车 8 进 4　　　6. 兵九进一　士 4 进 5

7. 车四进六　炮 5 平 4

8. 车四平三　象 3 进 5（图 61）

9. 马八进九　卒 1 进 1

10. 车三退二　车 8 平 6

11. 炮八退一　卒 1 进 1

12. 车三平九　马 7 进 8

13. 兵三进一　象 5 退 3

14. 炮八进五！象 3 进 5

15. 炮八平五　车 1 平 2

16. 兵五进一　马 1 进 2

17. 炮五退一！马 8 进 7

18. 炮六进三　车 6 进 2

19. 炮五平八　炮 2 平 1

20. 后车平八　马 7 进 9

21. 炮六退四　炮 1 进 5

23. 相五退三！车 4 进 2

22. 车九退二　车 6 平 4

24. 相三进一　车 2 进 3

25. 车九进七　炮 4 退 2

26. 兵五进一　卒 3 进 1

27. 相一退三　车 4 退 2

28. 马三进四　车 4 退 1

29. 马四进六　车 4 平 7

30. 相七进五　车 7 平 5

31. 兵五平四　车 5 平 4

32. 马六进四！士 5 进 6

33. 兵七进一！士 6 进 5

34. 炮八退一　车 4 进 1

35. 兵七进一　车 4 平 6

36. 兵七平六！将 5 平 6

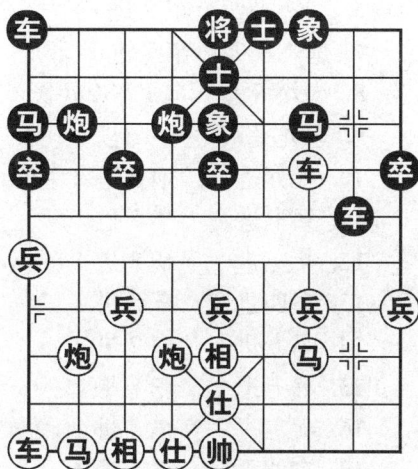

图 61

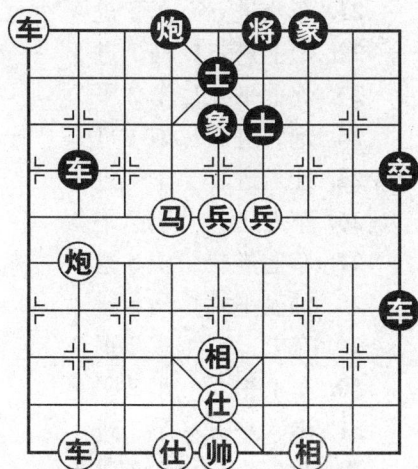

图 62

37. 兵六平五　车 6 平 9 　　　　38. 马四退六（图 62）

第 32 局　孟辰胜李群

1. 炮二平六　炮 8 平 5 　　　　2. 马二进三　马 8 进 7

3. 相三进五　车 9 平 8 　　　　4. 仕四进五　马 2 进 3

5. 车一平四　车 8 进 4 　　　　6. 马八进九　卒 3 进 1

7. 炮八进四　卒 7 进 1

8. 炮八平七　车 1 平 2 （图 63）

9. 车九平八　士 4 进 5

10. 兵九进一　炮 2 进 2

11. 兵七进一　卒 7 进 1

12. 兵三进一　卒 3 进 1

13. 车四进四　卒 3 进 1

14. 马九进七　炮 2 进 3

15. 马七退九　车 8 平 2

16. 兵三进一！卒 5 进 1

17. 车四平七　卒 5 进 1

18. 兵五进一　炮 2 平 5

19. 相七进五　炮 5 进 5

20. 仕五退四　炮 5 平 1

21. 车八进五　车 2 进 4

22. 炮七进三！马 7 进 5

23. 炮七平九！车 2 平 7

24. 炮六进四！炮 1 进 2

25. 仕六进五　车 7 进 3

26. 车七进三　车 7 平 2

27. 车七进二　士 5 退 4

28. 帅五平六！马 5 进 4

29. 车七退五　车 2 退 7

30. 车七平六　车 2 平 1

31. 炮六平五！卒 1 进 1

32. 兵五进一　卒 1 进 1

33. 兵五平四　卒 1 平 2

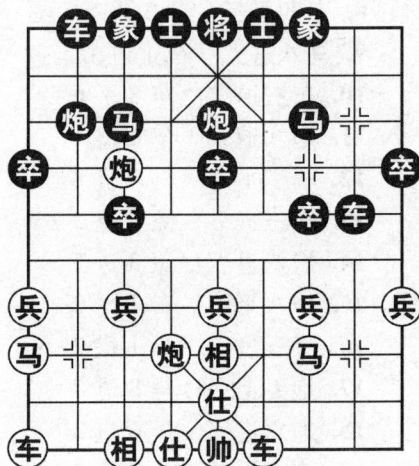

图 63

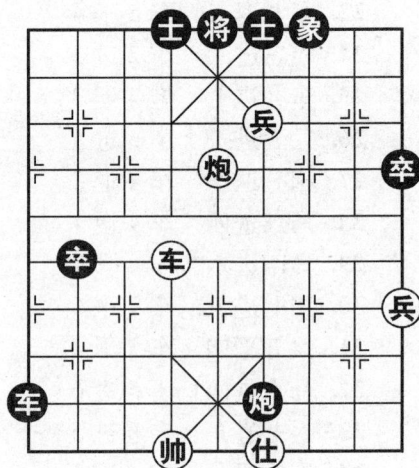

图 64

34. 兵四进一　炮 1 平 6

35. 兵四进一！ 炮6退1　　　　**36.** 仕五退四　车1进9

37. 帅六进一　车1退1　　　　**38.** 帅六退一（图64）

第33局　陈寒峰胜宋国强

1. 炮二平六　炮8平5　　　　**2.** 马二进三　马8进7

3. 仕四进五　车9平8　　　　**4.** 相三进五　马2进3

5. 车一平四　炮2平1　　　　**6.** 马八进九　车1平2

7. 车九平八　卒7进1

8. 兵七进一　炮1进4（图65）

9. 炮八平七　车2进9

10. 马九退八　象3进1

11. 炮七进四　炮1平7

12. 马八进七　士4进5

13. 马七进六　卒5进1

14. 车四进六　卒7进1

15. 炮七平八　卒5进1

16. 马六进七　马7进8

17. 马七进五！ 象7进5

18. 车四平七　马3退2

19. 炮六平八！ 马2进4

20. 车七平六　马8进6

21. 车六进二　车8进3

22. 前炮退二　马6进7

23. 后炮平三　卒5进1

24. 炮八平三　炮7平8

25. 车六退三　车8平5

26. 车六平二　炮8平6

27. 车二退二　炮6退2

28. 车二平三！ 士5进4

29. 前炮平二　士6进5

30. 炮二进五　士5进6

31. 车三进六　将5进1

32. 车三退一　将5退1

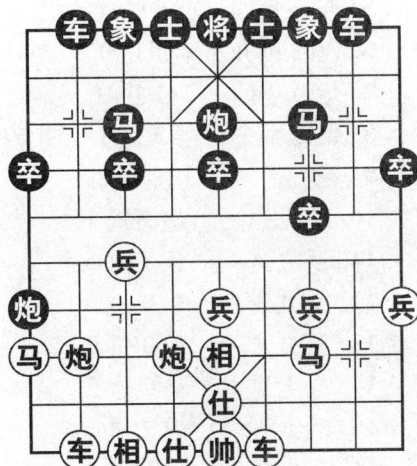

图65

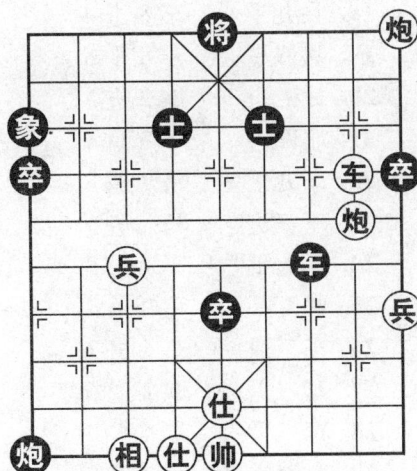

图66

33. 车三平二　象5进7　　34. 相五进三　炮6平1
35. 炮二平一　炮1进5　　36. 炮三进三！车5平7
37. 炮三平二　车7进2　　38. 车二退二！（图66）

第34局　林宏敏胜柳大华

1. 炮二平六　炮8平5　　2. 马二进三　马8进7
3. 仕四进五　车9平8　　4. 相三进五　马2进3
5. 车一平四　卒3进1
6. 马八进九　卒1进1
7. 炮八进四　车1进3
8. 炮八平三　卒5进1（图67）
9. 炮三退二　车1平2
10. 马九退七　炮5退1
11. 兵九进一　象7进5
12. 兵九进一　车2进5
13. 兵九进一　马3进2
14. 马七进六　马2进3
15. 兵九进一！炮2进4
16. 车九进六！炮5平3
17. 马六进五　士4进5
18. 兵九平八　车8进4
19. 兵八平七　车8平5
20. 兵七进一　炮2进1
21. 车四进八　车5平4
22. 车九平三　马7退8
23. 车三进三！马8进9
24. 兵七平六！车4退3
25. 帅五平四！马9退7
26. 车三退一　车4进3
27. 车三退二　炮2退6
28. 车三平六！车4平7
29. 车六进二！车2退5
30. 炮三平二！车7平8

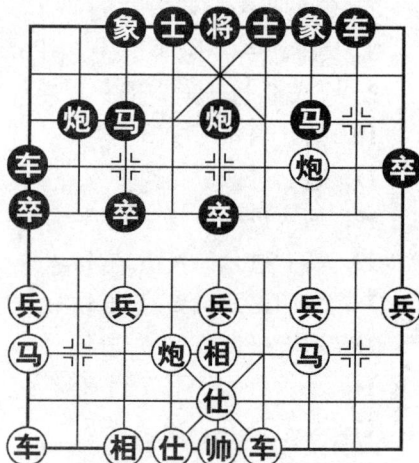

图67

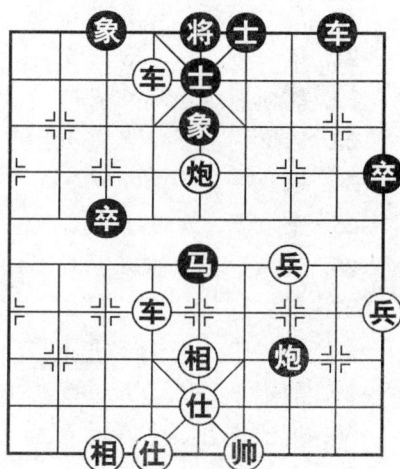

图68

31. 兵三进一　炮2进1　　　32. 兵五进一　车2平5
33. 炮六进一　车8退1　　　34. 帅四平五　炮2进5
35. 炮六平五　炮2平7　　　36. 炮五进三！车8进2
37. 帅五平四　车8退5　　　38. 车四退五！马3退5
39. 车四平六！（图68）

第35局　蔡福如胜李广流

1. 炮二平六　炮8平5　　　2. 马二进三　车9进1
3. 车一平二　马8进7　　　4. 车二进六　车9平4
5. 仕四进五　卒5进1　　　6. 炮六平五　马2进3
7. 马八进九　车4进4　　　8. 炮八平七　车1平2
9. 车九平八　炮2进4
10. 车二平三　马7进5（图69）
11. 兵三进一　士4进5
12. 兵五进一　卒3进1
13. 马三进四　炮2退3
14. 车三进三　车4平5
15. 马四进五　马3进5
16. 炮五平二！炮5平8
17. 炮二进四！炮2进4
18. 车三退三　马5退6
19. 车三进二！车2进3
20. 车三平四　车2平8
21. 车八进二　车8进6
22. 车四退八　炮8进4

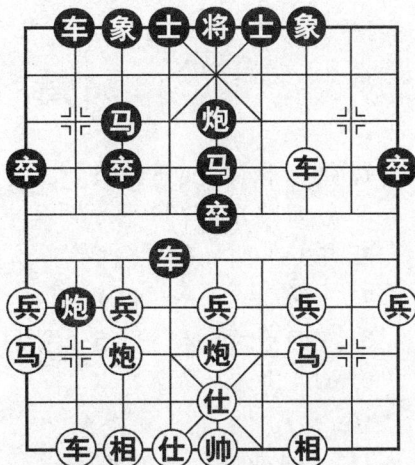

图69

23. 车八进七　炮8平5
24. 相三进五　车8平6　　　25. 帅五平四　车5平6
26. 仕五进四　炮5平6　　　27. 帅四平五　卒5进1
28. 车八平七　士5退4　　　29. 车七退四　士6进5
30. 炮七平八　将5平6　　　31. 兵三进一　炮6平5
32. 帅五平四　士5进6　　　33. 兵三进一　卒5平4
34. 兵三进一！卒4进1　　　35. 炮八进七！将6进1
36. 车七进三　士6退5　　　37. 兵三进一　将6进1
38. 车七退一　炮5退4　　　39. 仕六进五！（图70）

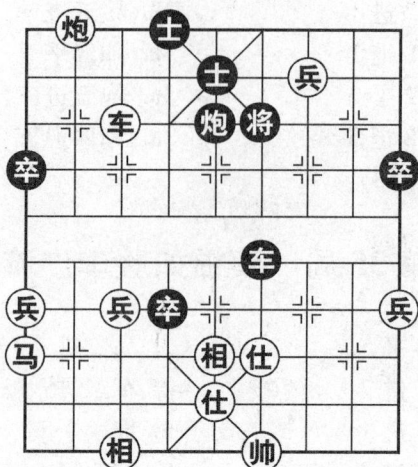

图 70

第 36 局　高郑生负李国勋

1. 炮二平六　炮8平5
2. 马二进三　马8进7
3. 仕四进五　车9平8
4. 相三进五　马2进3
5. 车一平四　车8进4
6. 车四进七　马7退8
7. 车四退三　卒3进1
8. 车四平六　炮5平6（图71）
9. 炮八进四　象3进5
10. 马八进九　士4进5
11. 炮八平七　卒1进1
12. 车九平八　炮2平1
13. 马九退七　卒7进1
14. 炮六平九　马8进7
15. 兵三进一　炮1进4
16. 车八进三　车1进3
17. 炮七平一　马7进9
18. 车八平九　卒7进1
19. 相五进三　马9退7
20. 相三退五　马7进6

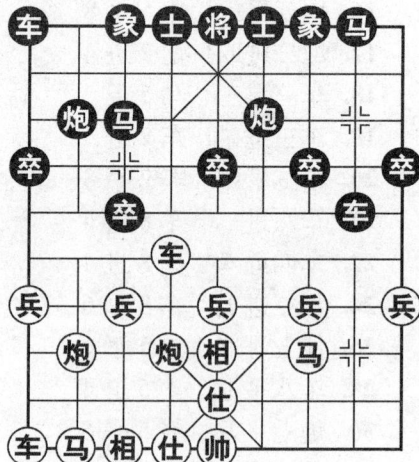

图 71

21. 车六平三　车8进2!
22. 兵七进一　卒3进1
23. 车三平七　车8平7

24. 车九平六　车1平2
25. 炮九平七　马6退4!
26. 车七进一　马4进5!
27. 车七退一　马5退7
28. 炮七进五　炮6进4!
29. 车六进一　车7进1
30. 车六平四　炮6平8
31. 车四平三　车7平9!
32. 炮七平九　车2退3
33. 马七退九　炮8进3
34. 帅五平四　车9进2
35. 帅四进一　炮8退8!
36. 车七平四　士5进6
37. 车四平八　炮8平6
38. 仕五进四　车2平4
39. 仕六进五　士6退5
40. 车三平四（图72）

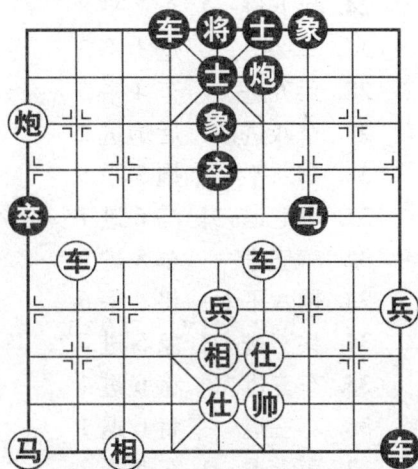

图72

第37局　李望祥胜邹立武

1. 炮二平六　炮8平5
2. 马二进三　马8进7
3. 车一平二　车9进1
4. 车二进六　马2进3
5. 车二平三　车9平4
6. 仕四进五　炮5退1
7. 相三进五　炮5平7
8. 车三平四　车1进1
9. 马八进九　车4进3
10. 炮八进二　马7进8（图73）
11. 车四退三　象7进5
12. 炮八平七　炮7平1
13. 车九平八　炮2平1
14. 车八进六　卒3进1
15. 炮七进三　炮7平3
16. 车八平五　车1平7
17. 兵三进一　炮3退1
18. 车五平七　炮3平1
19. 兵九进一　士6进5

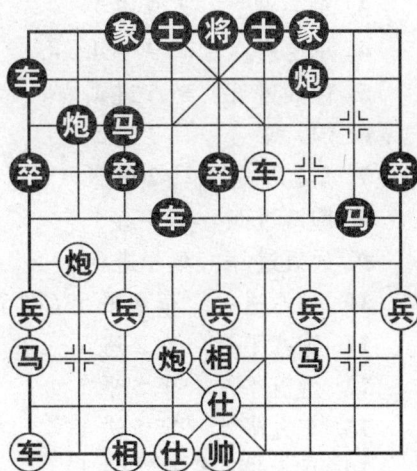

图73

20. 车七平二　卒1进1

21. 马九进八　卒3进1

22. 兵七进一　卒1进1

23. 马八进七　前炮平3

24. 兵五进一！车7平8

25. 车二平一　马8退7

26. 车一平三　炮1平3

27. 车四平八！马7退6

28. 兵五进一！车4平5

29. 车八进四　后炮进2

30. 车八平七！炮3平5

31. 车七退一！马6进7

32. 车三进一　车8进2

33. 炮六平七！将5平6

34. 兵三进一！象5进7

35. 车三进二　将6进1

36. 车三退一　将6退1

37. 车七退一！车5平3

38. 兵七进一　象3进5

39. 兵七平六　卒1平2

40. 炮七进五（图74）

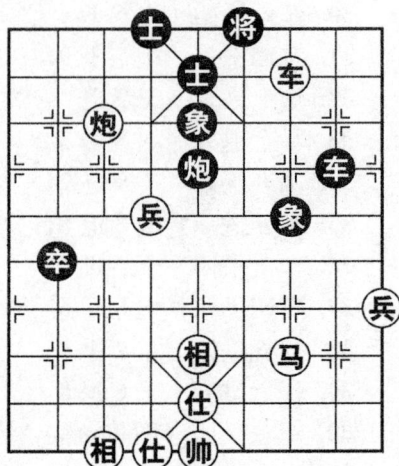

图 74

第38局　何顺安胜刘彬如

1. 炮二平六　炮8平5

2. 马二进三　马8进7

3. 车一平二　车9进1

4. 车二进六　车9平4

5. 仕四进五　卒5进1

6. 炮六平五　马7进5

7. 车二平三　马2进3

8. 炮八进四　卒3进1

9. 兵五进一　车4进4

10. 马八进七　车4平5（图75）

11. 炮八平七　炮2进5

12. 炮五平八　车5平2

13. 车九平八　卒5进1

14. 兵七进一！车2进1

15. 兵七进一　象3进1

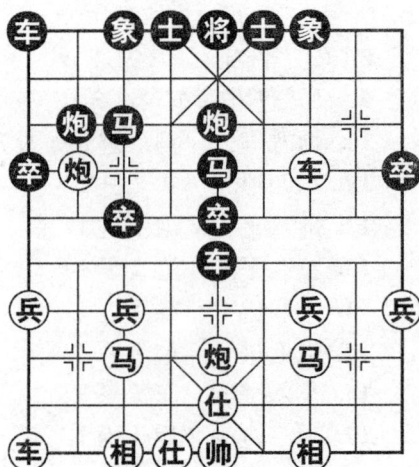

图 75

16. 炮八平九　车1平2　　　　17. 车八进三　车2进6

18. 车三进三　卒9进1　　　　19. 兵七平六！车2平3

20. 兵六进一　马5进6　　　　21. 车三退二　炮5退1

22. 车三平七　车3进1　　　　23. 车七平九　炮5平3

24. 相三进五　马6进7　　　　25. 车九平五　士4进5

26. 车五退三　马7进8　　　　27. 车五平八　马8退9

28. 车八进四！炮3进1　　　　29. 车八进一　士5退4

30. 车八退二　炮3退1

31. 帅五平四　马9退7

32. 车八平四　士4进5

33. 车四平七　炮3平2

34. 炮七退三！士5退4

35. 炮九进四　炮2平6

36. 炮九进三　将5进1

37. 兵六平五！将5平4

38. 炮九退一！士4进5

39. 帅四平五　马7退5

40. 车七进一　将4退1

41. 炮七平二！（图76）

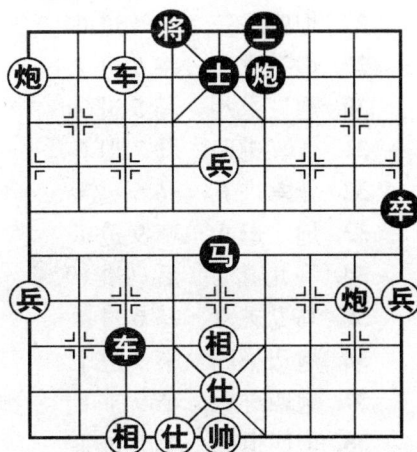

图76

第39局　范建生胜魏来顺

1. 炮二平六　炮8平5

2. 马二进三　马8进7

3. 车一平二　车9进1

4. 车二进六　车9平4

5. 仕四进五　马2进3

6. 车二平三　炮5退1

7. 兵三进一　车4进1

8. 马八进九　卒3进1

9. 车三平四　炮5平7

10. 相七进五　车4平6（图77）

11. 车四进一　炮2平6

12. 炮八平七　象3进5

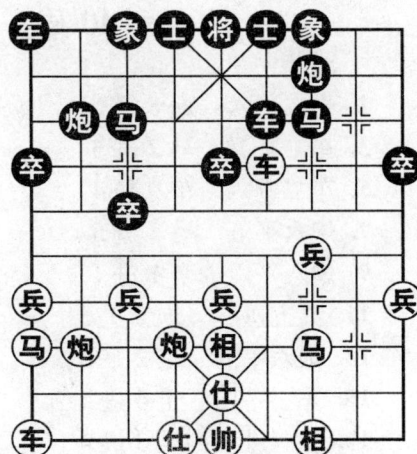

图77

· 39 ·

13. 车九平八	卒 1 进 1	14. 车八进四	马 7 进 6
15. 炮七退一	车 1 平 2	16. 车八进五	马 3 退 2
17. 炮七平九	炮 7 进 6!	18. 炮六平三	炮 6 平 9
19. 兵九进一	卒 1 进 1	20. 炮九进三	炮 9 进 4
21. 炮九平四	马 2 进 3	22. 兵三进一	象 5 进 7!
23. 炮三进七	士 6 进 5	24. 兵七进一	卒 3 进 1
25. 相五进七	象 7 退 5	26. 炮三平二	马 3 进 4
27. 炮四平三	士 5 进 6	28. 相三进五	马 6 进 5
29. 炮三进五	将 5 进 1		
30. 炮三退八	马 5 进 7		
31. 仕五进四	马 7 退 6		
32. 仕六进五	马 6 进 4		
33. 炮二退八	卒 9 进 1		
34. 马九退七	后马进 6!		
35. 马七进六	马 6 进 4		
36. 炮三平四	卒 9 进 1		
37. 炮四进六	卒 9 平 8!		
38. 炮四退四	卒 5 进 1		
39. 炮四进三	卒 8 进 1		
40. 炮四平五	象 5 退 3		
41. 炮五平九	卒 8 进 1! (图 78)		

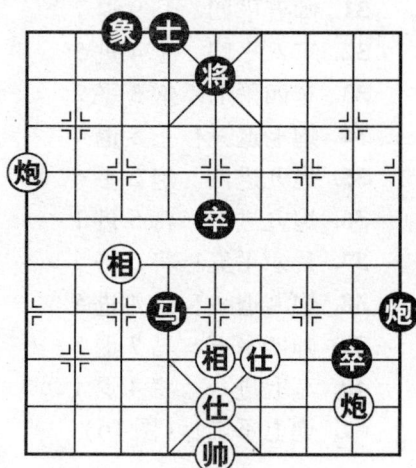

图 78

第 40 局 张元启负朱永康

1. 炮二平六	炮 8 平 5	2. 马二进三	马 8 进 7
3. 车一平二	马 2 进 3	4. 马八进九	车 9 进 1
5. 车二进六	车 9 平 4	6. 仕四进五	卒 5 进 1
7. 炮六平五	马 3 进 5	8. 车二平三	车 4 进 4
9. 炮八平六	卒 1 进 1	10. 车三退二	卒 5 进 1 (图 79)
11. 兵五进一	炮 2 进 3!	12. 炮五进四	马 7 进 5
13. 炮六平五	炮 2 平 5	14. 帅五平四	马 5 进 3
15. 车三平四	士 4 进 5	16. 炮五进五	象 3 进 5
17. 相三进五	马 3 进 4	18. 马三进五	车 1 平 4
19. 车九平八	炮 5 退 1!	20. 车八进四	前车平 2

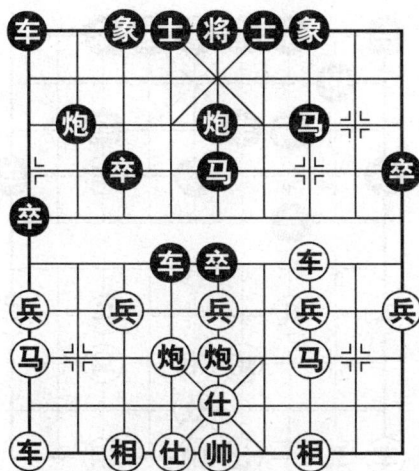

图 79

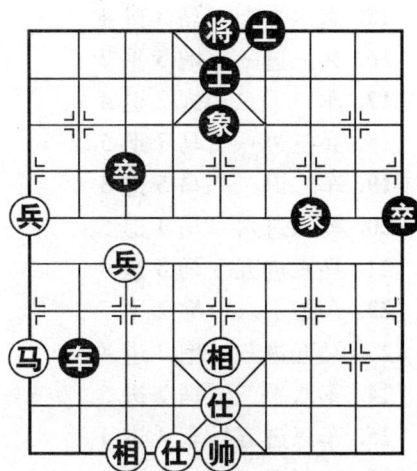

图 80

21. 车四平八 车4进3	22. 帅四平五 车4平5!
23. 马五进三 炮5进1!	24. 兵九进一 马4进6
25. 帅五平四 马6进8	26. 帅四平五 象5进7!
27. 兵九进一 马8退6	28. 帅五平四 车5平6!
29. 马三退五 炮5平6!	30. 车八平四 马6进8
31. 帅四平五 车6进2	32. 马五进三 马8退7
33. 兵七进一 象7进5	34. 兵九平八 马7进9
35. 马三退二 车6平8	36. 马二进四 车8进1
37. 相五退三 车8平6	38. 相三进一 车6平9
39. 相一退三 车9平2	40. 兵八平九 卒9进1
41. 相三进五 车2进1!（图80）	

第 41 局　吕钦胜柳大华

1. 炮二平六 炮8平5	2. 马二进三 马8进7
3. 车一平二 车9进1	4. 车二进六 马2进3
5. 车二平三 车9平4	6. 仕四进五 炮5退1
7. 相七进五 卒3进1	8. 炮八进二 车4进1
9. 炮八平五 炮5进4	10. 兵五进一 炮2退1（图81）
11. 兵三进一 车1平2	12. 马八进九 炮2平5
13. 车九平八 车2进9	14. 马九退八 炮5进4

15. 炮六平七　马3进4

16. 兵三进一　炮5平2

17. 车三平二　炮2退4

18. 兵三进一　马7退5

19. 车二退二　马5进3

20. 马八进六　马4退5

21. 马六进五　马5进7

22. 车二平八　炮2平7

23. 马五进三　炮7进4

24. 车八平三　马7进5

25. 车三进五！车4进4

26. 车三退二　马3进4

27. 马三进四！车4退1

28. 马四进五！车4平5

29. 马五退七！车5进1

30. 兵七进一　士4进5

31. 马七进八　车5平2

32. 马八退六　马5退4

33. 兵七进一　前马进6

34. 炮七平六　车2退3

35. 马六退七　车2平6

36. 兵七平八　马6退5！

37. 车三退四　车6进1

38. 兵八进一　卒1进1

39. 兵八平七！马4进5

40. 马七进六！前马进6

41. 马六进七　将5平4

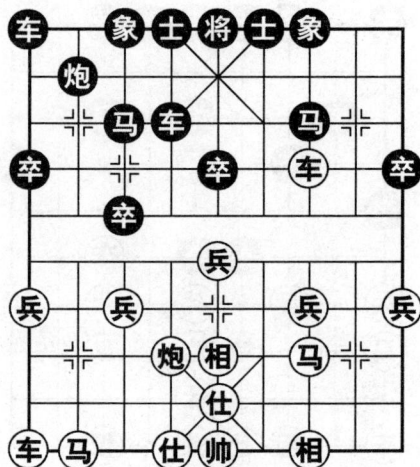

图 81

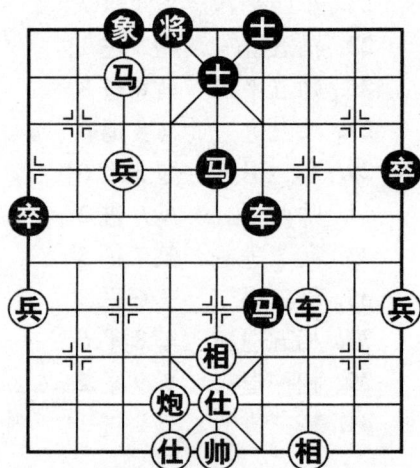

图 82

42. 炮六退一！（图82）

第42局　李国勋负孙志伟

1. 炮二平六　炮8平5

2. 马二进三　马8进7

3. 仕四进五　车9平8

4. 相三进五　马2进3

5. 车一平四　车8进4

6. 马八进九　卒3进1

7. 炮八进四　卒7进1

8. 炮八平七　车1平2

9. 车九平八 炮 2 进 5

10. 车四进七 车 8 退 2（图 83）

11. 兵九进一 卒 5 进 1

12. 车四退三 卒 5 进 1！

13. 兵五进一 炮 2 平 5！

14. 相七进五 炮 5 进 5

15. 仕五退四 炮 5 平 1

16. 车八进九 马 3 退 2

17. 炮六进三 车 8 进 1！

18. 炮七平四 象 3 进 5

19. 兵五进一 车 8 进 3

20. 炮六进二 马 7 进 8

21. 炮四平五 士 6 进 5

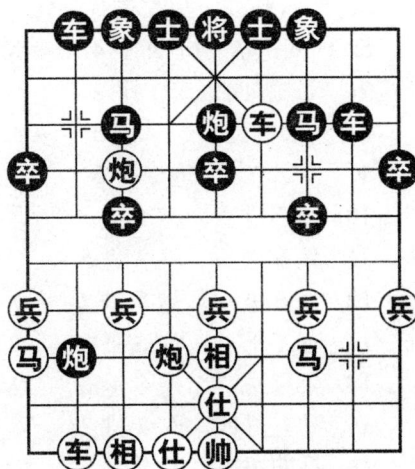

图 83

22. 兵三进一 车 8 平 7

23. 马三进五 卒 7 进 1

24. 车四平三 炮 1 平 5！

25. 车三退一 马 8 进 7

26. 炮六退一 炮 5 退 3

27. 马五进三 炮 5 平 7

28. 炮六平一 马 2 进 3

29. 炮一进三 象 7 进 9

30. 炮五平三 将 5 平 6

31. 马三进一 马 7 退 8！

32. 马一进二 马 8 退 7！

33. 兵一进一 炮 7 平 5

34. 兵一进一 马 3 进 4

35. 兵一进一 马 4 进 3

36. 兵一平二 卒 3 进 1

37. 炮三平八 卒 3 平 4

38. 炮八进三 象 5 退 3

39. 兵二平三 马 3 进 5

40. 仕六进五 马 5 进 7！

41. 帅五平六 炮 5 平 4

42. 仕五进六 卒 4 进 1！（图 84）

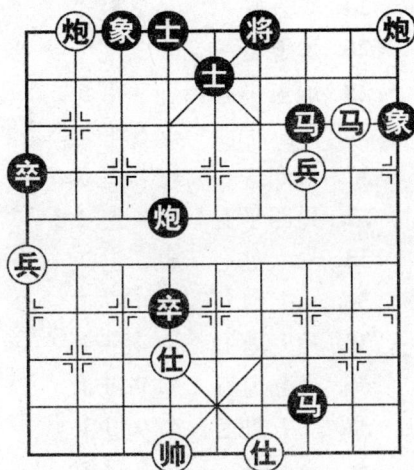

图 84

第 43 局 何顺安胜朱剑秋

1. 炮二平六 炮 8 平 5

2. 马二进三 马 8 进 7

3. 车一平二　马2进3

4. 兵七进一　车9进1

5. 仕四进五　车9平4

6. 炮八平七　卒5进1

7. 车二进四　车1平2

8. 炮六平五　炮2进5（图85）

9. 马八进九　炮2平5

10. 相三进五　卒5进1

11. 兵五进一　马3进5

12. 兵五进一　炮5进2

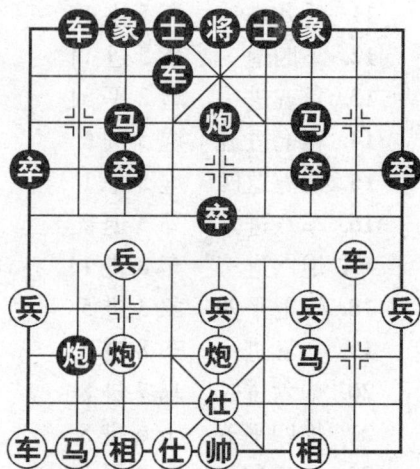

图 85

13. 车二平五　炮5平8

14. 兵三进一　炮8退3

15. 马三进四　车4进2

16. 马四进五　马7进5

17. 兵七进一！卒3进1

18. 车九平八　车2进9

19. 炮七进七　士4进5

20. 马九退八　马5进4

21. 马八进七！马4进2

23. 炮七退二　车4进2

25. 马八进六　马4退6

27. 炮七平三！士5进6

29. 兵三进一！炮5进2

22. 马七进八　象7进5

24. 车五平六　马2退4

26. 炮七退一　卒7进1

28. 炮三平五！炮8平5

30. 兵三平四！炮5平4

31. 兵四进一　士6退5

32. 兵四平五　炮4退2

33. 马六进七　象5退7

34. 马七退九　炮4进1

35. 马九退七　炮4平9

36. 马七退五　炮9进4

37. 马五进三！卒9进1

38. 马三进二！卒9进1

39. 马二进三　卒9平8

40. 马三退二　炮9退3

41. 马二退三　炮9平7

42. 兵九进一！（图86）

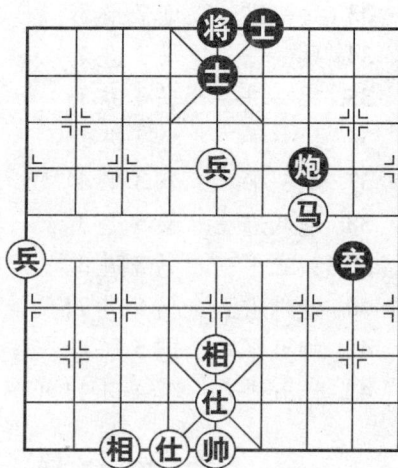

图 86

第 44 局 赵国荣负汤卓光

1. 炮二平六　炮 8 平 5
2. 马二进三　马 8 进 7
3. 车一平二　车 9 进 1
4. 车二进六　车 9 平 4
5. 仕四进五　卒 3 进 1
6. 车二平三　马 2 进 3
7. 炮八进二　炮 5 退 1
8. 炮八平五　车 1 平 2（图 87）
9. 炮六平五　车 4 进 1
10. 兵三进一　炮 2 进 1！
11. 车三退一　象 7 进 9！
12. 车三平七　象 3 进 5！
13. 车七退一　炮 5 平 3！
14. 车七平九　炮 2 退 1！
15. 前炮平四　炮 2 平 1！
16. 前车平五　卒 5 进 1！
17. 车五进一　炮 3 平 5
18. 炮四进三　车 4 进 3！
19. 炮四平七　炮 5 进 3
20. 炮五进三　马 7 进 5

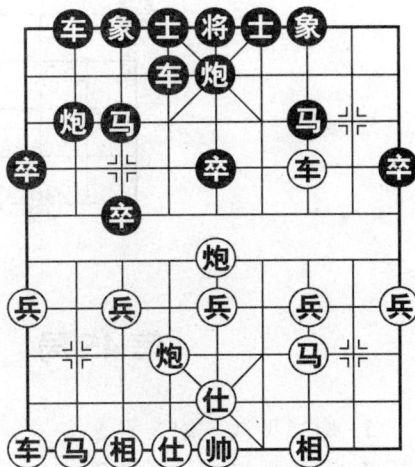

图 87

21. 炮五退一　士 4 进 5
22. 炮七退一　车 2 进 8！
23. 炮七平一　马 5 进 3
24. 炮一平二　车 4 平 2
25. 兵七进一　马 3 进 5
26. 兵五进一　前车进 1
27. 车九平八　车 2 进 4
28. 相三进五　车 2 退 5
29. 兵七进一　车 2 平 3
30. 马三进五　炮 1 进 4
31. 马五进七　炮 1 平 4
32. 相七进九　炮 4 退 1
33. 相九退七　卒 1 进 1
34. 兵五进一　卒 1 进 1
35. 炮二退一　车 3 退 1
36. 兵五平六　士 5 进 4
37. 马七进六　士 6 进 5
38. 炮二进一　车 3 进 3
39. 马六退四　炮 4 平 5
40. 马四进五　车 3 平 7
41. 炮二平四　车 7 退 1
42. 兵六平七　炮 5 退 2
43. 兵七平六　车 7 退 1
44. 炮四退六　象 9 退 7！（图 88）

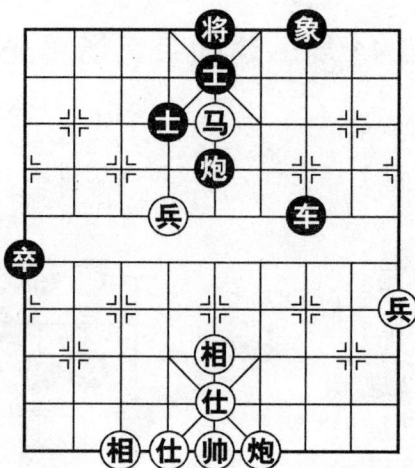

图 88

第 45 局　胡荣华胜刘剑青

1. 炮二平六　炮 8 平 5	2. 马二进三　车 9 进 1
3. 车一平二　马 8 进 7	4. 车二进六　车 9 平 4
5. 仕四进五　卒 3 进 1	6. 车二平三　马 2 进 3
7. 相七进五　炮 5 退 1	8. 马八进九　车 4 进 1
9. 炮八进二　车 4 平 6	10. 炮八平五　炮 2 进 5（图 89）

11. 炮五进四　士 4 进 5

12. 车三退二　车 1 平 2

13. 车九平八　象 3 进 5

14. 兵九进一　炮 2 退 3

15. 兵七进一　马 7 进 8

16. 兵七进一　象 5 进 3

17. 车三平七　象 7 进 5

18. 兵三进一　车 6 进 2

19. 车八进三！炮 2 退 1

20. 车七平六　卒 5 进 1

21. 车六进四　车 6 退 1？

22. 兵三进一！马 8 退 7

23. 车六平七　车 2 平 3

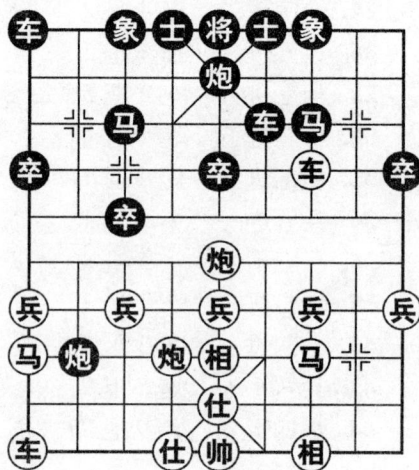

图 89

24. 车七进一　象5退3

25. 车八进一　象3进5

26. 马三进二　马3退1

27. 兵三平四！车6平5

28. 马九退七！炮2平3

29. 马七进六　炮3退3

30. 兵四平五　车5平8

31. 车八平三　马1进2

32. 马二进三　马7退8

33. 炮六平九！马8进9

34. 炮九进四　马9进7

35. 炮九平三　马2退4

36. 前兵平六　象5退7

37. 马六进五　马4进6

38. 车三平六　象3退5

39. 兵六进一　车8进3

40. 马五退七　炮3进4

41. 兵六平五　马6退7

42. 车六进一！车8退3

43. 炮三退二　车8平5

44. 车六平七！（图90）

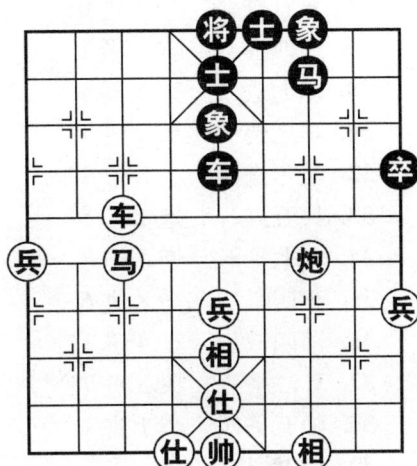

图90

第46局　朱德源负杨官璘

1. 炮二平六　炮8平5

2. 马二进三　马8进7

3. 车一平二　车9进1

4. 车二进六　车9平4

5. 仕四进五　马2进3

6. 车二平三　炮5退1（图91）

7. 兵七进一　炮5平7

8. 车三平四　士4进5

9. 炮八平七　车4进3

10. 马八进九　马7进8

11. 车四平三　马8退7

12. 车三平四　马7进8

13. 车四平三　马8退7

14. 车三平四　车1平2！

15. 车九平八　炮2进4

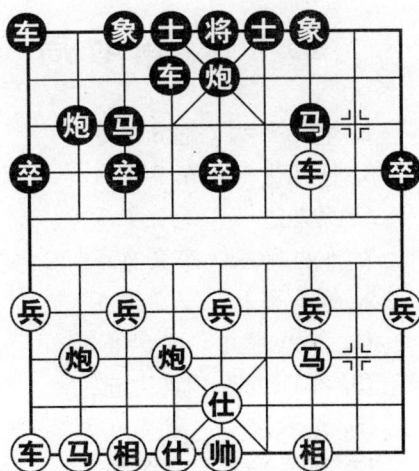

图91

16. 兵三进一　象7进5　　　17. 马三进四? 车4平2

18. 车四进二　炮7进4　　　19. 相三进五　炮7进1

20. 兵九进一　卒9进1　　　21. 炮七进一　炮7平3

22. 马九进七　前车平5!　　23. 马四退三　炮2进1

24. 车八进一　马7进8　　　25. 车八平七　炮2退6

26. 车四退八? 炮2平1　　　27. 马七退九　炮1进4

28. 车七进二　车5平4　　　29. 车四进三　车2进7

30. 马三退一　卒1进1　　　31. 马一退三　马3退2

32. 马三进四　马2进1!

33. 兵五进一　炮1平5

34. 车七平五　炮5退1

35. 车四平二　马8进6

36. 马四进三　车4进1!

37. 车二平三　象5进7!

38. 帅五平四　卒1进1

39. 相五退三　车4平3

40. 相三进五　车3平4

41. 相五退三　马1进2

42. 炮六平四　车4进4!

43. 帅四进一　车4平3

44. 车五平四　车3退4!（图92）

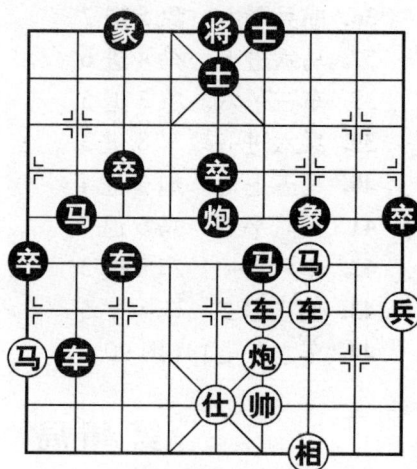

图92

第47局　聂铁文胜郑一泓

1. 炮二平六　炮8平5　　　2. 马二进三　马8进7

3. 仕四进五　车9平8　　　4. 相三进五　马2进1

5. 兵九进一　炮2平3　　　6. 马八进九　车1平2

7. 车九平八　车2进4　　　8. 车一平四　卒7进1（图93）

9. 炮八平七　车2进5　　　10. 马九退八　炮3进4

11. 马八进九　炮5平3　　　12. 马九进七　炮3进4

13. 车四进四　象7进5　　　14. 炮六进五　炮3平7

15. 炮六进一!　象5进3　　16. 炮六退二!　车8进1

17. 炮六平九　车8平2　　　18. 兵九进一　象3退5

19. 马三退二　车2进5　　　20. 马二进一　车2平5

21. 马一进三！ 车 5 平 7

22. 车四进三 马 7 进 8

23. 炮九平五 士 4 进 5

24. 炮七进七 马 1 退 3

25. 车四平二 车 7 平 5

26. 炮五平三！ 车 5 退 3

27. 炮三进二 士 5 进 6

28. 炮七平八 车 5 平 7

29. 炮三平一！ 马 8 进 7

30. 车二平四 马 7 退 5

31. 炮一进一 士 6 进 5

32. 车四平二 将 5 平 6

33. 兵九进一 卒 9 进 1

34. 炮八退一 马 5 退 3

35. 相五进七 卒 7 进 1

36. 相七进五 卒 7 进 1

37. 炮一退一！ 车 7 退 2

38. 车二进二！ 象 5 退 7

39. 炮一进一 将 6 进 1

40. 车二退三！ 车 7 进 1

41. 车二平七 前马进 5

42. 车七进二 卒 7 进 1

43. 相七退九 马 5 进 7

44. 相五进三！（图 94）

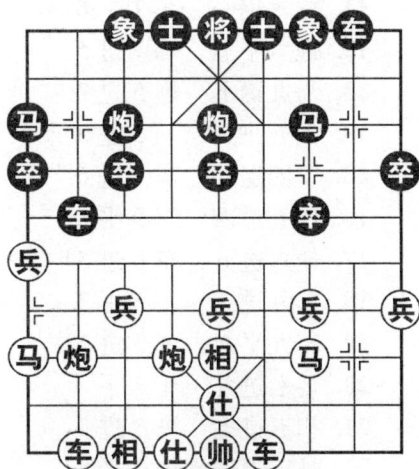

图 93

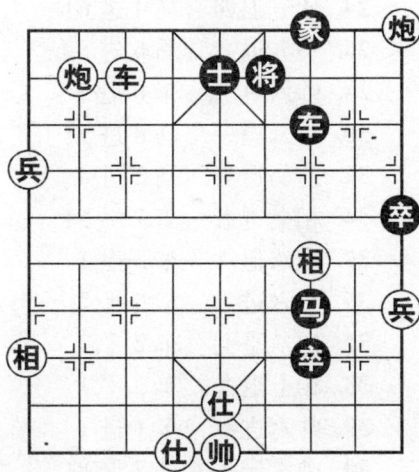

图 94

第 48 局　孙志伟负张惠民

1. 炮二平六 炮 8 平 5　　　2. 马二进三 马 8 进 7

3. 仕四进五 马 2 进 3　　　4. 相三进五 车 9 进 1

5. 马八进九 卒 5 进 1　　　6. 车一平四 车 1 进 1

7. 车四进六 卒 5 进 1　　　8. 兵五进一 马 3 进 5

9. 炮八进四 卒 3 进 1　　　10. 炮六进四 马 5 进 4（图 95）

11. 炮六退一　车1平6！

12. 炮六平五　马7进5

13. 马九退七　炮5进2

14. 兵五进一　马5退3

15. 车四退四　车6进6

16. 仕五进四　车9平6

17. 仕六进五　车6进5！

18. 车九进二　车6平3

19. 车九平六　卒3进1

20. 马七进九　车3平7

21. 相五进七　马3进2

22. 马三退四　炮2平8！

23. 马四进五　车7进3

24. 仕五退四　马4进6！

26. 马九退七　马6进8

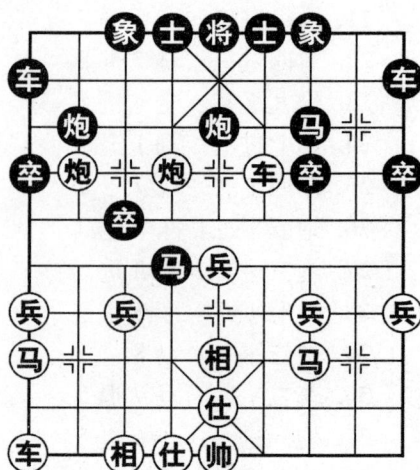

图 95

25. 车六进一　炮8进7

27. 帅五平六　车7平6

29. 车六平三　车6进1

31. 马七退五　车6平5！

33. 车三平六　车5平7

28. 帅六进一　车6退2

30. 帅六退一　马8进7！

32. 前马退三　马2进4

34. 相七进五　车7平5！

35. 炮八退六　车5退1

36. 车六进一　车5平2

37. 炮八平七　车2平3

38. 相七退九　车3平1

39. 帅六进一　车1进1

40. 帅六进一　马7退8！

41. 车六进五　将5进1

42. 车六退一　将5退1

43. 炮七平二　马8退6

44. 帅六平五　车1平5！

45. 帅五平四　马6退5！（图96）

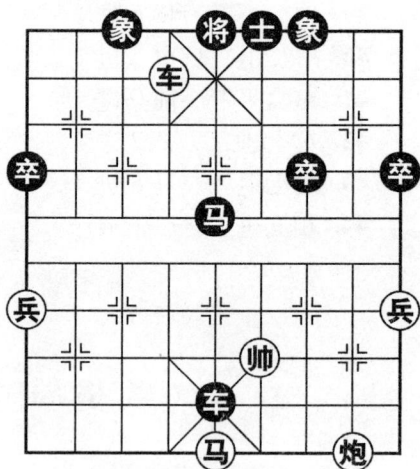

图 96

第49局 朱贵森胜张致忠

1. 炮二平六　炮8平5　　　2. 马二进三　马8进7
3. 车一平二　车9进1　　　4. 仕四进五　车9平4
5. 车二进六　马2进3　　　6. 马八进九　卒5进1
7. 炮六平五　马3进5
8. 炮八进四　士4进5（图97）
9. 炮八平五　炮2进5
10. 马三退二　马7进5
11. 车九平八　车1平2
12. 车二平三　马5退3
13. 炮五进三　车4进3
14. 炮五退一　车4进2
15. 马二进三　将5平4
16. 车三平七　车2进5
17. 相三进五　车2退3
18. 兵九进一　炮5平7
19. 马三退二　象7进5

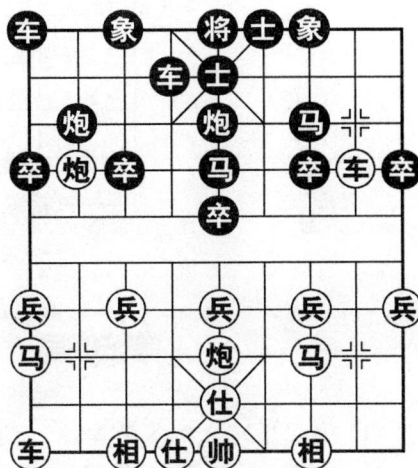

图97

20. 车七平三　炮7平8　　　21. 炮五平八！炮2平3
22. 马二进四　车2进2　　　23. 炮八平七！车2平6
24. 炮七退二　车6进4　　　25. 车三平二　炮8平6
26. 炮七进五　炮6平3　　　27. 马九进八　车4平3
28. 马八进六　车3进2　　　29. 车八进九！炮3平4
30. 马六进五！车6退6　　　31. 马五退六　将4平5
32. 车八退三　车3退4　　　33. 马六进四　炮4平5
34. 兵五进一　卒1进1　　　35. 兵九进一　车3平1
36. 车八进三　车1平3　　　37. 兵五进一！炮5平1
38. 兵五平六　车3进4　　　39. 车二平一　炮1平5
40. 兵六平五　车3平4　　　41. 车八平七　士5退4
42. 兵五平六！炮5进1　　　43. 马四退三　炮5进5
44. 仕六进五　车6进6　　　45. 车一平五！（图98）

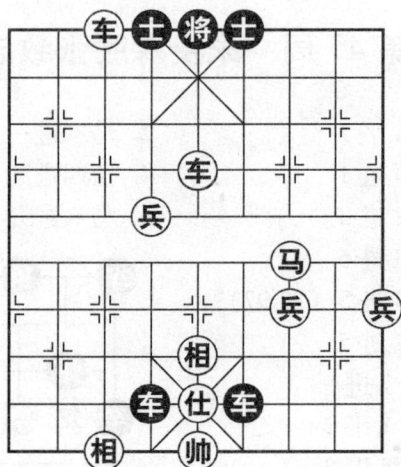

图 98

第 50 局　蒋志梁负柳大华

1. 炮二平六	炮 8 平 5	2. 马二进三　马 8 进 7
3. 仕四进五	车 9 平 8	4. 相三进五　马 2 进 3
5. 车一平四	车 8 进 4	6. 车四进七　马 3 退 5
7. 车四退三	卒 3 进 1	8. 马八进九　马 5 进 3
9. 车四平六	士 4 进 5	10. 车六进四　炮 2 进 4（图 99）

11. 车六平八　炮 2 平 5
12. 车九平八　车 8 平 4
13. 帅五平四　前炮平 6
14. 帅四平五　炮 6 退 5
15. 前车退二　象 3 进 1
16. 兵九进一　卒 7 进 1
17. 前车退二　马 7 进 6
18. 兵三进一　马 6 进 7！
19. 前车平四　炮 5 平 6！
20. 车四平八　前炮平 5
21. 前车平四　炮 5 平 6
22. 车四平八　前炮平 5
23. 前车平四　炮 5 平 6

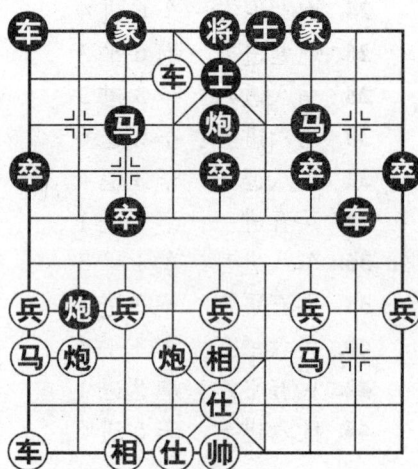

图 99

24. 车四平八　车4平5　　25. 炮八进一　马7退5
26. 炮六进一　前炮平5　　27. 炮六平五　车5平4
28. 炮八平九　车1平4　　29. 兵九进一　卒7进1
30. 相五进三　炮6平7　　31. 相三退五　前车平7
32. 马三进四　车7平6　　33. 马四退三　车6平7
34. 马三进四　车7平6　　35. 马四退三　车6平7
36. 马三进四　炮7平8！
37. 马四退二　车7进2
38. 炮五进三　马5进6！
39. 帅五平四　马6进8
40. 帅四平五　马8退6
41. 帅五平四　马3进5！
42. 炮九平三　炮8平6！
43. 炮三平四　马6退8
44. 帅四平五　马5进4！
45. 炮四退二　车4进4
46. 前车进五　士5退4
47. 前车退二　炮6进1！（图100）

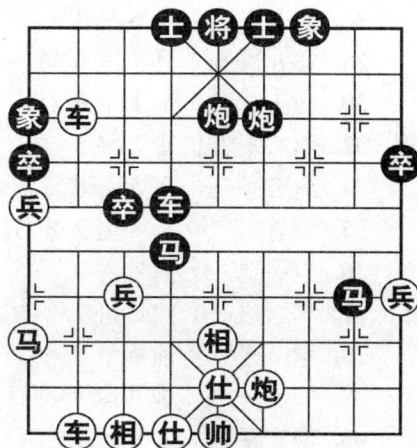

图100

第51局　王天一胜王斌

1. 炮二平六　炮8平5
2. 马二进三　马8进7
3. 车一平二　马2进3
4. 兵七进一　炮2平1
5. 马八进九　卒7进1
6. 车九平八　车9进1
7. 炮八平七　卒5进1
8. 仕四进五　马3进5
9. 相三进五　车1进1
10. 车八进七　车9平4（图101）
11. 车二进六　卒5进1
12. 兵五进一　炮5进3
13. 炮七进一　车4进5

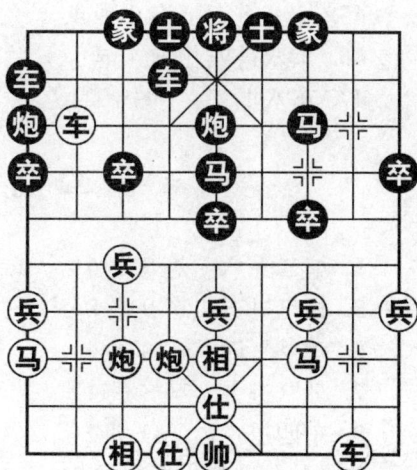

图101

14. 车二退二　炮5平6 　　　　15. 兵七进一！象3进5

16. 兵七进一　炮1进4 　　　　17. 车八退三　车1平6

18. 车八平五　士4进5 　　　　19. 炮七退二！炮6进3

20. 车五平七　炮1退2 　　　　21. 车二平五　车6进5

22. 炮七进二！车6退2 　　　　23. 车五退一！车4退1

24. 车七平六　马5进4 　　　　25. 车五平六　马4退2

26. 兵七平六　车6平3 　　　　27. 炮七平八　炮6退6

28. 马九进八　马7进6 　　　　29. 马三进五　车3进1

30. 马五进四　炮1平6 　　　　31. 炮八进二　车3平2

32. 炮八平五！车2平5 　　　　33. 炮五进一　前炮退1

34. 炮五平一　车5平8

35. 相五退三　车8退2

36. 炮一退二　前炮进2

37. 车六进一　前炮进1

38. 炮一平五！前炮平9

39. 炮五进二　炮9退3

40. 炮五平九　炮6进1

41. 炮九进三　炮6进1

42. 车六进一！炮6进2

43. 炮六平八　炮6平2

44. 车六平八　炮2平5

45. 仕五进四　炮9平4

46. 车八进四！炮4退3

47. 车八退三！（图102）

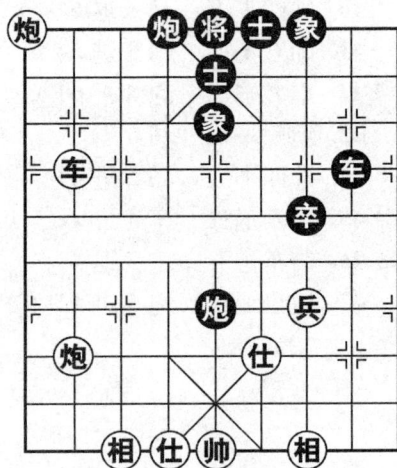

图 102

第52局　刘殿中胜徐超

1. 炮二平六　炮8平5 　　　　2. 马二进三　马8进7

3. 相三进五　车9平8 　　　　4. 仕四进五　马2进3

5. 车一平四　车8进4 　　　　6. 车四进七　马7退8

7. 马八进九　卒3进1 　　　　8. 炮八平七　士4进5

9. 车四退三　马3进2 　　　　10. 兵九进一　马8进7（图103）

11. 马九进八　炮2进3 　　　　12. 车四平八　马2退3

13. 车九平八　炮5平6 　　　　14. 炮七平九　象3进1

15. 炮九退一　卒7进1
16. 前车平四　马3进4
17. 车四平六　马4退3
18. 兵五进一　马7进6
19. 车六退一　炮6平7
20. 车八进六　马6进7
21. 车六平五　车1平2
22. 车八进三　马3退2
23. 兵五进一！卒5进1
24. 车五进二　马2进3
25. 炮六进一！炮7平5
26. 炮六平五　炮5进4
27. 车五退二　马7退6
28. 车五进二　马6退7
30. 车五退一　卒7平8
32. 兵九进一　马3进1
34. 车九平八　马7进5
36. 马五进四　马5进7
37. 仕五进四　车8平4
38. 车八平二　马7进6
39. 炮九进四　象3进5
40. 车二平八　马6进4
41. 帅五平四　将5平4
42. 仕六进五　车4进2
43. 马四进二！卒3进1?
44. 车八进五　将4进1
45. 车八退一　将4退1
46. 仕五进六　车4退1
47. 马二退三　卒3进1
48. 车八平七　马3进2
49. 车七退三！（图104）

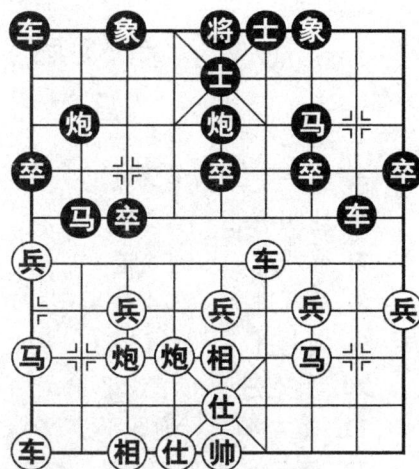

图 103

29. 马三进五　卒7进1
31. 兵九进一！象1退3
33. 车五平九　马1退3
35. 炮九进四！车8退2

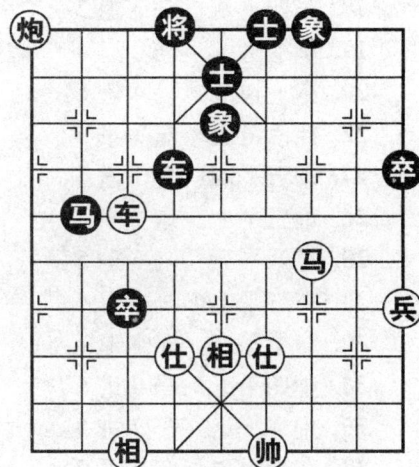

图 104

第53局　赵国荣负许银川

1. 炮二平六　炮8平5	2. 马二进三　马8进7
3. 车一平二　车9进1	4. 车二进六　车9平4
5. 仕四进五　卒3进1	6. 相三进五　马2进3
7. 炮八进二　炮5退1	
8. 马八进九　车4进4（图105）	
9. 兵七进一　车4退1	
10. 兵七进一　车4平3	
11. 车二平三　炮5平7	
12. 车三平四　车1进1	
13. 炮八平三　马3进4	
14. 车四退三　车3平2	
15. 车九进一　象7进5	
16. 车九平七　马7进8	
17. 车四进二　马4进3	
18. 车四平八　马3退2	
19. 车七进五　马2进4	

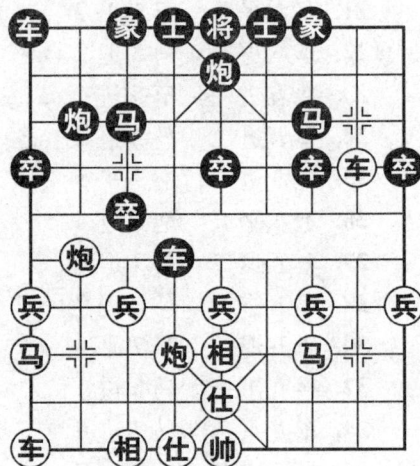

图105

20. 车七退二　马4进6!	21. 仕五进四　炮7进5
22. 仕六进五　车1平4	23. 车七平八　炮2平1
24. 帅五平四　炮1进4	25. 车八进一　车4平7!
26. 炮三平七　炮7平5	27. 车八退二　车7进6
28. 车八平五　马6退5!	29. 炮七平五　马5进3
30. 车五平七　马3退4	31. 炮五进三　炮1平9!
32. 车七平二　车7退3	33. 炮五平二　炮9进3
34. 帅四平五　马4进5	35. 帅五平六　士6进5
36. 炮二平七　车7进5	37. 帅六进一　炮9退1
38. 车二退二　车7平9!	39. 车二平三　马8进6
40. 炮六平七　士5进4	41. 相五进三　马5进6!
42. 帅六进一　前马退5	43. 帅六退一　马6进7!
44. 相三退五　车9平5	45. 后炮进七　将5进1
46. 后炮退六　马5退3	47. 马九进七　马3进4!
48. 前炮平八　车5平8	49. 马七进六　车8平3!（图106）

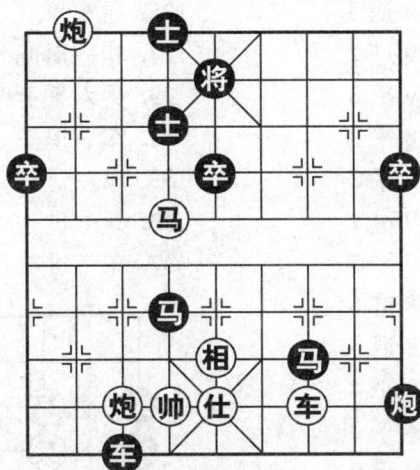

图 106

第54局 蒋志梁胜王秉国

1. 炮二平六　炮8平5	2. 马二进三　马8进7
3. 仕四进五　车9进1	4. 车一平二　马2进3
5. 马八进九　车9平4	6. 车二进六　卒5进1
7. 炮六平五　马3进5	8. 炮八进四　炮5退1
9. 炮八平五　马7进5	10. 车二平三　炮2平5

11. 车三平四　卒5进1（图107）

12. 兵五进一　马5进3

13. 兵五进一　马3进4

14. 兵五进一！前炮进5

15. 相三进五　车1平2

16. 车九进一　车2进5

17. 兵三进一　炮5平7

18. 马三进二　炮7平9

19. 仕五进六！车4平8

20. 车九平四　士4进5

21. 马二进一　车8进8

22. 后车退一　车8退7

23. 仕六进五　车8平9

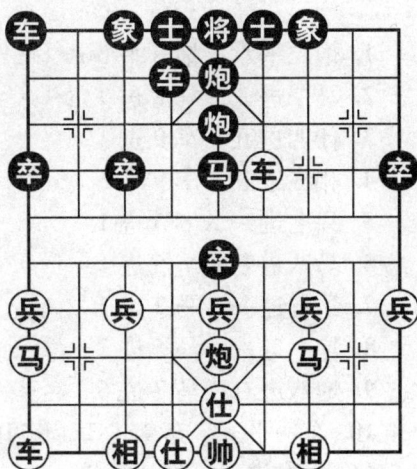

图 107

24. 后车进三！ 马4退5

25. 后车平五 马5进7

26. 相五进三 炮9进2

27. 相三退五 车2平8

28. 兵五平六 炮9平8

29. 兵六平七 炮8退3

30. 车四平三 炮8平9

31. 车三退三 车8退2

32. 前兵进一！ 车9平3

33. 车三进六 车8平9

34. 车三退六 炮9进2

35. 兵七进一 车3进1

36. 马九进七 炮9平5

37. 车三进二 车9平8

38. 兵七进一 车8进6

39. 仕五退四 车8退3

40. 车五进一 车3平4

41. 车三平六 车4平2

42. 马七进八 车8平9

43. 车六进三！ 车2退1

44. 车六平七！ 象3进1

45. 马八进七 车9平4

46. 兵七进一！ 车2平7

47. 仕六退五 炮5进5

48. 仕五退六！ 炮5平3

49. 车七平五！（图108）

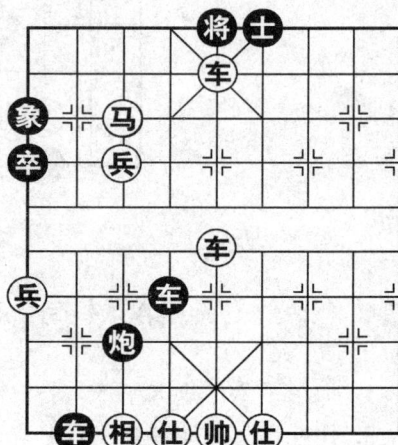

图 108

第 55 局　洪智胜徐超

1. 炮二平六 炮8平5

2. 马二进三 马8进7

3. 仕四进五 车9进1

4. 相三进五 车9平6

5. 兵七进一 卒5进1

6. 马八进七 卒5进1

7. 兵五进一 马7进5

8. 炮六进一 马5进7

9. 炮八进二 马7进6

10. 车一平三 车1进1（图109）

11. 兵九进一 炮2平3

12. 炮六平五 卒3进1

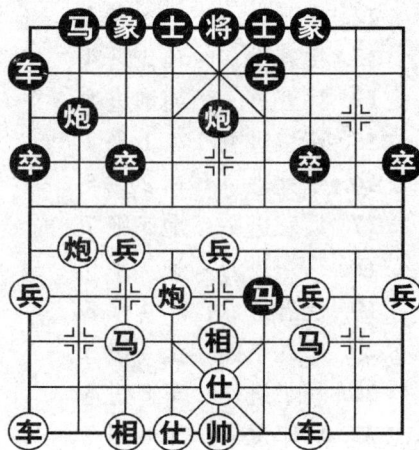

图 109

13. 炮五进四　卒 3 进 1　　14. 炮五退二　卒 3 平 2

15. 马七进八　车 1 平 4　　16. 车九平八　炮 3 进 6

17. 马八退九！马 6 进 7　　18. 车三进一！炮 3 平 7

19. 车八进九　车 6 进 4　　20. 马九进七　车 4 平 8

21. 仕五退四　车 8 进 8　　22. 仕六进五　车 6 进 3

23. 帅五平六　车 6 平 5　　24. 相五退三！车 5 平 3

25. 车八退三　车 3 进 1　　26. 帅六进一　车 3 退 1

27. 帅六退一　车 3 进 1　　28. 帅六进一　车 3 退 1

29. 帅六退一　车 8 平 7　　30. 马七退五！车 3 退 6

31. 车八平五　士 6 进 5　　32. 车五平七　车 3 平 5

33. 车七平四　炮 7 退 2　　34. 马三退一！车 7 平 9

35. 马五进三　车 9 退 1　　36. 马三进二　车 9 平 1

37. 马二进三！车 5 进 2　　38. 兵五进一　车 1 进 1

39. 帅六进一　车 1 退 1

40. 帅六退一　车 1 进 1

41. 帅六进一　车 1 退 4

42. 兵五进一　卒 7 进 1

43. 马三退一　卒 7 进 1

44. 马一退三　卒 7 进 1

45. 马三退一　车 1 平 7

46. 马一进二　车 7 退 3

47. 兵一进一　卒 7 进 1

48. 兵一进一　卒 7 进 1

49. 仕四进五　车 7 平 4

50. 仕五进六　车 4 平 7

51. 兵一进一！（图 110）

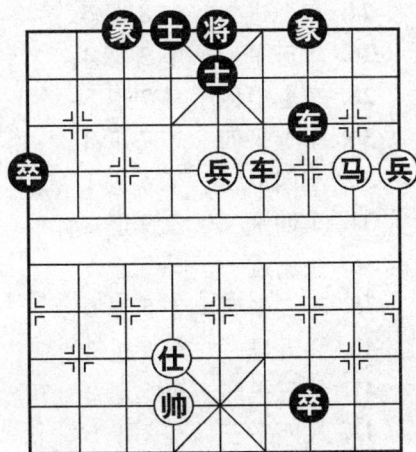

图 110

第 56 局　许银川胜谢靖

1. 炮二平六　炮 8 平 5　　2. 马二进三　马 8 进 7

3. 相三进五　车 9 平 8　　4. 仕四进五　车 8 进 4

5. 车一平四　卒 3 进 1　　6. 马八进九　马 2 进 3

7. 炮八进四　马 3 进 2　　8. 炮八平三　象 7 进 9

9. 兵三进一　士 4 进 5　　10. 车四进四　卒 1 进 1（图 111）

11. 兵七进一　炮 5 平 4
12. 车九进一　象 3 进 5
13. 兵七进一　车 8 平 3
14. 车九平七　车 3 进 4
15. 马九退七　车 1 平 3
16. 马七进九　车 3 进 4
17. 兵九进一　卒 1 进 1
18. 车四平九　炮 4 平 3
19. 马三进四　炮 3 退 2
20. 车九进一　炮 2 平 1
21. 马四退六！车 3 平 8
22. 马九进七　车 8 进 5
23. 仕五退四　马 2 进 3
24. 车九进二　车 8 退 6
26. 车五平七！炮 3 平 4
28. 车七退四　马 7 退 8
30. 车七平四　车 7 平 8
32. 车四退二　卒 5 进 1
34. 车四平二　象 9 退 7
36. 兵三进一　马 7 进 5
38. 车二平三　士 5 退 6
40. 兵五进一　车 5 进 3
41. 兵三平四　车 5 退 2
42. 兵四平五　车 5 平 6
43. 车三退二　士 4 进 5
44. 兵五平六　马 3 退 4
45. 兵六进一　马 4 退 6
46. 仕五进六　士 5 退 4
47. 车三进一　马 6 进 7
48. 马七进五　马 7 退 6
49. 马五退三！车 6 平 7
50. 车三平四！车 7 进 2
51. 车四退二！车 7 平 4
52. 车四平一！（图 112）

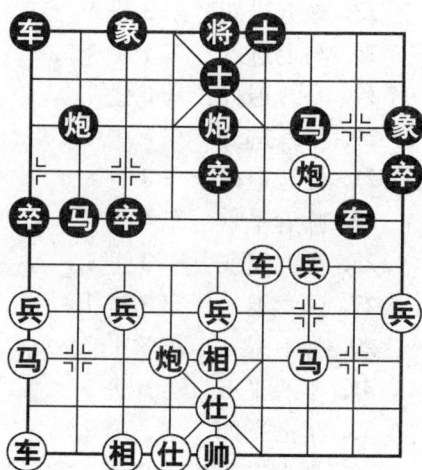

图 111

25. 车九平五！车 8 平 7
27. 炮六进七　士 5 退 4
29. 车七进二　士 6 进 5
31. 马六退八　马 8 进 7
33. 马八进七　车 8 平 5
35. 车二进四！车 5 退 1
37. 车二进二　马 5 进 3
39. 仕六进五　卒 5 进 1

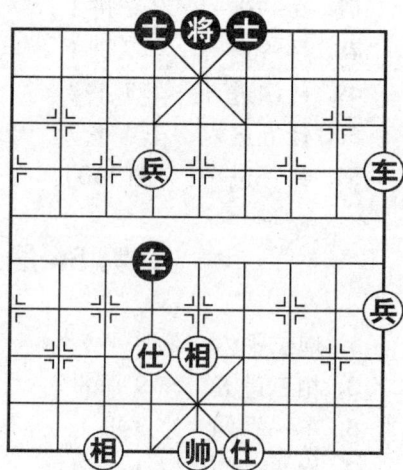

图 112

第 57 局 徐俊负胡荣华

1. 炮二平六　炮 8 平 5
2. 马二进三　马 8 进 7
3. 仕四进五　车 9 平 8
4. 相三进五　马 2 进 3
5. 车一平四　卒 3 进 1
6. 马八进九　车 8 进 4
7. 炮八进四　马 3 进 2
8. 炮八平三　象 7 进 9
9. 兵三进一　卒 1 进 1
10. 车四进四　车 1 进 1
11. 车九进一　车 1 平 8
12. 兵九进一　卒 1 进 1
13. 车四平九　后车平 6
14. 前车进一　马 2 退 3（图 113）
15. 马九进八　车 6 进 2
16. 兵七进一　马 3 进 4!
17. 兵七进一　马 4 进 5
18. 兵七进一　卒 5 进 1
19. 后车进二　马 5 进 7
20. 炮三退四　车 8 进 5
21. 炮三退二　卒 5 进 1
22. 马八进六　炮 5 进 2
23. 马六进八　炮 5 退 3
24. 炮六平七　象 3 进 1
25. 兵七平六　车 6 平 4

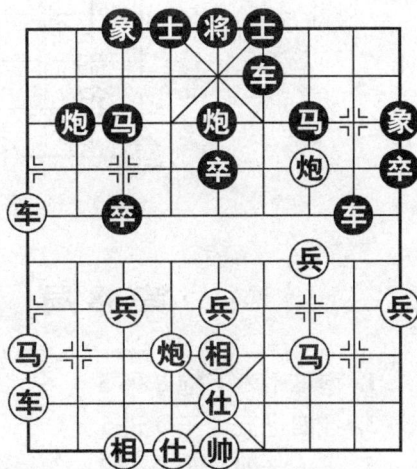

图 113

26. 前车进二　炮 5 进 6!
27. 相七进五　车 4 平 2
28. 炮七进七　士 4 进 5
29. 后车平七　马 7 进 5
30. 炮七平九　炮 2 平 3
31. 车九进一　士 5 进 6
32. 炮三平四　车 8 退 5
33. 车九平七　车 2 平 1!
34. 前车进一　将 5 进 1
35. 前车退一　将 5 退 1
36. 前车进一　将 5 进 1
37. 前车退一　将 5 退 1
38. 前车进一　将 5 进 1
39. 后车平八　车 1 退 2
40. 车八进三　车 8 平 5
41. 炮四平二　炮 3 退 1!
42. 炮二进九　将 5 平 6
43. 炮二退三　卒 5 进 1
44. 相五进七　卒 5 平 6
45. 炮九平八　将 6 平 5
46. 炮八退一　炮 3 进 1
47. 车七退一　将 5 退 1
48. 炮二进三　象 9 退 7
49. 车七平三　马 5 退 6!

50. 帅五平四　车 1 进 8！　**51.** 车八退五　炮 3 进 1！

52. 车三退二　卒 6 进 1！　**53.** 炮二退九　车 5 平 8！（图 114）

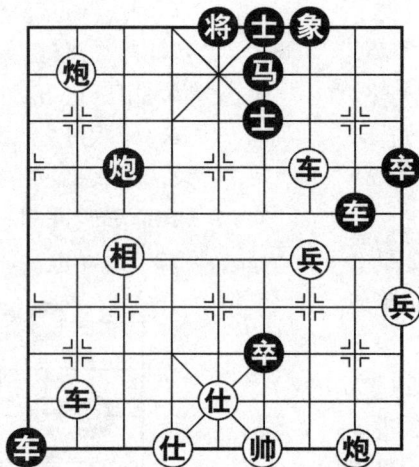

图 114

第 58 局　王鑫海胜朱贵宝

1. 炮二平六　炮 8 平 5　　**2.** 马二进三　马 8 进 7

3. 仕四进五　车 9 进 1　　**4.** 相三进五　马 2 进 3

5. 车一平四　车 9 平 4　　**6.** 炮八进二　卒 3 进 1

7. 炮八平三　马 7 退 9

8. 车四进五　象 3 进 1（图 115）

9. 马八进九　炮 2 进 2

10. 车四进二！卒 7 进 1

11. 炮三进五　马 9 退 7

12. 车四平五　马 3 退 5

13. 车九平八　车 1 平 2

14. 车八进四　卒 3 进 1

15. 车八平七　炮 2 平 6

16. 兵三进一　车 4 进 2

17. 车五平九　卒 7 进 1

18. 车七平三　马 7 进 9

19. 车九平四　马 5 进 7

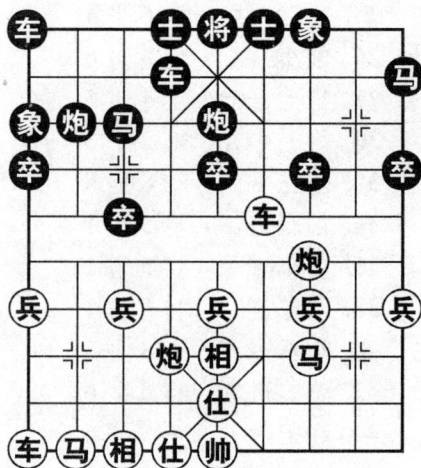

图 115

20. 车三进二	炮6平3	**21.** 兵七进一	炮3退3
22. 马三进二	车2进4	**23.** 马二进四！	车2平6
24. 车四退二	炮3平7	**25.** 车三进一	马9进7
26. 车四进三！	炮7平9	**27.** 车四平三！	车4退1
28. 马九进七	炮9进5	**29.** 马七进五	士4进5
30. 兵九进一	炮9进3	**31.** 马五进四	车4平6
32. 马四退三	马7进8	**33.** 车三退二！	卒9进1
34. 车三平五	卒9进1	**35.** 车五平九	马8进9
36. 马三退一	卒9进1	**37.** 相五进三	车6平8
38. 帅五平四	车8进7	**39.** 帅四进一	车8退3
40. 炮六平五	将5平4		
41. 帅四退一	卒9进1		
42. 兵七进一	车8进3		
43. 帅四进一	车8退1		
44. 帅四退一	车8进1		
45. 帅四进一	车8退1		
46. 帅四退一	卒9进1		
47. 兵七进二	车8进1		
48. 帅四进一	车8退7		
49. 车九进三	将4进1		
50. 炮五平六	士5进6		
51. 兵七平六	将4平5		
52. 炮六平五	将5平6		
53. 车九退一！（图116）			

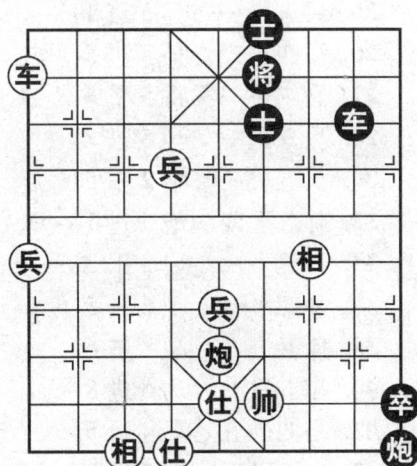

图 116

第 59 局　柳大华负赵鑫鑫

1. 炮二平六	炮8平5	**2.** 马二进三	马8进7
3. 仕四进五	车9平8	**4.** 相三进五	马2进3
5. 车一平四	车8进4	**6.** 马八进九	卒3进1
7. 炮八进四	马3进2	**8.** 炮八平三	象7进9
9. 兵三进一	士4进5	**10.** 车九进一	卒1进1（图117）
11. 车四进四	炮5平3	**12.** 兵七进一	象3进5
13. 车九平七	炮3退2	**14.** 炮六平七	马2进1

15. 炮七进一　卒 3 进 1

16. 相五进七　炮 2 进 3！

17. 车四退二　卒 1 进 1

18. 炮七进六　车 1 平 3

19. 相七退五　车 3 进 8

20. 马九退七　马 1 进 3

21. 车四进二　卒 1 进 1

22. 车四平七　车 8 平 3！

23. 车七进一　象 5 进 3

24. 马三进四　卒 5 进 1

25. 兵三进一　卒 5 进 1！

26. 马四进二　马 7 进 5

27. 马二进一　将 5 平 4

28. 兵五进一　马 5 进 7

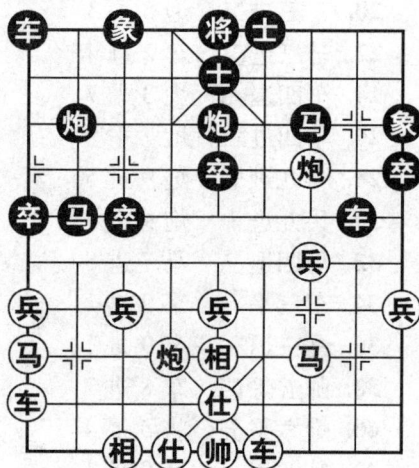

图 117

29. 炮三进三　将 4 进 1

30. 兵五进一　炮 2 平 5！

31. 马一退三　马 7 进 8

32. 帅五平四　炮 5 进 1

33. 兵五进一　士 5 进 6

34. 兵五平六　炮 5 平 3！

35. 马七退九　炮 3 平 6

36. 帅四平五　士 6 进 5

37. 兵一进一　卒 1 平 2

38. 仕五进六　马 8 进 6

39. 帅五进一　炮 6 平 5

40. 相五进七　马 6 进 8

41. 马三退四　马 3 退 4

42. 马四进五　马 4 退 5

43. 兵六平五　炮 5 平 9

44. 炮三退八　卒 2 平 3

45. 帅五退一　炮 9 平 5

46. 帅五平四　将 4 退 1

47. 仕六进五　卒 3 进 1！

48. 相七进五　马 8 退 9

49. 炮三进二　马 9 进 7

50. 帅四进一　炮 5 平 1

51. 兵五平六　炮 1 进 2

52. 帅四进一　炮 1 退 7！

53. 帅四退一　象 3 退 1

54. 相七退九　炮 1 进 6！（图 118）

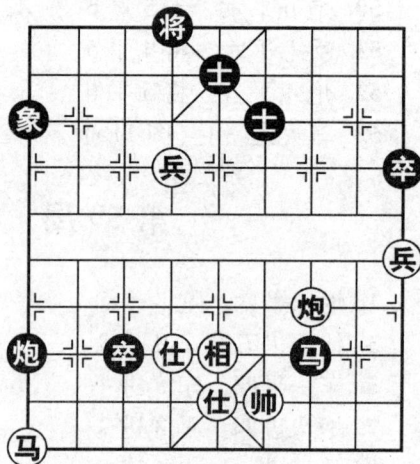

图 118

第60局 胡荣华胜王嘉良

1. 炮二平六　炮8平5
2. 马二进三　马8进7
3. 仕四进五　车9平8
4. 相三进五　马2进3
5. 车一平四　车8进4
6. 车四进七　马3退5
7. 车四退三　炮2平1
8. 马八进九　车1平2（图119）
9. 车九平八　卒1进1
10. 炮八进四　马5进3
11. 车四平六　士4进5
12. 炮八退二　炮5平6
13. 炮六平八　车2平1
14. 车六进四　卒3进1
15. 后炮平六　车1平2
16. 车六平七　象3进5
17. 炮八进三！　车2平3
18. 车七平九！　车3平2
19. 车九退一　象5退3
20. 车九退二　炮6平2

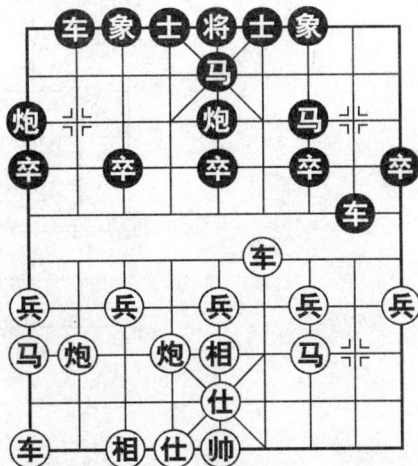

图119

21. 车八进六　象7进5
22. 车八平七　马3退4
23. 车九平八　卒7进1
24. 兵九进一　马7进6
25. 车八退一　马6进7
26. 相五退三！　车8进4
27. 相七进五　车8平6
28. 炮六退一　车6退4
29. 炮六平八！　炮2进6
30. 车八进五　炮2平1
31. 马九退七　车6进4
32. 车八退七　车6平7
33. 车八平九　炮1平2
34. 车七平八！　车7退1
35. 车八退五　马7退6
36. 车九平六　车7退1
37. 车六进一　车7平9
38. 车八进三　车9平6
39. 兵九进一　卒5进1
40. 兵五进一！　车6退1
41. 车六进一　卒5进1
42. 炮六平五　车6进1
43. 马七进九！　马6进7
44. 车五进二　卒9进1
45. 兵九平八　马7进6
46. 车八平六　车6平7
47. 仕五退四！　卒3进1
48. 相五进七　车7进3
49. 仕六进五　车7退3

50. 车六进四！ 士 5 进 6　　　51. 帅五平六　 士 6 进 5

52. 车五平一！ 将 5 平 6　　　53. 车一进三　 将 6 进 1

54. 车一平六！（图 120）

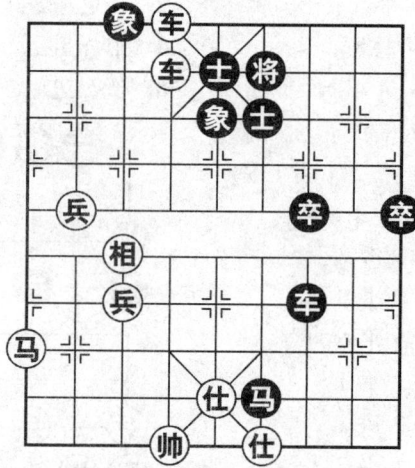

图 120

第 61 局　许银川胜徐天红

1. 炮二平六　 炮 8 平 5　　　2. 马二进三　 马 8 进 7

3. 相三进五　 车 9 进 1　　　4. 仕四进五　 车 9 平 6

5. 马八进九　 卒 1 进 1

6. 炮八平七　 马 2 进 1

7. 车九平八　 车 1 平 2

8. 车八进四　 车 6 进 3（图 121）

9. 车一平四　 车 6 进 5

10. 仕五退四　 炮 2 平 4

11. 车八进五　 马 1 退 2

12. 兵三进一　 马 2 进 1

13. 兵七进一　 象 7 进 9

14. 兵七进一！ 卒 3 进 1

15. 炮七进七　 将 5 进 1

16. 马九退七　 卒 3 进 1

17. 相五进七　 卒 7 进 1

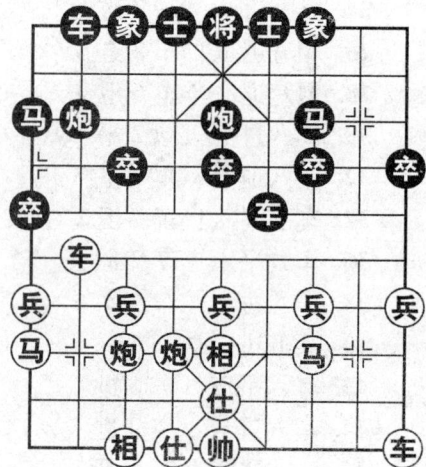

图 121

18. 兵三进一	象9进7	19. 炮六平五	马1进3
20. 马七进八	卒5进1	21. 炮五平七	马3进2
22. 后炮平五	马2退3	23. 炮五退一！	马7进6
24. 相七退五	炮4进6	25. 马三进四！	炮5平6
26. 炮七平四！	炮6平3	27. 相七进九	象7退5
28. 炮四退三	炮3平1	29. 马八退六	卒1进1
30. 炮五平四！	马6进8	31. 马六进七	马3进4
32. 兵九进一	象5进3	33. 仕六进五	炮4平6
34. 炮四退五	炮1平5	35. 马四进二	炮5进4
36. 马二进四	将5平4	37. 帅五平六！	炮5平4
38. 马七进九！	士4进5	39. 马九进八	将4退1
40. 马八退七	炮4平6	41. 马四进五	将4平5
42. 马五退七	马4退3	43. 兵九进一！	炮6退4
44. 兵九平八	马3退5		
45. 前马退五	炮6平9		
46. 仕五进四	马8退7		
47. 马五进三	马5进4		
48. 马三退一	马4进3		
49. 相九进七	炮9进4		
50. 仕四进五	卒5进1		
51. 马一退三	卒5进1		
52. 兵八进一	炮9退5		
53. 马七进六	将5平4		
54. 帅六平五	炮9平5		
55. 马六退四！（图122）			

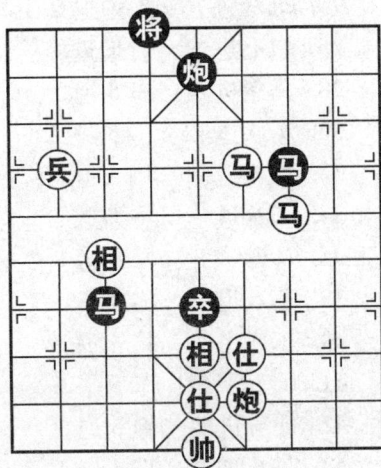

图 122

第62局　陈寒峰胜孙浩宇

1. 炮二平六	炮8平5	2. 马二进三	马8进7
3. 仕四进五	车9平8	4. 相三进五	车8进4
5. 车一平四	炮5平4	6. 马八进九	卒1进1
7. 车四进六	炮4进1	8. 车四退二	马2进1
9. 车九进一	士4进5	10. 炮六平七	炮2平4（图123）

11. 兵九进一　马1进2
12. 兵九进一　车1进4
13. 兵七进一　马2进3
14. 炮八进五　象3进5
15. 炮八平七！马3进1
16. 车九进一　车1进3
17. 相七进九　卒3进1
18. 后炮进三！前炮进5
19. 后炮进一　车8平1
20. 后炮平三！车1进3
21. 兵七进一！车1平5
22. 车四平八　马7退8
23. 兵三进一　象5进3

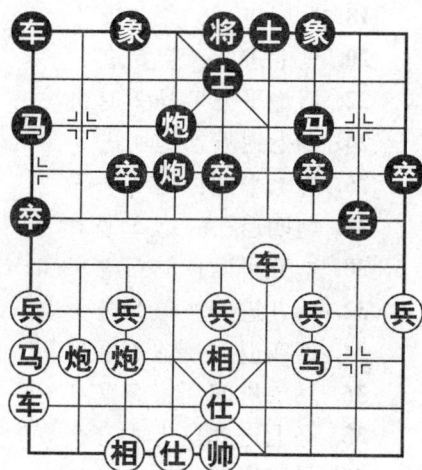

图 123

24. 车八进五　后炮退2
25. 车八退八　士5进4
26. 炮七进二　后炮进1
27. 兵三进一　马8进9
28. 马三进四　车5退1
29. 炮七平九　前炮退4
30. 车八进八　将5进1
31. 炮九退一　后炮退1
32. 车八退一　将5退1
33. 炮九进一　后炮进1
34. 车八进一　将5进1
35. 炮三平二　前炮平5
36. 马四进五！马9退8
37. 马五进六　将5平4
38. 车八退一　将4退1
39. 车八进一　将4进1
40. 车八退一　将4退1
41. 帅五平四！车5平6
42. 仕五进四　炮5退1
43. 车八进一　将4进1
44. 车八退一　将4退1
45. 车八进一　将4进1
46. 车八退一　将4退1
47. 炮二进二！炮5平6
48. 车八进一　将4进1
49. 车八退一　将4退1
50. 帅四平五　车6平5
51. 仕四退五　炮6平5
52. 帅五平四　车5平6

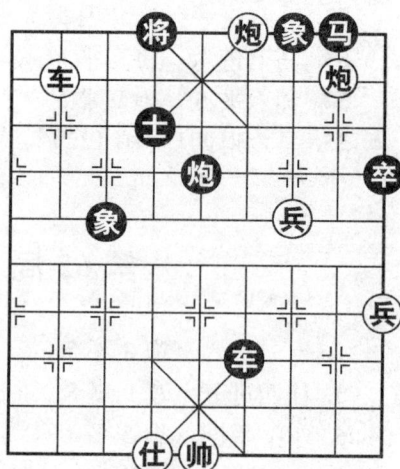

图 124

· 68 ·

53. 仕五进四　车6进1　　　　**54.** 帅四平五　车6平1

55. 炮九平四　车1平5　　　　**56.** 帅五平四　车5平6

57. 帅四平五！（图124）

第 63 局　言穆江负蔡福如

1. 炮二平六　炮8平5　　　　**2.** 马二进三　马8进7

3. 车一平二　车9进1　　　　**4.** 车二进六　车9平4

5. 仕四进五　马2进3　　　　**6.** 车二平三　卒3进1

7. 相七进五　炮5退1　　　　**8.** 炮八进二　炮5平7

9. 车三平四　象7进5　　　　**10.** 兵三进一　车1进1

11. 马八进九　车4平6

12. 车四进二　车1平6（图125）

13. 车九平七　马3进4

14. 兵七进一　炮2平3

15. 兵九进一　马7进6

16. 兵三进一　炮7进6！

17. 兵三平四　炮7退1

18. 车七平八　卒3进1

19. 相五进七　车6进3

20. 炮八退一　炮7退4！

21. 相七退五　炮7平8！

22. 仕五退四　炮8进7

23. 仕六进五　马4进6

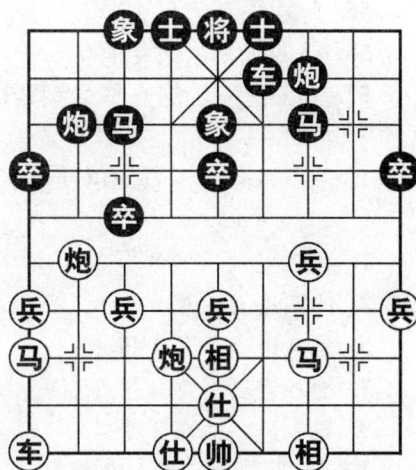

图 125

24. 车八平七　炮3平4　　　　**25.** 车七进七　士6进5

26. 马九进七　车6平7　　　　**27.** 车七退三　马6进8

28. 炮八退二　炮8退1！　　　**29.** 炮六进一　炮8平2

30. 炮六平二　炮2退2　　　　**31.** 马七进五　车7平2

32. 车七退一　炮2进3　　　　**33.** 车七平八　车2平8

34. 炮二平三　炮2平1　　　　**35.** 马五进四　车8平6

36. 马四进三　车6退3　　　　**37.** 马三退二　炮4进1

38. 马二退三　炮4平3　　　　**39.** 车八平九　炮1平2

40. 车九退三　炮2退5　　　　**41.** 车九平八　车6进3

42. 车八平七　炮2平3　　　　**43.** 车七平六　前炮平4

44. 炮三退一　卒9进1
45. 车六进四　车6平8
46. 兵五进一　炮3平4
47. 车六平七　前炮平7
48. 车七进二　炮4进2
49. 马三退四　炮7进2
50. 车七平五?　车8平2!
51. 车五平六　车2进1
52. 兵五进一　炮7平5!
53. 帅五平六　炮5平4!
54. 车六退二　车2平4
55. 帅六平五　车4平1
56. 马四进三　炮4平6
57. 马三进一　炮6平5（图126）

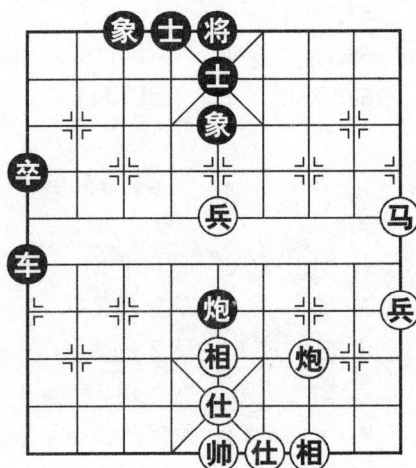

图 126

第64局　于红木胜陈柏祥

1. 炮二平六　炮8平5
2. 马二进三　马8进7
3. 仕四进五　车9平8
4. 相三进五　马2进1
5. 马八进七　车1进1
6. 车一平四　卒7进1
7. 炮八进二　炮2平3
8. 炮八平七　炮3进3（图127）
9. 兵七进一　车1平4
10. 车四进四　车4进5
11. 马七进八　车4平2
12. 兵七进一　卒3进1
13. 马八进九　士4进5
14. 马九退七　车2平3
15. 马七退九!　车3退3
16. 车九平八　卒5进1
17. 马九进八　炮5平3
18. 炮六平九　炮3平4
19. 马八退七　车3平5
20. 车八进七　象7进5
21. 兵九进一!　车8进3

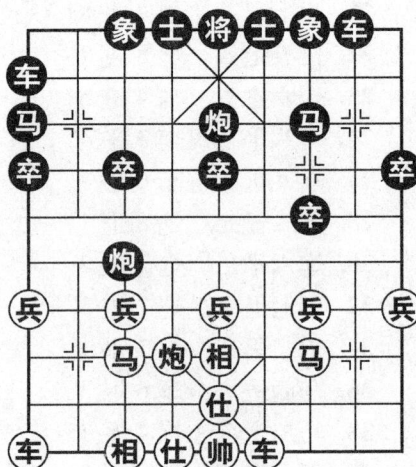

图 127

70

22. 兵九进一　象5进3	23. 兵九平八　炮4平6
24. 兵八平七　象3进5	25. 车八进一　象5进3
26. 车八平九　炮6平4	27. 马七进九！马1进3
28. 马九进八　马3退5	29. 车九平六　象3退1
30. 马八退九　象1进3	31. 车四平七　炮4平3
32. 车七进一　马5进3	33. 车七进一　车5平3
34. 马九进七　车8平3	35. 车六退三！车3平5
36. 车六平七　炮3平4	37. 炮九进三　马7进8
38. 车七进四　士5退4	39. 兵三进一！马8进7
40. 炮九平三　马7进9	41. 马三进二！马9进8
42. 车七退四　士6进5	43. 相五退三！炮4平7
44. 相七进五　车5平8	
45. 马二退一　马8退9	
46. 相三进一　车8平5	
47. 炮三平二　炮7平9	
48. 兵三进一　卒5进1	
49. 车七平五！车5平8	
50. 车五退一　炮9进4	
51. 车五平一　炮9平6	
52. 车一平四　炮6平9	
53. 兵五进一　炮9退2	
54. 车四平三　士5进4	
55. 兵五进一　士4进5	
56. 兵五平四　将5平4	
57. 车三平一！（图128）	

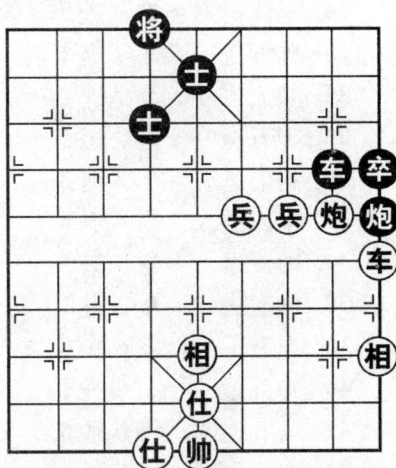

图128

第65局　柳大华胜徐天红

1. 炮二平六　炮8平5	2. 马二进三　马8进7
3. 仕四进五　车9平8	4. 相三进五　车8进4
5. 车一平四　卒3进1	6. 马八进九　马2进3
7. 炮八进四　卒7进1	8. 炮八平七　车1平2
9. 车九平八　炮2进5	10. 兵九进一　卒5进1
11. 车四进六　马7进5（图129）	12. 炮六进四　炮2平7

13. 炮七平五　士4进5
14. 车八进九　马3退2
15. 马九进八　马2进3
16. 马八进九　车8进5
17. 相五退三　车8平7
18. 仕五退四　马3进5
19. 车四平五　炮7平9
20. 车五退一！士5进4
21. 马九进八　士6进5
22. 炮六平五！将5平6
23. 车五平四　炮5平6
24. 马八退六！炮9进2
25. 帅五进一　车7退1
26. 帅五进一　车7退2
28. 帅五退一　炮4退5
30. 相七进五　车8退3
32. 车四进二　炮4退4
34. 帅五退一　象3进5
36. 马五进三　车2进1
38. 炮五平一！车6平8
40. 帅五退一　车8进1
42. 马五退四　将6平5
43. 炮一平五　将5平6
44. 炮五退二　车8平6
45. 马四进三　将6进1
46. 车七平二！炮6平9
47. 马三退五　将6退1
48. 炮五进三　象7进5
49. 马五进七　车6退1
50. 帅五退一　炮4平5
51. 马七进五！车6退7
52. 马五退七　车6进6
53. 帅五进一　炮5进6
54. 相五退三　车6进1

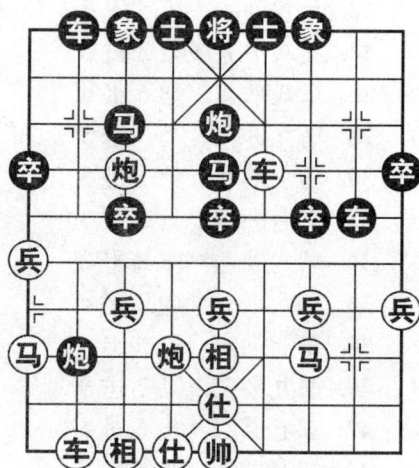

图 129

27. 马六退五！炮9平4
29. 车四退一　车7平8
31. 炮五平三！炮6退1
33. 车四平七　车8进5
35. 炮三平五　车8平2
37. 帅五进一　车2平6
39. 马三进五　车8退1
41. 帅五进一　炮6进1

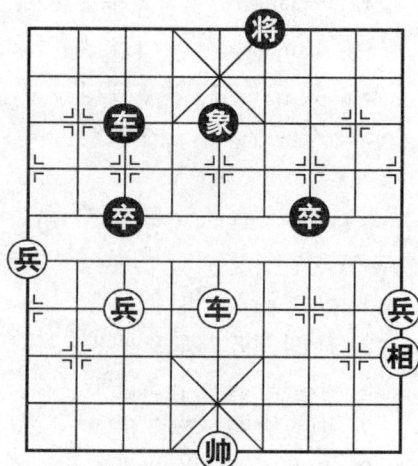

图 130

55. 帅五退一　车6平4　　　　56. 车二平五！车4退6
57. 车五退三　车4平3　　　　58. 相三进一！（图130）

第66局　金波胜孙浩宇

1. 炮二平六　炮8平5　　　　2. 马二进三　马8进7
3. 相三进五　车9平8　　　　4. 仕四进五　车8进4
5. 车一平四　炮5平4　　　　6. 马八进九　卒1进1
7. 炮六进四　卒7进1　　　　8. 炮八平七　马2进1
9. 车九平八　车1平2
10. 车八进六　士4进5（图131）
11. 炮六退五　卒7进1
12. 兵三进一　马7进6
13. 马三进四　炮4进1
14. 车八退二　炮2平6
15. 车八进五　马1退2

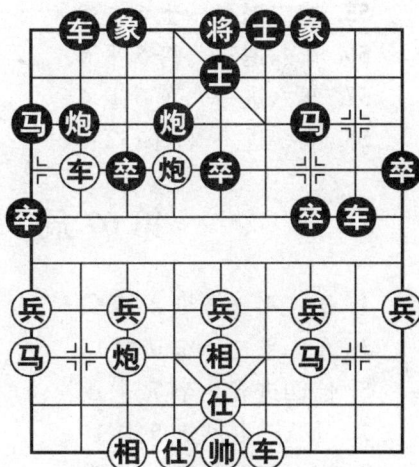

图131

16. 炮七进四　马6退5
17. 兵三进一！车8平7
18. 马四进五　车7平5
19. 炮七平九！车5进2
20. 马五退三　炮6进1
21. 炮六平七　车5平7
22. 马三退一！车7平8　　　23. 马一进二！炮6平5
24. 马二退三！炮5进1　　　25. 马三退四！车8平6
26. 马四退二！炮6平5　　　27. 车四进六　炮4进5
28. 炮九平五！炮5平4　　　29. 帅五平四！将5平4
30. 马二进四　马5退7　　　31. 车四平三　马7进9
32. 车三退二　后炮进1　　　33. 相五退三！后炮退4
34. 炮五平六　后炮平6　　　35. 马四退六　车5平6
36. 帅四平五　炮6平5　　　37. 仕五进六　车6平4
38. 马六进四！车4进1　　　39. 炮七平六　将4平5
40. 后炮平三！士5进6　　　41. 炮三进八　士6进5
42. 炮三平一！将5平4　　　43. 炮六平二　马2进3
44. 炮二进三　将4进1　　　45. 炮一退一　士5退6

46. 炮二退一　将4退1
47. 炮二进一　将4进1
48. 炮二退一　将4退1
49. 炮二进一　将4进1
50. 车三进四　将4进1
51. 炮二退二！车4平6
52. 车三平七　马3进4
53. 炮二进一！炮5进1
54. 车七平六　将4平5
55. 炮二退一　士6退5
56. 车六退三　将5平6
57. 车六进一　车6退4
58. 兵一进一（图132）

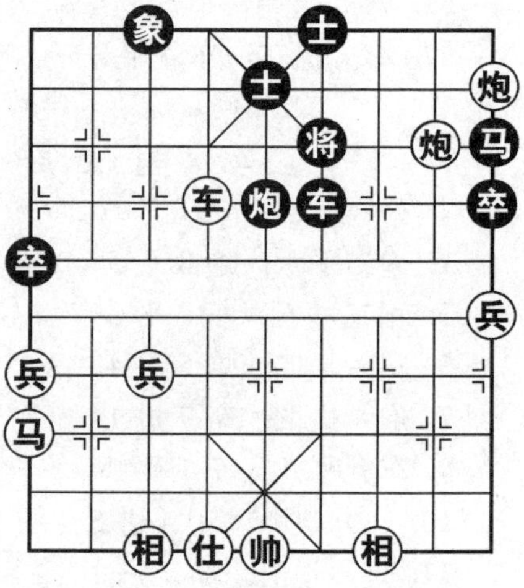

图 132

第67局　李家华胜万春林

1. 炮二平六　炮8平5
2. 马二进三　马8进7
3. 车一平二　车9进1
4. 车二进六　车9平4
5. 仕四进五　卒7进1
6. 车二平三　马2进3
7. 马八进九　炮5退1
8. 炮八平七　车4进1
9. 车九平八　车1进2
10. 车八进四　炮5平7
11. 车三平二　炮7平2
12. 车八平四　卒3进1（图133）
13. 相三进五　卒1进1
14. 炮七退一　士4进5
15. 车二平三！马3进2
16. 炮七平六　车4平3
17. 后炮平九　象7进9
18. 车三平二　前炮进1
19. 车二退二　前炮平1
20. 兵三进一　马2进1
21. 兵三进一　象9进7
22. 车二平三　象3进5
23. 炮九进二　炮1进3

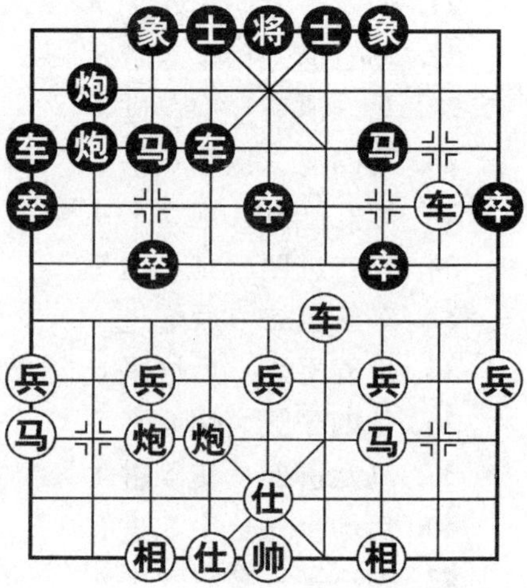

图 133

24. 车四平八　炮2平3	**25.** 车八退一　卒1进1
26. 车三平六　炮3退1	**27.** 马三进四　炮3平4
28. 车八进六　象5退3	**29.** 炮六进七　士5退4
30. 车八退三！车3平5	**31.** 兵七进一　卒3进1
32. 车六平七！炮1平9	**33.** 车七进五　车1进2
34. 马四退三　炮9退2	**35.** 马九进七　卒1进1
36. 马三进二　炮9平8	**37.** 马七进五　炮8退1
38. 车八退二　士6进5	**39.** 马五进七　炮8退3
40. 马七进八　车1平4	**41.** 马八进九　车5平6
42. 车七退三　车6进1	**43.** 马九退七　将5平6
44. 马七退八　车4进2	**45.** 车七进一！士5进6
46. 马二退三　车4平2	
47. 车八平四！车6进2	
48. 马三进四　士4进5	
49. 马四进五！马7进6	
50. 马八退七　象7退5	
51. 马五退四　车2退2	
52. 车七退一　将6平5	
53. 马七进八　车2平3	
54. 车七平一　炮8平6	
55. 马四进六　卒1平2	
56. 兵五进一　马6进8	
57. 车一平五　马8进6	
58. 仕五进四　象5退3？	
59. 马八进六！（图134）	

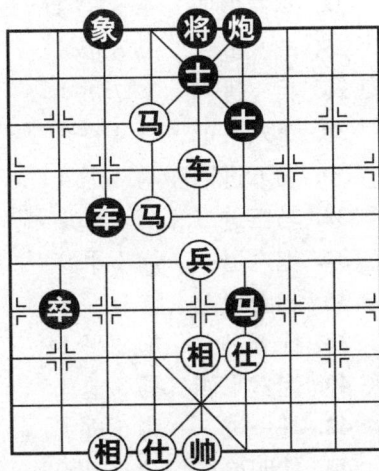

图134

第68局　李智屏负徐天红

1. 炮二平六　炮8平5	**2.** 马二进三　马8进7
3. 车一平二　马2进3	**4.** 马八进七　车9进1
5. 仕四进五　车1进1	**6.** 炮八进二　卒7进1
7. 炮八平七　车1平3	**8.** 车九平八　卒3进1
9. 炮七平六　马7进6	**10.** 车二进四　车9平8（图135）
11. 车二平四　炮2进2	**12.** 前炮平五　马6进4！

13. 马七退九　炮2退3

14. 车八进七！车8平6？

15. 车八平七！车6进4

16. 车七进一　炮2进6

17. 炮五进三　象7进5

18. 相三进五　马4进6

19. 仕五进四　车6平4

20. 仕六进五　炮2进2

21. 相七进九　车4进1

22. 车七平八　炮2平1

23. 马九进七　车4平5

24. 马三退四　车5平3！

25. 车八退六　马6退4！

26. 兵三进一　卒7进1

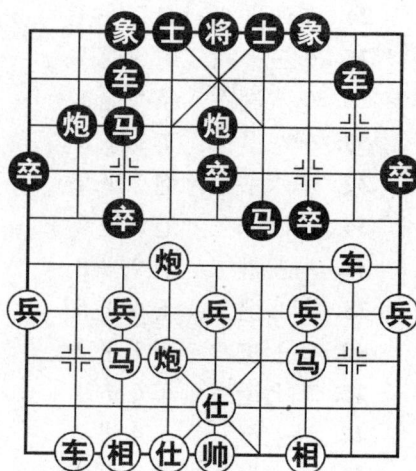

图135

28. 车八平七　马4进3

27. 相五进三　车3进1

29. 马四进五　炮1退3

30. 马五进四　马3退4

31. 马四进三　士6进5

32. 马三进二　卒9进1

33. 马二退三　马4进2

34. 炮六退一　炮1平9

35. 马三退一　马2进3！

36. 相九退七　炮9平3！

37. 马一进三　炮3进3

38. 仕五进六　炮3平1

39. 帅五平四　炮1退3

40. 炮六平四　马3退4

41. 马三进一　士5进6

42. 马一进三　将5进1

43. 炮四平一　将5平6

44. 仕四退五　马4退6

45. 炮一平四　卒3进1

46. 马三退二　将6平5

47. 炮四进六　马6进7

48. 帅四平五　炮1平5

49. 仕五进四　卒3平4

50. 帅五平六　卒4进1

51. 仕六退五　马7退6

52. 炮四平一　炮5平9

53. 炮一退三　马6退4

54. 炮一进二　马4退3

55. 相三退五　象5进7

56. 马二进三　将5平6

57. 马三退四　象3进5

58. 马四退二　炮9退2

59. 马二进三　卒4平5

60. 炮一平二　前卒进1！（图136）

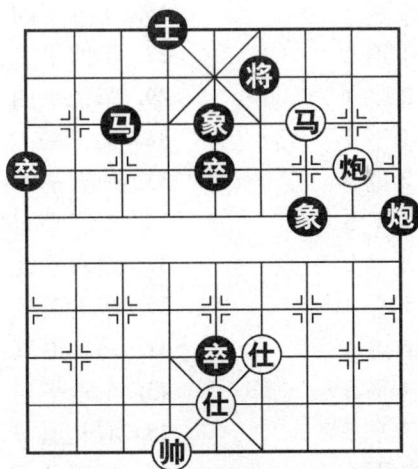

图 136

第 69 局　梅青明胜吕钦

1. 炮二平六	炮 8 平 5	2. 马二进三　马 8 进 7
3. 车一平二	车 9 进 1	4. 仕四进五　马 2 进 3
5. 兵七进一	车 9 平 4	6. 车二进六　卒 5 进 1
7. 炮八进四	卒 5 进 1	8. 炮六平五　卒 5 平 4（图 137）
9. 车二平三	炮 5 进 5	10. 相七进五　卒 1 进 1

11. 车三平七　车 1 进 3
12. 马八进七　马 3 进 5
13. 兵三进一　车 4 进 3
14. 兵七进一　马 5 进 3
15. 车九平七　象 7 进 5
16. 马三进四　车 4 平 6
17. 马四退三　马 3 进 2
18. 前车平三　车 6 平 3
19. 兵三进一　炮 2 平 3
20. 马三进二　炮 3 进 5
21. 马二进四　马 7 退 8
22. 马四进五！马 8 进 6
23. 马五进三！卒 9 进 1

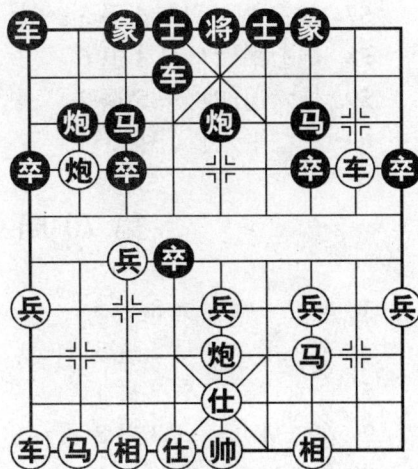

图 137

24. 车三平五	士6进5	25. 车五平四	士5进6
26. 车四进一	车1退2	27. 车四平二！	车1进1
28. 炮八进一	炮3平1	29. 车二平四	车3进5
30. 相五退七	炮1平7	31. 兵三平二	车1退1
32. 炮八进二	马2退3	33. 帅五平四	车1平2
34. 车四平五	车2平5	35. 车五平七！	马3退5
36. 车七进二	车5平2	37. 炮八平九	将5进1
38. 兵二进一	将5平4	39. 车七退三	马5进7
40. 车七平六	马6进4	41. 马三退五！	车2进1
42. 车六退二	将4平5	43. 车六平三	车2进2
44. 马五进三	炮7平3	45. 炮九退一	炮3退4
46. 相三进五	马7退5	47. 帅四平五	马4进3
48. 炮九平七	炮3平1		
49. 相五进七	将5平4		
50. 兵二平三	马3退4		
51. 炮七退二	车2平4		
52. 兵三平四	车4进1		
53. 车三进一	马5进6		
54. 兵四进一	车4退1		
55. 车三退一	车4进1		
56. 兵五进一	马6退7		
57. 车三进一	车4平5		
58. 炮七平六！	马4退6		
59. 炮六退四！	车5退2		
60. 车三平六！	（图138）		

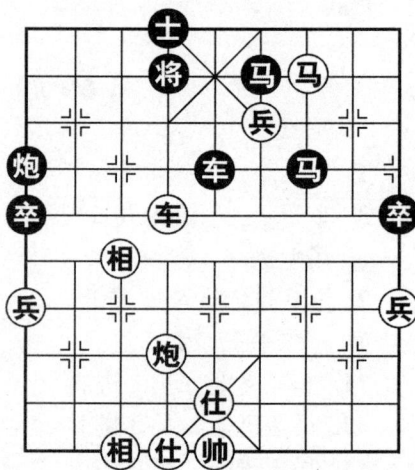

图 138

第70局　黄仕清负洪智

1. 炮二平六	炮8平5	2. 马二进三	马8进7
3. 车一平二	马2进3	4. 马八进七	卒3进1
5. 仕六进五	卒7进1	6. 相七进五	车9平8
7. 车二进九	马7退8	8. 兵七进一	卒3进1
9. 相五进七	车1进1	10. 相七退五	车1平3（图139）
11. 马七进六	马3进2	12. 马六进八	炮2进5

13. 车九平八 炮2平1

14. 车八进三 炮5平7

15. 车八平七 车3平2

16. 马八进六 炮1进2

17. 马六进七 将5进1

18. 仕五进四 象7进5

19. 车七进三 车2进8

20. 帅五进一 车2退1

21. 帅五退一 炮7退1

22. 马七退八 马8进7

23. 兵五进一 马7进6

24. 兵五进一 马6进7

25. 马八退七 将5退1

26. 车七平五? 马7退5!

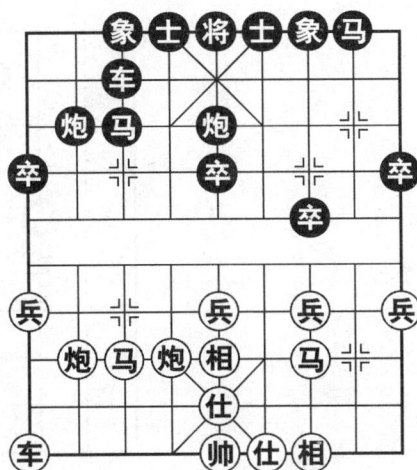

图 139

27. 炮六平七 炮7进6！

28. 兵五平六 炮7进1！

29. 车五退二 士4进5

30. 仕四退五 车2平3！

31. 马七退八 车3退1

32. 马八退九 车3平1

33. 车五平九 车1进2

34. 仕五退六 炮7平1

35. 车九平八 炮1平9

36. 车八平九 炮9进1

37. 车九进二 车1退2

38. 车九平五 车1退1

39. 仕六进五 车1平4

40. 车五退一 卒9进1

41. 车五进一 车4平9

42. 车五平一 炮9平8

43. 车一平二 炮8退3

44. 兵六平五 炮8平5

45. 车二退二 车9退1！

46. 车二平一 卒9进1

47. 帅五平六 炮5平6

48. 相三进一 卒9进1

49. 兵五平四 卒9进1

50. 兵四平三 象5进7

51. 帅六进一 卒9平8

52. 相五进七 卒8平7

53. 相七退五 炮6平4

54. 帅六退一 炮4退5

55. 帅六平五 士5进4

56. 相五进七 卒7平6！

57. 相七退九 将5进1

58. 相九进七 将5进1

59. 相七退九 象3进1

60. 相九进七 象1进3（图140）

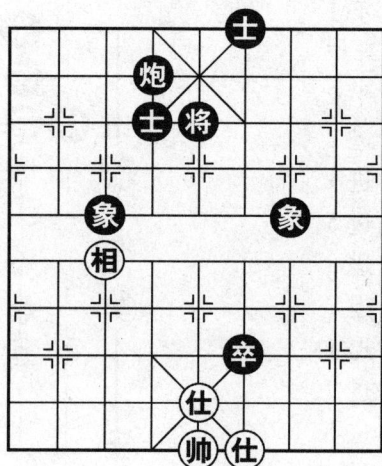

图 140

第二章　过宫炮对左中炮横车右肋

第71局　王天一胜赵玮

1. 炮二平六　炮8平5
2. 马二进三　马8进7
3. 车一平二　马2进3
4. 兵七进一　车9进1
5. 马八进七　车9平4
6. 仕六进五　车1进1
7. 兵三进一　车4进5
8. 炮六平四　卒5进1（图141）
9. 相七进五　卒5进1
10. 炮四进一　车4退2
11. 兵五进一　马3进5
12. 炮四平五　车1平4
13. 炮八进四　卒3进1
14. 炮八平三　象7进9
15. 车九平八　炮2平3
16. 车八进六！卒3进1
17. 炮五进三！炮5进3
18. 马七进五！卒3进1
19. 车八退二！（图142）

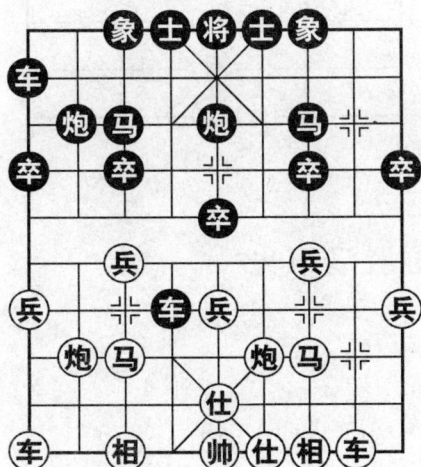

图 141

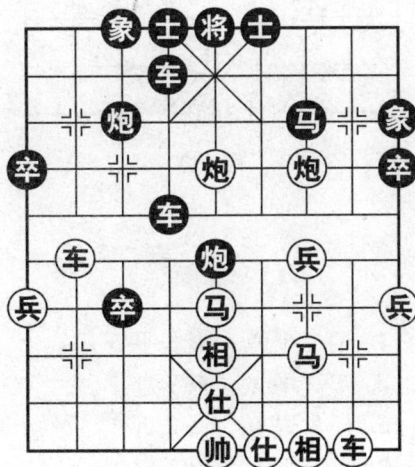

图 142

第 72 局　汪洋胜柳大华

1. 炮二平六　炮8平5	2. 马二进三　马8进7
3. 车一平二　车9进1	4. 马八进七　车9平4
5. 仕四进五　马2进3	6. 炮八进二　卒3进1
7. 炮八平三　马3进2	8. 车二进五　象3进1（图143）
9. 兵九进一　马2进3	10. 兵九进一　卒1进1
11. 车九进五　车1进1	12. 车九进一　车4进3
13. 车二平六　马3退4	14. 马七进六　马4进6
15. 车九平六　士6进5	16. 相三进五　炮5平4
17. 马六退四！炮4进5	18. 车六退四　马7退9？
19. 车六进二！卒7进1	20. 炮三平一！（图144）

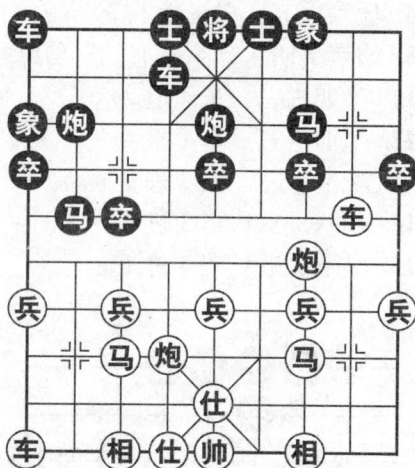

图143

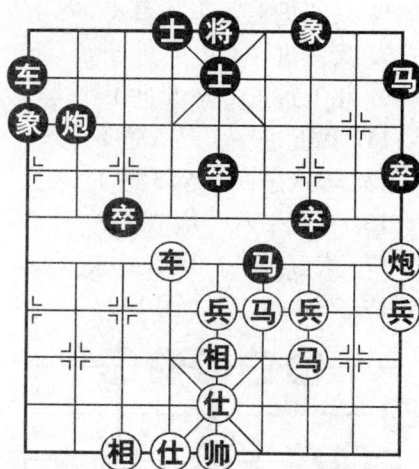

图144

第 73 局　宋国强胜汤卓光

1. 炮二平六　炮8平5	2. 马二进三　马8进7
3. 车一平二　车9进1	4. 马八进七　车9平4
5. 仕六进五　马2进3	6. 车二进四　车4进5
7. 车二平七　炮2退1	8. 炮八退一　车4退2（图145）
9. 相七进五　卒3进1	10. 车七平二　炮2平3

11. 炮八平六　车 4 平 6
12. 车九平八　炮 5 平 6
13. 后炮进八！象 3 进 5
14. 前炮退五　卒 7 进 1
15. 车二进二　卒 3 进 1
16. 兵七进一　马 3 进 2
17. 车二平三！炮 3 进 6
18. 兵七进一！车 6 平 3
19. 车三进一　士 6 进 5
20. 前炮平二！马 2 进 3
21. 车三平四！（图 146）

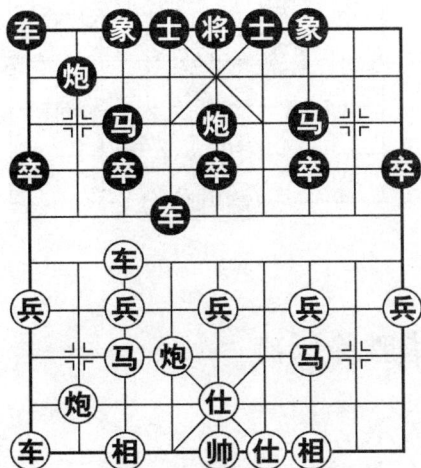

图 145

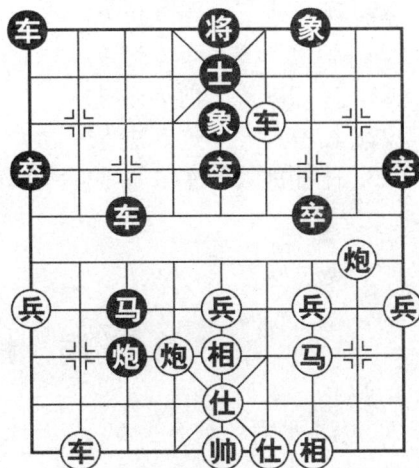

图 146

第 74 局　龚晓民负张强

1. 炮二平六　炮 8 平 5
2. 马二进三　马 8 进 7
3. 车一平二　马 2 进 3
4. 兵七进一　车 9 进 1
5. 马八进七　车 9 平 4
6. 仕六进五　卒 5 进 1
7. 相七进五　车 4 进 5
8. 炮八退二　卒 5 进 1（图 147）
9. 兵五进一　马 3 进 5
10. 车二进四　马 5 进 7
11. 车二平三　后马进 5
12. 炮八平六　车 4 平 3

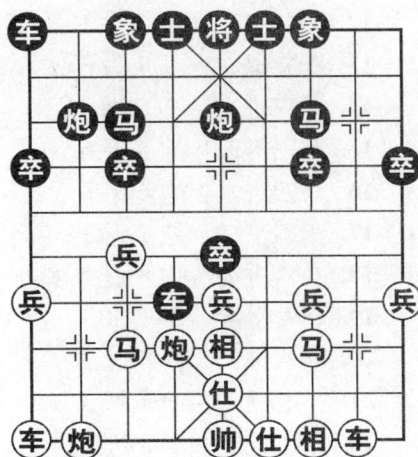

图 147

13. 兵五进一　炮5进2
14. 车九进二　炮5进1
15. 车九平八　炮2平5
16. 前炮退一　车1进1
17. 马七进五　车1平6
18. 车八平六　士6进5
19. 车六进三　马5进6!
20. 车三平四　车6进4
21. 兵三进一　前炮进2!
22. 相三进五　炮5进5!
23. 仕五进六　车6进3!（图148）

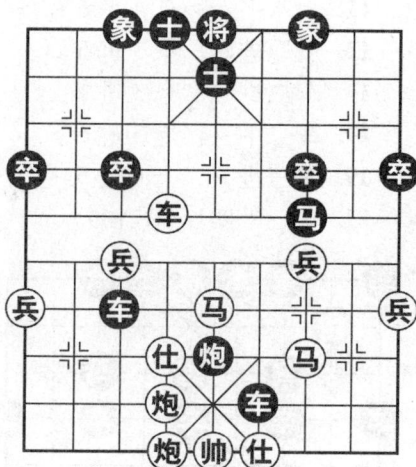

图148

第75局　柳大华胜徐天红

1. 炮二平六　炮8平5
2. 马二进三　马8进7
3. 车一平二　马2进3
4. 马八进七　车9进1
5. 车二进四　车9平4
6. 仕四进五　卒7进1
7. 兵七进一　车4进5
8. 炮六平四　车1进1
9. 兵三进一　车4平3
10. 相七进五　炮2进3（图149）
11. 车二进二!　卒7进1
12. 车二平三!　卒7进1
13. 车三退三　马7进6
14. 车三进六!　马6进4
15. 马三进四!　炮5平6
16. 马四进六!　炮6平8
17. 车三平二　炮2退3
18. 马六进七　炮8退1
19. 车九平七　车1平3
20. 炮八进二　马4进3
21. 兵七进一!　前车平5
22. 车七进二　卒3进1
23. 车七进三　卒5进1

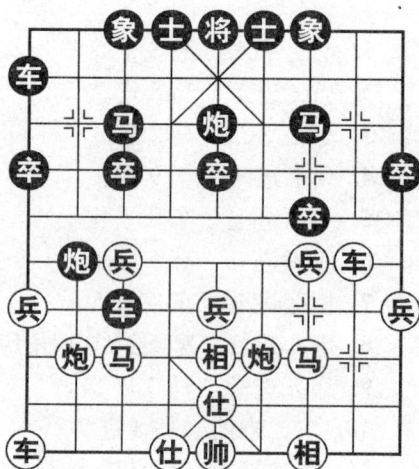

图149

24. 炮八平四！（图150）

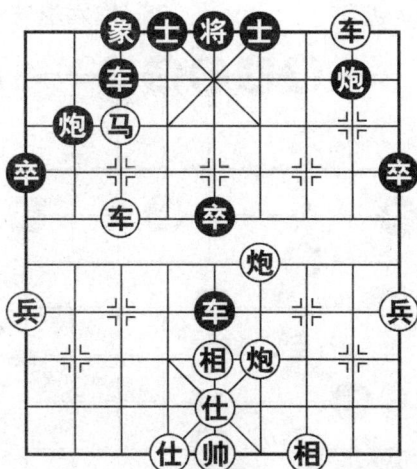

图 150

第76局　徐乃基负戴荣光

1. 炮二平六　炮8平5	2. 马二进三　车9进1
3. 车一平二　车9平4	4. 仕六进五　马8进7
5. 车二进四　马2进3	6. 马八进九　卒5进1
7. 炮八平七　车1平2	8. 车九平八　炮2进4（图151）

9. 相七进五　卒5进1

10. 兵五进一　车4进4

11. 炮七退一　马3进5

12. 炮七平六　车4平5

13. 车二平五　炮5进3

14. 兵三进一　炮2进1！

15. 兵九进一　卒7进1

16. 兵三进一　马5进7

17. 马三进五　后马进6

18. 马五进七　马7进6！

19. 前炮进一　卒3进1

20. 马七退五　前马进5！

21. 仕四进五　马6进5

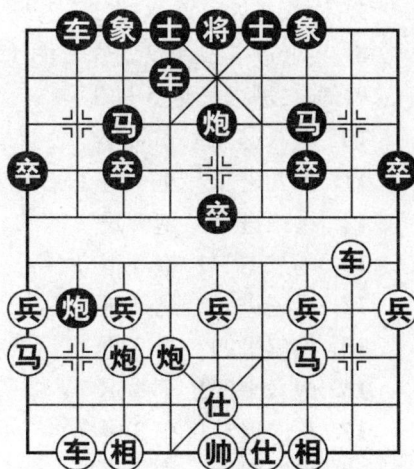

图 151

22. 前炮进一　马5进3　　　　23. 后炮平七　马3进5!
24. 帅五平六　车2进3!　　　25. 炮六退三　车2平6!（图152）

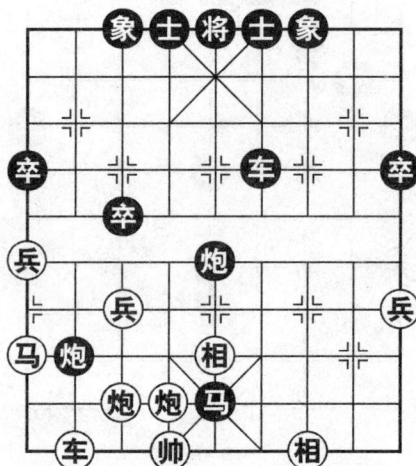

图 152

第 77 局　许银川胜邬正伟

1. 炮二平六　炮8平5　　　　2. 马二进三　车9进1
3. 仕四进五　马8进7　　　　4. 车一平二　马2进3
5. 马八进七　车9平4　　　　6. 车二进四　卒5进1
7. 炮八进四　车4进5
8. 兵七进一　卒7进1（图153）
9. 车二进二!　炮5进1
10. 炮八退二　车4平3
11. 车九进二　车1进1
12. 兵三进一　炮2进1
13. 车二退二!　炮5退2
14. 兵三进一　马7进5
15. 兵三平四　卒3进1
16. 炮六平四!　车3退1
17. 车二退二　车3平7
18. 炮四退一　炮5平7
19. 炮四平三　炮7进6

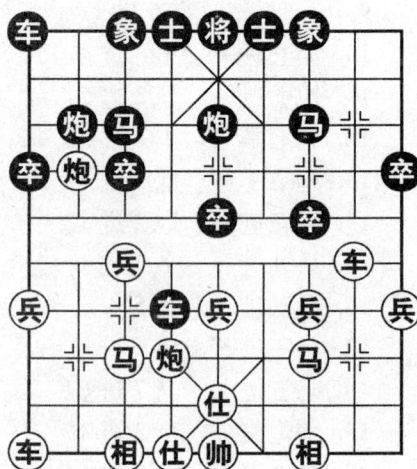

图 153

20. 炮三进三　炮7平1　21. 相七进九　车1平6

22. 兵四平五　车6进4　23. 相三进五　马5退4

24. 车二进四！马3进5　25. 车二进一！（图154）

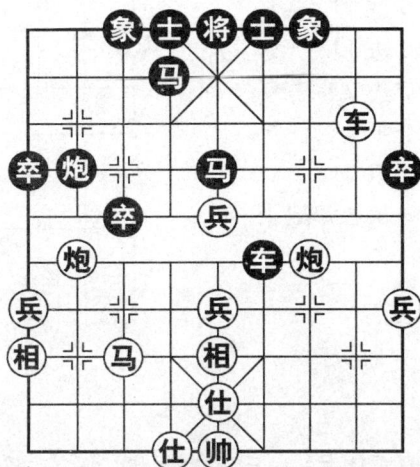

图154

第78局　王晓华负王斌

1. 炮二平六　炮8平5　2. 马二进三　马8进7

3. 车一平二　车9进1　4. 马八进七　马2进3

5. 兵七进一　车9平4

6. 仕四进五　车1进1

7. 车二进六　车4进5

8. 炮六平四　车1平6

9. 相三进五　卒5进1

10. 车二平三　马3进5（图155）

11. 炮八进二　卒3进1

12. 马七进六　卒3进1！

13. 马六进五　马7进5

14. 炮八进二　马5进3

15. 车三平七　炮5进4

16. 车七退一　车6进6！

17. 车七平五　炮2平5

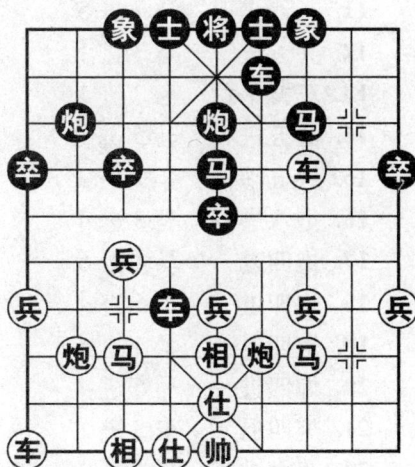

图155

18. 车五退二　车6平7!
19. 车五进二　卒3进1
20. 兵三进一　卒3进1
21. 车九进二　卒3进1!
22. 车九平六　车4进1!
23. 仕五进六　车7进2
24. 帅五进一　车7平4
25. 帅五平四　车4退2!
26. 车五平四　士4进5（图156）

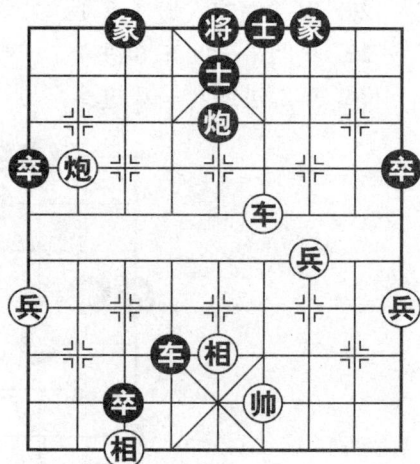

图 156

第79局　武俊强胜李宏尧

1. 炮二平六　炮8平5
2. 马二进三　马8进7
3. 车一平二　马2进3
4. 兵七进一　车9进1
5. 马八进七　车9平4
6. 仕六进五　车4进5
7. 炮六平四　卒5进1
8. 兵三进一　马3进5
9. 马三进四　车4平3
10. 相七进五　卒5进1（图157）
11. 马四进五　马7进5
12. 兵五进一　卒3进1
13. 车九平六　卒3进1
14. 兵五进一　马5进3
15. 兵五平六!　卒3平2
16. 炮八进五　马3进4
17. 炮四退一!　马4退6
18. 炮四进一　马6进4
19. 炮四退一　马4退6
20. 炮四进一　马6进4
21. 炮四退一　车3进1
22. 车六进三　车1平2
23. 炮四进六!　士4进5

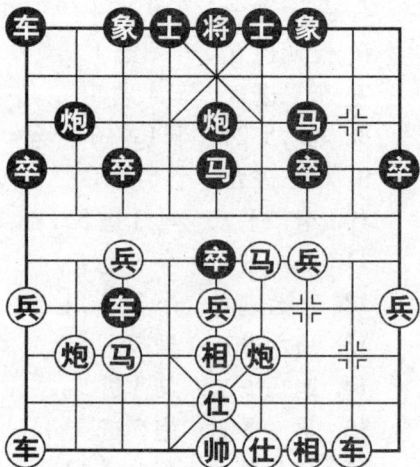

图 157

24. 炮四平二　车 3 进 2　　　　25. 车六退三　车 3 退 3

26. 兵六进一　炮 5 进 3　　　　27. 兵六进一　士 5 进 4

28. 车二进五！（图 158）

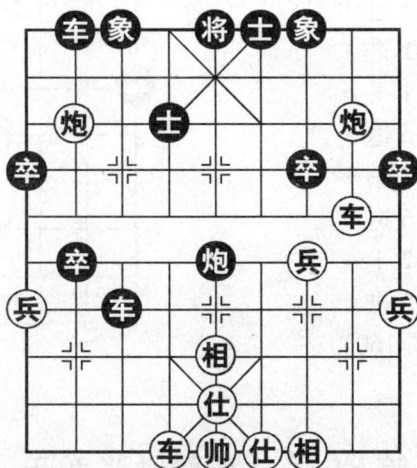

图 158

第 80 局　洪智胜潘振波

1. 炮二平六　炮 8 平 5　　　　2. 马二进三　马 8 进 7

3. 车一平二　马 2 进 3　　　　4. 兵七进一　车 9 进 1

5. 马八进七　车 9 平 4

6. 仕六进五　卒 5 进 1

7. 炮八进四　卒 5 进 1

8. 炮六平五　卒 5 平 4（图 159）

9. 车二进六　卒 4 平 3

10. 车二平三　前卒进 1

11. 车三平七！卒 3 进 1

12. 车七进一　炮 2 平 1

13. 车七退五　车 4 进 2

14. 车九平八　车 1 平 2

15. 炮八退二　士 6 进 5

16. 车七进二　炮 5 进 5

17. 相七进五　象 7 进 5

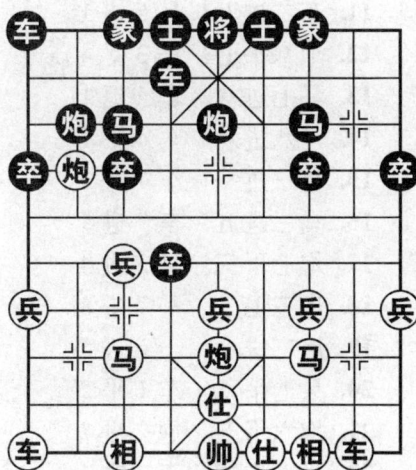

图 159

89

18. 炮八进三　卒 1 进 1

19. 兵三进一　马 7 进 5

20. 兵五进一　车 4 进 2

21. 车七平六　马 5 进 4

22. 马三进五　炮 1 进 4

23. 马五进七　炮 1 平 6

24. 马七进六　炮 6 退 5

25. 兵三进一！车 2 进 1

26. 兵三进一！炮 6 进 1

27. 炮八退一　车 2 平 4

28. 马六进四！士 5 进 6

29. 炮八平一！（图 160）

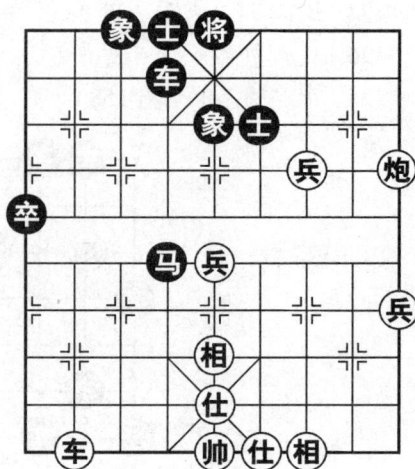

图 160

第 81 局　陈翀胜张兰天

1. 炮二平六　炮 8 平 5　　　2. 马二进三　马 8 进 7

3. 车一平二　马 2 进 3　　　4. 兵七进一　车 9 进 1

5. 马八进七　车 9 平 4　　　6. 仕四进五　卒 5 进 1

7. 兵三进一　车 4 进 5　　　8. 炮八进四　卒 3 进 1（图 161）

9. 兵七进一　车 4 平 3　　　10. 车九进二　卒 5 进 1

11. 车二进五！卒 5 进 1

12. 炮八平七！车 3 平 4

13. 马七进八　车 4 退 1

14. 马八进六　车 4 平 7

15. 相三进一！车 7 进 1

16. 马三进五　卒 7 进 1

17. 炮七平三！马 3 进 4

18. 炮三退三　马 7 进 8

19. 炮三进六　士 6 进 5

20. 兵七平六　车 1 平 2

21. 炮六平五　炮 2 进 7

22. 马五进四　车 2 进 4？

23. 马四进五　象 3 进 5

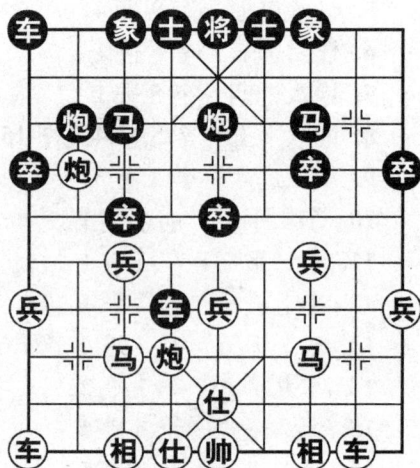

图 161

24. 炮五进三！ 车 2 退 1　　　25. 车九平二　 车 2 平 8

26. 炮三退一　 卒 7 进 1　　　27. 炮三退三！ 炮 2 退 6

28. 相一进三　 车 8 退 3　　　29. 炮三进一　 马 8 退 7?

30. 炮三平七！（图 162）

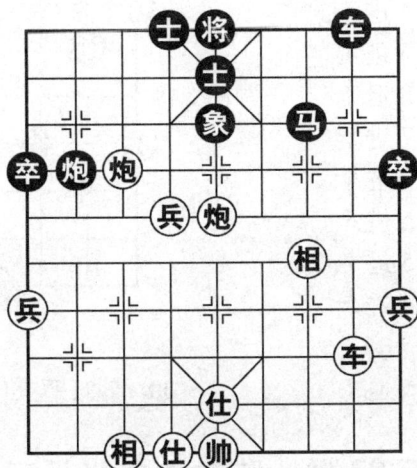

图 162

第 82 局　许银川胜柳大华

1. 炮二平六　 炮 8 平 5　　　2. 马二进三　 马 8 进 7

3. 车一平二　 车 9 进 1

4. 仕四进五　 马 2 进 3

5. 马八进七　 车 9 平 4

6. 车二进四　 卒 5 进 1

7. 兵七进一　 车 4 进 5

8. 炮八进四　 卒 3 进 1

9. 兵七进一　 车 4 平 3

10. 车九进二　 车 3 退 2

11. 炮八退五　 炮 2 进 4

12. 马七进六　 炮 2 平 7?（图 163）

13. 马六进四　 炮 7 进 3

14. 相七进五　 炮 7 平 9

15. 马四进三　 车 1 进 1

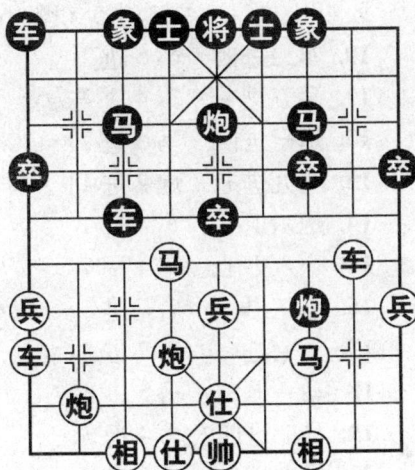

图 163

16. 炮六平七　炮9退2

17. 车二退二！炮9平7

18. 车二平三　车1平8

19. 炮八平七　车3平2

20. 前炮进七！士4进5

21. 车九平七　炮5进4

22. 车三退二！马3退2

23. 前炮平四！象7进5

24. 炮四平一　马2进4

25. 车三平四！士5进6

26. 车七进七　将5进1

27. 炮七进七！马4进5

28. 炮七平二　象5退3

29. 车四进七！马5退7

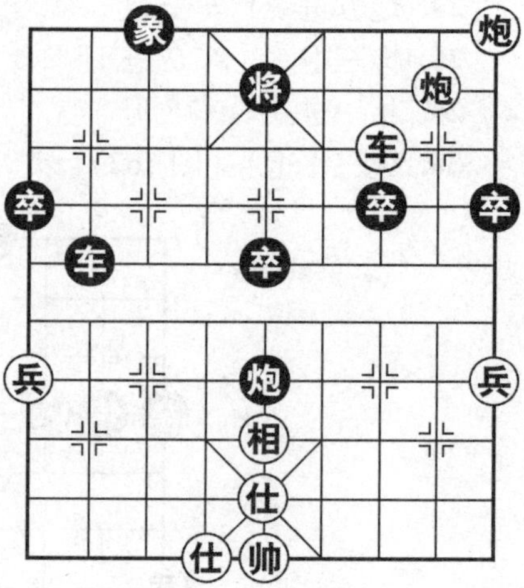

图 164

30. 车四平三！（图 164）

第 83 局　陈志文负张元三

1. 炮二平六　炮8平5

2. 马二进三　马8进7

3. 车一平二　车9进1

4. 马八进九　马2进3

5. 仕四进五　车9平4

6. 炮八平七　车1平2

7. 车九平八　炮2进4

8. 相三进五　卒5进1

9. 兵七进一　马3进5（图165）

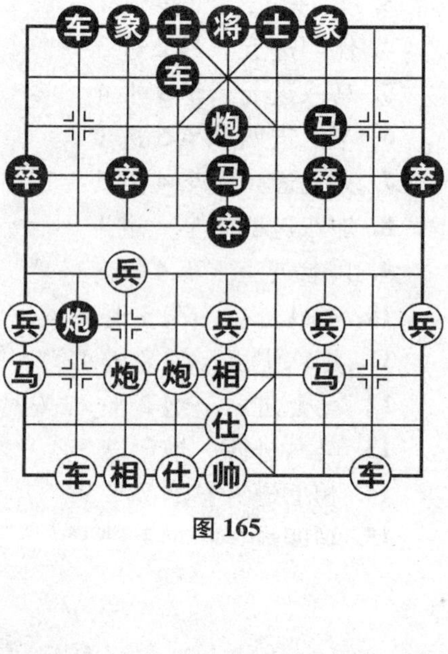

10. 车二进四　卒5进1

11. 兵五进一　车4进4

12. 炮七进四　马5进7！

13. 马九进七　炮2进1！

14. 炮六退一　车4进1

15. 炮六平七　车4平7

16. 马三退一　后马进5

17. 兵七进一　车2进5

18. 马一退三　马5进4

19. 马三进四？马4退3

20. 马七进六　马3退4

21. 兵七进一　车2进1

图 165

22. 兵七平六　车7平4
23. 马六进四　士4进5
24. 兵六进一　士5进4
25. 前马进三　将5平4
26. 兵五进一　车4进2!
27. 车二平七　马4进2!
28. 炮七进八　炮5进5
29. 帅五平四　马7进8!
30. 炮七平八　马8进6!
31. 车七平二　车2平6!（图166）

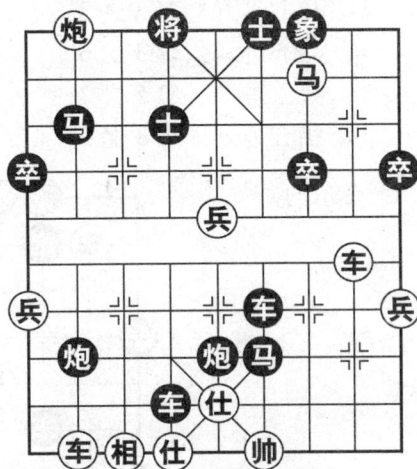

图 166

第 84 局　陈启明胜陈寒峰

1. 炮二平六　炮8平5
2. 马二进三　马8进7
3. 车一平二　车9进1
4. 马八进七　马2进3
5. 仕六进五　车9平4
6. 车二进四　卒5进1
7. 炮六平五　马3进5
8. 炮八进四　车4进5（图167）
9. 炮八平五　马7进5
10. 车二平七!　炮5退1
11. 车七进二　炮2平5
12. 兵三进一!　车1平2
13. 马三进四　卒5进1
14. 马四进五　卒5进1
15. 马五退四　车4退1
16. 车七退二!　车2进5
17. 车七平八　车4平2
18. 马四进六!　车2平4
19. 炮五进五　象7进5
20. 马六进四　车4进1
21. 车九平八　车4平3
22. 车八进八　炮5平3
23. 马四进三　将5进1

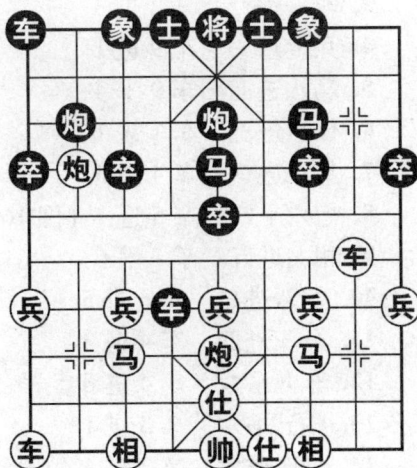

图 167

24. 马七进五! 车3进3　　**25.** 仕五退六　　将5平6

26. 马五进六　车3退6　　**27.** 相三进五　卒7进1

28. 兵三进一　象5进7　　**29.** 马三退四　车3进4

30. 相五进七! 车3退2　　**31.** 马四进二!（图168）

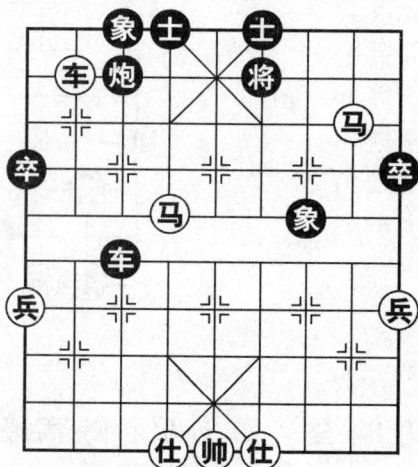

图 168

第 85 局　唐丹胜张国凤

1. 炮二平六　炮8平5　　**2.** 马二进三　马8进7

3. 车一平二　马2进3

4. 兵七进一　车9进1

5. 马八进七　车9平4

6. 仕六进五　车1进1

7. 兵三进一　车4进5

8. 炮六平四　卒5进1（图169）

9. 相七进五　车1平6

10. 炮八进二　车6进5

11. 马三进四　车4退3

12. 车九平六　车4进6

13. 帅五平六　卒3进1

14. 马四退六! 卒3进1

15. 马六进五　车6退2

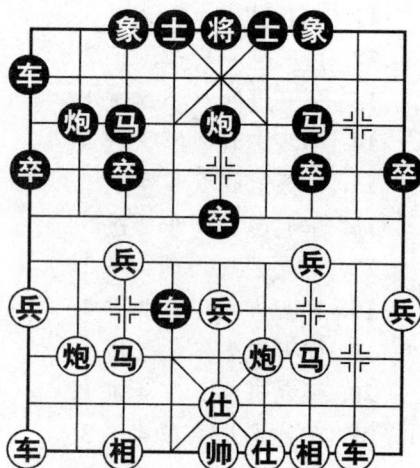

图 169

94

16. 马五退七！ 马3进5

17. 前马进八 马5进3

18. 炮八进三 马3退2

19. 车二进六！ 车6退1

20. 马八退七 车6平5

21. 炮四平三 炮5平4

22. 帅六平五 马2进1

23. 后马进六！ 车5进1

24. 马七进八！ 炮4退1

25. 兵九进一！ 车5进2

26. 兵九进一 车5平1

27. 马六退七 车1平7

28. 车二平三 车7进1

29. 车三进一 卒1进1

30. 车三进二！ 车7退1

31. 马七进六 车7平4

32. 马六进七！（图170）

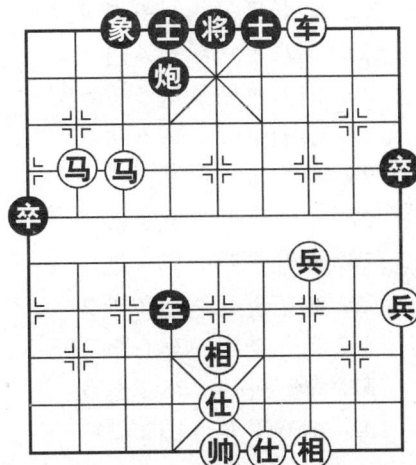

图 170

第86局　李来群负胡荣华

1. 炮二平六 炮8平5

2. 马二进三 马8进7

3. 车一平二 马2进3

4. 马八进七 车9进1

5. 车二进四 车9平4

6. 仕四进五 车1进1

7. 炮八平九 车4进5

8. 车九平八 炮2退1（图171）

9. 炮六平四 卒5进1

10. 炮四进一 车4退3

11. 炮四进四 马3进5

12. 炮四进一 车4退2

13. 炮四退六 车4平6

14. 兵七进一 炮2平5！

15. 马七进六 卒5进1

16. 马六进七 卒5进1！

17. 炮四平七 前炮平3

18. 车八进九 马5进6

19. 马三进五 马7进5

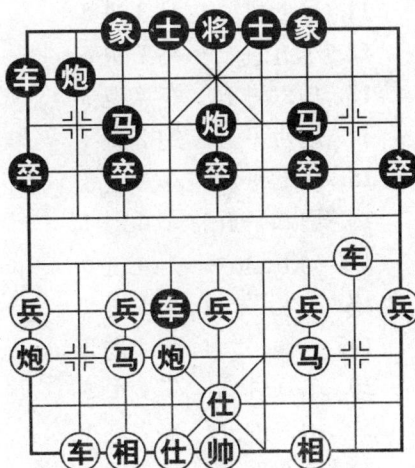

图 171

95

20. 车八退六　车1平4
21. 炮七平五　车4进2
22. 炮九平七　马6进4!
23. 车八平六　车4进3
24. 炮五进四　炮5进5!
25. 炮七平五　车6进5
26. 兵七进一　卒7进1
27. 车二平五　炮5退3
28. 炮五进四　车4退3
29. 相三进五　炮3进2
30. 马七进八　车6平2!
31. 车五进一　车2退5
32. 炮五平九（图172）

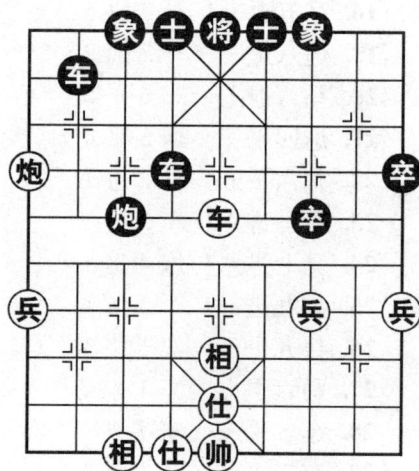

图 172

第87局　林宏敏胜孙志伟

1. 炮二平六　炮8平5
2. 马二进三　马8进7
3. 车一平二　马2进3
4. 马八进七　车9进1
5. 仕四进五　车9平4
6. 炮八进二　车4进4
7. 兵七进一　车4进1
8. 车二进四　卒5进1
9. 马七进六　卒5进1
10. 车二平五　卒3进1（图173）
11. 兵七进一!　马3进5
12. 车五进二!　马7进5
13. 马六进五　车4退3
14. 炮六平五　炮2进1
15. 兵七平六!　车4进1
16. 炮八平五!　车4退1
17. 马五退六　士4进5
18. 车九平八!　车1进2
19. 后炮平六!　车4进2
20. 车八进六　车1平3
21. 相三进五　卒7进1
22. 车八平一　车3进2
23. 车一平九　炮5进2

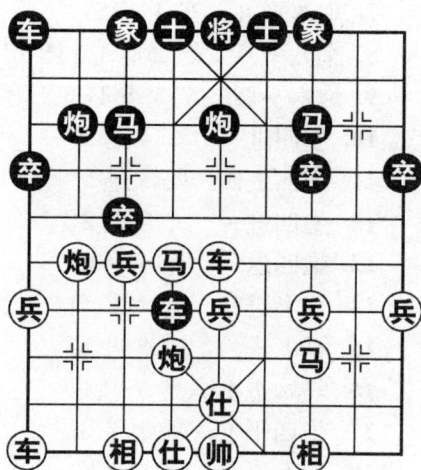

图 173

24. 车九平五！ 象 3 进 5

25. 兵一进一 车 3 平 1

26. 兵三进一 卒 7 进 1

27. 相五进三 炮 5 平 7

28. 相三退五 车 1 进 2

29. 马三进二 车 1 平 5

30. 炮五进三！ 象 7 进 5

31. 车五退三 车 4 平 8

32. 兵一进一！（图 174）

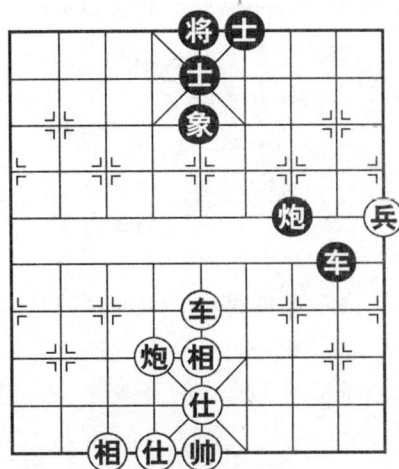

图 174

第 88 局　王德权负胡荣华

1. 炮二平六　炮 8 平 5

2. 马二进三　马 8 进 7

3. 车一平二　马 2 进 3

4. 马八进七　车 9 进 1

5. 相七进五　车 9 平 4

6. 车二进四　卒 5 进 1

7. 仕六进五　车 4 进 5

8. 车二平七　卒 5 进 1

9. 炮八退一　卒 3 进 1

10. 车七进一　马 3 进 5

11. 车七进一　卒 5 进 1

12. 炮八平六　车 4 进 1！（图 175）

13. 仕五进六　卒 5 进 1！

14. 帅五平六　卒 5 平 4！

15. 炮六平五　炮 2 平 4

16. 帅六平五　炮 5 进 6

17. 仕四进五　炮 4 平 5！

18. 车七平六　卒 4 平 3

19. 车九平六　士 6 进 5

20. 帅五平四　车 1 平 2

21. 兵三进一　车 2 进 5

22. 相三进一　马 5 进 6！

23. 马三进二　炮 5 平 6！

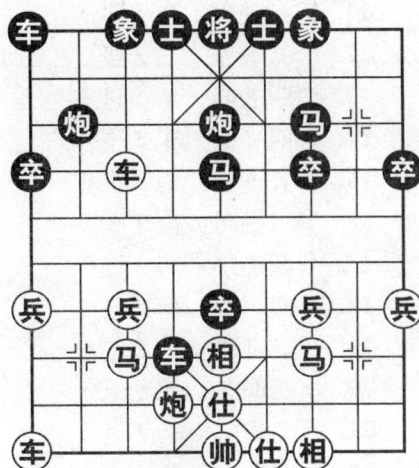

图 175

24. 帅四平五　马6进5！
25. 前车平四　炮6平5
26. 帅五平四　马7进5！
27. 相一退三　前马进7
28. 车四退五　车2平7
29. 车六进六　马7退8！
30. 相三进一　车7平8
31. 车四进四　马8退6
32. 相一进三　马6进7
33. 帅四平五　车8进4！（图176）

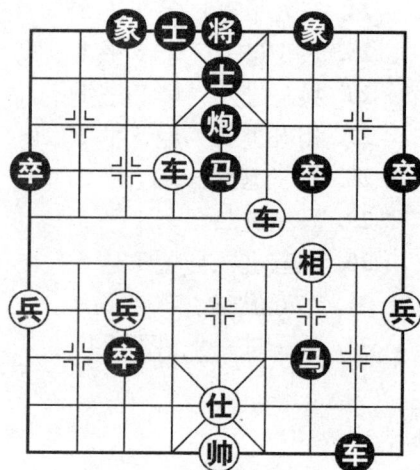

图176

第89局　金波胜赵国荣

1. 炮二平六　炮8平5
2. 马二进三　马8进7
3. 车一平二　马2进3
4. 兵七进一　车9进1
5. 马八进七　车9平4
6. 仕六进五　车4进5
7. 炮六平四　车4平3
8. 相七进五　车1进1
9. 车九平七　车1平6
10. 兵三进一　炮2进4
11. 车二进六　卒5进1
12. 车二平三　马3进5（图177）
13. 炮四进四　卒5进1
14. 炮四平七！车3平4
15. 兵五进一　炮5进3
16. 车三平四　炮2平3
17. 车四进二　炮3进3
18. 车四退二　炮3平1
19. 马三进四　马5进6
20. 车四退二　炮5退3
21. 兵七进一　马7进5
22. 车四平七！车4平2
23. 车七平八　车2平9

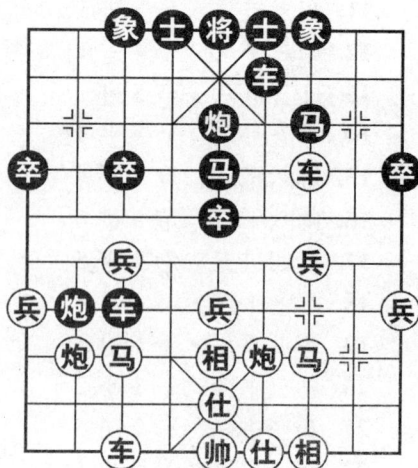

图177

24. 马七进六　马5进3
25. 车八平七　车9退2
26. 炮八平七！炮5进3
27. 马六进五！马3退5
28. 车七平五　象3进5
29. 车五进二　车9平3
30. 后炮进二　卒9进1
31. 车五平六　士6进5
32. 帅五平六　炮1平2
33. 前炮平八！（图178）

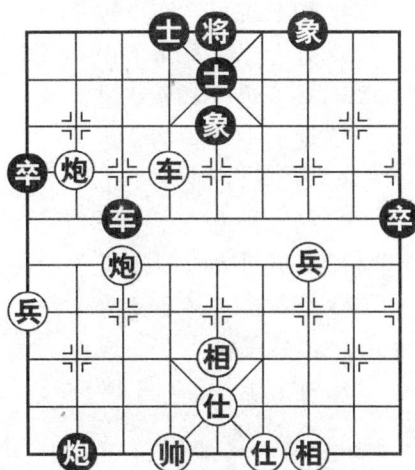

图 178

第 90 局　于红木胜张强

1. 炮二平六　炮8平5
2. 马二进三　马8进7
3. 车一平二　马2进3
4. 马八进七　车9进1
5. 仕四进五　车9平4
6. 炮八进二　车4进4
7. 兵七进一　车4进1
8. 马七进六　卒3进1
9. 马六进四　卒3进1
10. 炮八退三　炮2进5（图179）
11. 相七进五　马7退9
12. 炮八平七　卒3平2
13. 车二进八！车4退2
14. 马四进三　车4平6
15. 前马进一　马3进4
16. 兵三进一　士4进5
17. 马一退二　炮5平2
18. 兵三进一　车6退1
19. 兵三进一！后炮退1
20. 马二进三　车6退1
21. 车二退三！车6平7
22. 车二平六　车7进2
23. 车九平七　前炮进1

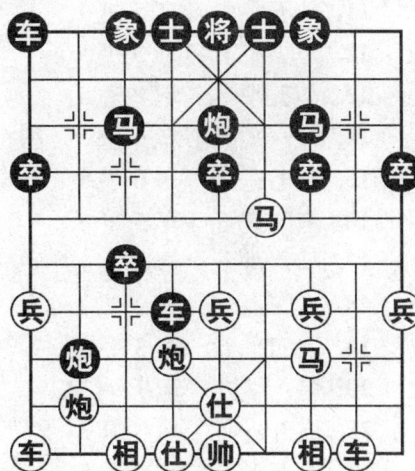

图 179

24. 炮七进五　车7进3
25. 炮七退三　车7退4
26. 兵五进一　象3进5
27. 炮七平五！卒2进1
28. 炮五进三　前炮进1
29. 马三进五　车1平3
30. 马五进七　车3进3
31. 车六进一！车3进1
32. 车六平九！车3退4
33. 炮五退一！（图180）

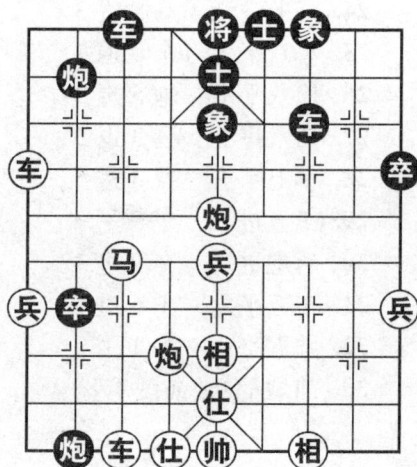

图180

第91局　万春林负李少庚

1. 炮二平六　炮8平5
2. 马二进三　马8进7
3. 车一平二　马2进3
4. 兵七进一　车9进1
5. 马八进七　车9平4
6. 仕六进五　卒5进1
7. 车二进四　车4进5
8. 炮六平四　车1进1
9. 相七进五　车1平6
10. 车九平六　车4进3
11. 帅五平六　卒5进1
12. 车二平五　马3进5
13. 车五平二　炮2进4
14. 帅六平五　车6进5（图181）
15. 马七进六　车6平5
16. 炮四进五　车5平3
17. 马六进七　炮5退1
18. 炮四退二　炮2平7
19. 炮四平五　车3平2！
20. 炮八平九　炮7平3！
21. 炮五进三　炮3退3！
22. 炮五平三　车2退5
23. 炮三平二　马5进7

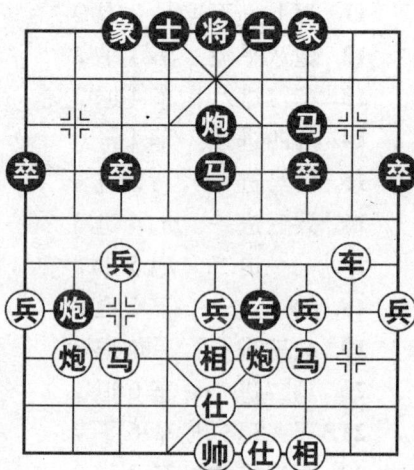

图181

24. 相五退七　前马进6！

25. 车二平五　炮3平5

26. 炮九平五　马6进7

27. 帅五平六　前马退5

28. 相三进五　车2平4

29. 帅六平五　车4平8

30. 车五平三　车8平2

31. 马三进四　炮5退2

32. 马四进六　马7进5！

33. 马六进四　卒7进1

34. 马四进三　炮5平6（图182）

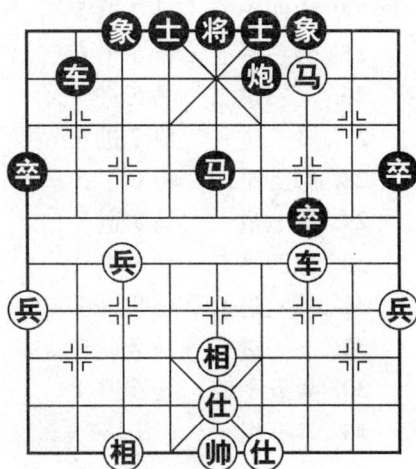

图 182

第 92 局　王斌胜万春林

1. 炮二平六　炮8平5

2. 马二进三　马8进7

3. 车一平二　马2进3

4. 马八进七　车9进1

5. 仕六进五　车9平4

6. 车二进四　卒5进1

7. 兵七进一　车4进5

8. 炮六平四　车1进1

9. 相七进五　车1平6

10. 炮八进四　卒5进1

11. 车二平五　马3进5

12. 车五平二　车6进5（图183）

13. 车九平六　车4进3

14. 帅五平六　车6平7

15. 炮四进五！炮2平6

16. 炮八平五　士6进5

17. 车二平四　将5平6

18. 车四平三　车7退1

19. 相五进三　卒7进1

20. 炮五平四！将6平5

21. 相三退五　马7进6

22. 兵五进一　马6进7

23. 兵五进一　卒1进1

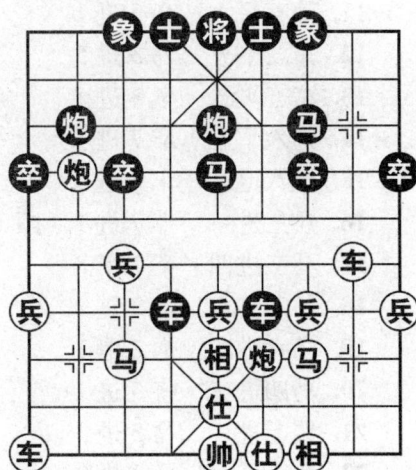

图 183

101

24. 炮四平三　马7退5
25. 炮三平五　将5平6
26. 马三进二　马5进7
27. 马二进一　象7进9
28. 炮五平四！将6平5
29. 马七进六　马7退8
30. 炮四平五　马8进9
31. 马六进七　马9进7
32. 马一进三　马7退6
33. 兵五平四！马6退4
34. 炮五退一！（图184）

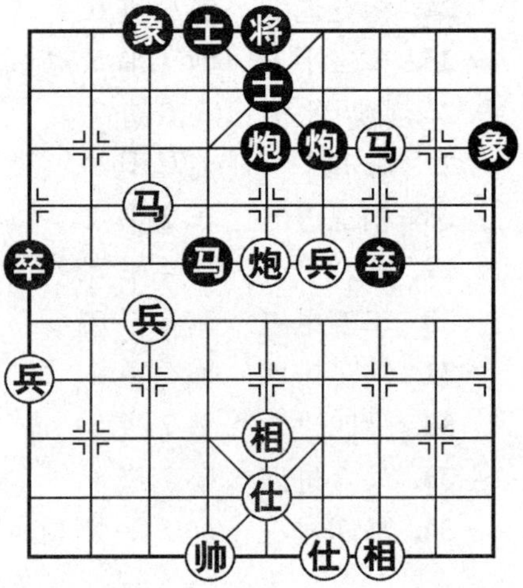

图 184

第 93 局　景学义胜金松

1. 炮二平六　炮8平5
2. 马二进三　马8进7
3. 车一平二　车9进1
4. 马八进七　车9平4
5. 仕六进五　马2进3
6. 车二进四　车1进1
7. 兵七进一　车4进5
8. 炮六平四　车1平6
9. 相七进五　卒5进1
10. 车九平六　车4进3
11. 帅五平六　卒5进1
12. 车二平五　马3进5
13. 车五平二　卒3进1
14. 帅六平五　卒7进1
15. 炮八退二　车6进4
16. 兵三进一　卒7进1（图185）
17. 马三进四　卒7平8
18. 马四进六！炮2进2
19. 马六进四　炮2退1
20. 马四进三　将5进1
21. 兵七进一　马5进3
22. 炮八平七！马3进2
23. 炮七进九　炮5平3

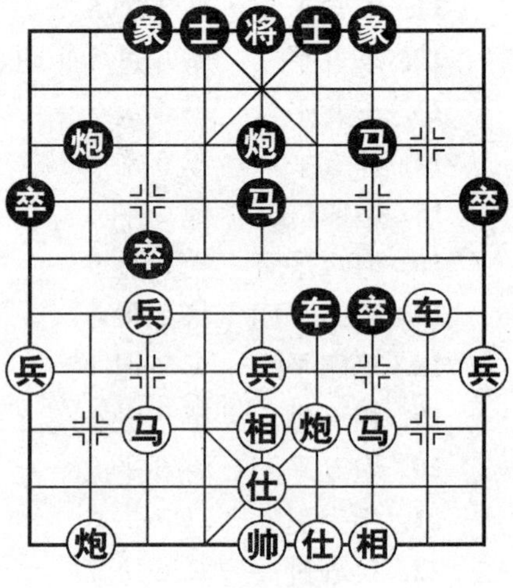

图 185

102

24. 马七进八 炮3退1

25. 马八进六! 炮2退2

26. 炮四进一 马2退4

27. 马六进四 将5平4

28. 兵五进一! 炮2进8

29. 仕五进六 马4进2

30. 炮四退二 炮3进8

31. 帅五进一 炮3退1

32. 炮四平七 马2进3

33. 帅五平六 马7进6

34. 马四退六 马6进7

35. 马三退四 马3退4

36. 炮七退六! 马7退6

37. 马六退八! (图186)

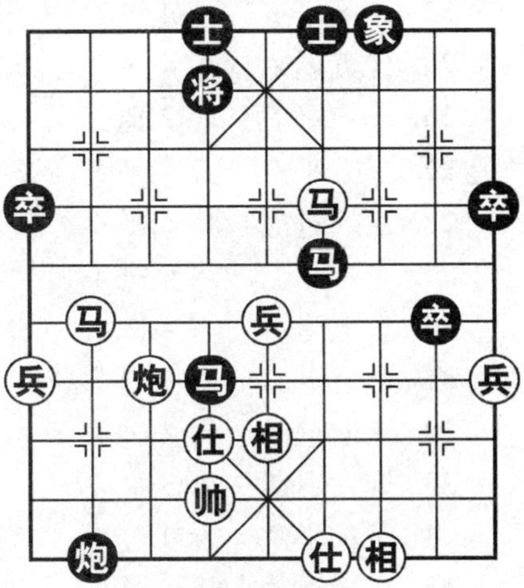

图 186

第 94 局 李来群胜洪智

1. 炮二平六 炮8平5	2. 马二进三 马8进7
3. 车一平二 马2进3	4. 马八进七 车9进1
5. 仕六进五 车9平4	6. 炮八进二 车4进4
7. 兵七进一 车4平3	8. 车九进二 卒5进1

9. 相七进五 车3进1

10. 炮八平四 马3进5 (图187)

11. 炮四退一 车3退2

12. 车九平八 炮2平3

13. 马七进六 卒5进1

14. 马六进五 马7进5

15. 兵五进一 车3进2

16. 炮四进二! 炮5进3

17. 炮四平五 马5进3

18. 马三进五 车1进1

19. 车八进五 车1平4

20. 车二进四! 车4进4

21. 车八平七 马3进2

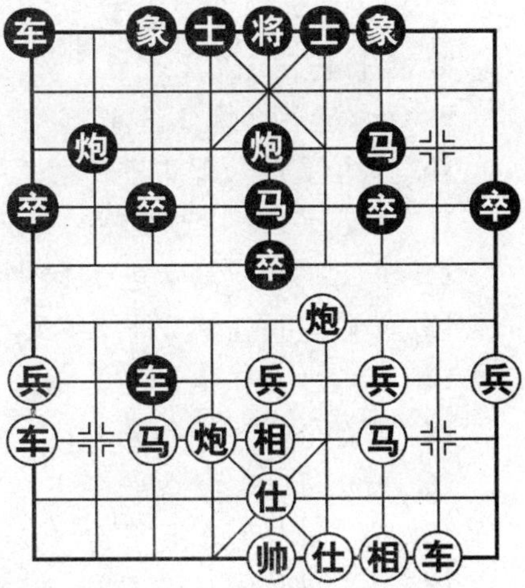

图 187

22. 车七平五　士4进5

24. 仕五退六！车4进2

26. 车二平五　马2退3

27. 车五平二　车4平5

28. 车八进二！将5平4

29. 车八平七　将4进1

30. 车七退一　将4退1

31. 炮五平六　士4退5

32. 车七进一　将4进1

33. 炮六退四！车3平2

34. 车二平六　士5进4

35. 车七退一　将4退1

36. 车六进三　将4平5

37. 车七进一　将5进1

38. 车六进二！（图188）

23. 车五平八　士5进4

25. 仕四进五　车4退1

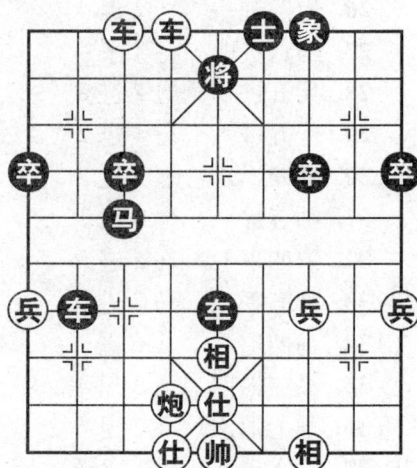

图 188

第 95 局　应跃林胜叶新洲

1. 炮二平六　炮8平5

3. 车一平二　马2进3

5. 兵七进一　车9平4

7. 炮六平四　车1进1

8. 相七进五　车1平6

9. 仕六进五　炮2进4

10. 车九平六　车4进3

11. 帅五平六　卒5进1

12. 车二平六　马7进5（图189）

13. 车六退一　炮2平5

14. 车六平五！卒5进1

15. 车五平八　卒3进1

16. 兵三进一！卒5平4

17. 马三进二　车6平4

18. 马二进三　卒4进1

19. 帅六平五　卒3进1

2. 马二进三　马8进7

4. 马八进七　车9进1

6. 车二进四　车4进5

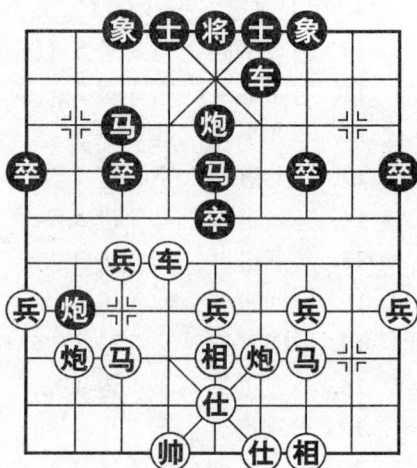

图 189

20. 车八进三　卒 3 进 1
21. 马七退六　炮 5 平 6
22. 马三退四！马 5 进 6
23. 炮四进五　马 3 进 4
24. 车八平七！车 4 平 2
25. 炮八退一　卒 4 平 5
26. 炮八平六！士 6 进 5
27. 炮四退二　象 3 进 5
28. 车七退二　卒 5 进 1
29. 车七平六！车 2 进 4
30. 车六平八　马 4 进 2
31. 相三进五　马 6 进 5
32. 炮六进一　马 5 退 7
33. 炮六平三　马 2 进 4
34. 炮四退四　马 4 退 6
35. 炮四进二　卒 3 平 4
36. 马六进七　马 6 退 4
37. 马七进六　卒 4 平 5
38. 炮四进二！（图 190）

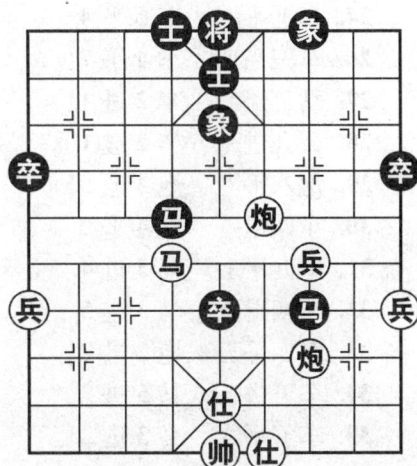

图 190

第 96 局　阎文清负胡荣华

1. 炮二平六　炮 8 平 5
2. 马二进三　马 8 进 7
3. 车一平二　马 2 进 3
4. 兵七进一　车 9 进 1
5. 马八进七　车 9 平 4
6. 仕六进五　车 1 进 1
7. 兵三进一　车 4 进 5
8. 炮六平四　车 1 平 6（图 191）
9. 相七进五　炮 2 进 4
10. 车二进三？车 4 平 3！
11. 车二进三　卒 5 进 1
12. 车二平三　马 7 进 5
13. 车九平六　卒 5 进 1
14. 兵五进一　炮 5 进 3
15. 车六进七　炮 2 退 3！
16. 马七退六　车 6 进 5
17. 车六退二　象 3 进 5

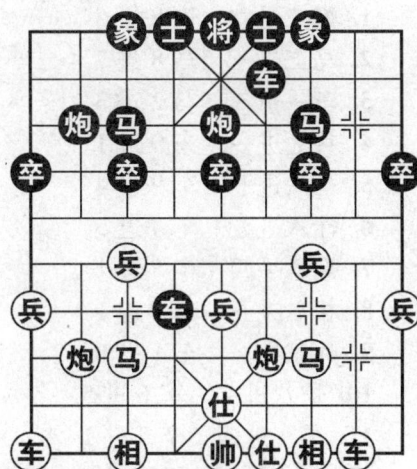

图 191

18. 车六平五　炮5平4
19. 车五平八　炮2进4
20. 炮四平八　卒3进1
21. 车八进一　炮4进3!
22. 炮八退一　卒3进1
23. 车八平七　卒3平2
24. 车七平六　车6平4
25. 车六退三　车3平4
26. 车三平四　车4平7!
27. 马三退二　卒2进1!
28. 兵九进一　卒2进1
29. 炮八平九　炮4退5!
30. 车四退一　炮4平2
31. 炮九平七　马5进4
32. 车四退一　马3进5
33. 车四平五　炮2进2!
34. 车五进一　马5进3
35. 车五平六　马3进2!
36. 炮七进二　车7平4!
37. 仕五进六　卒2进1
38. 马六进七　车4平3
39. 车六退一　炮2退1!（图192）

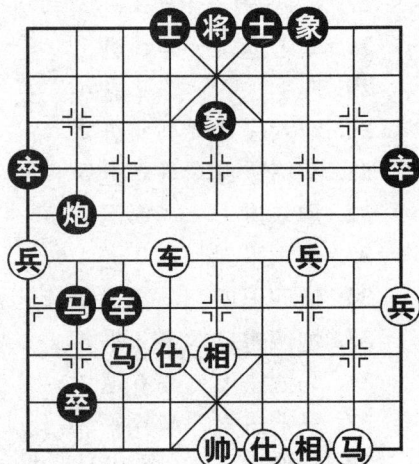

图192

第97局　张强胜陈翀

1. 炮二平六　炮8平5
2. 马二进三　马8进7
3. 车一平二　马2进3
4. 兵七进一　车9进1
5. 马八进七　车9平4
6. 仕六进五　车4进5
7. 炮六平四　卒5进1
8. 相七进五　车1进1
9. 兵三进一　车1平6
10. 炮八进二　车6进5
11. 马三进四　卒5进1
12. 炮八平五　马3进5（图193）
13. 马四进五　马7进5

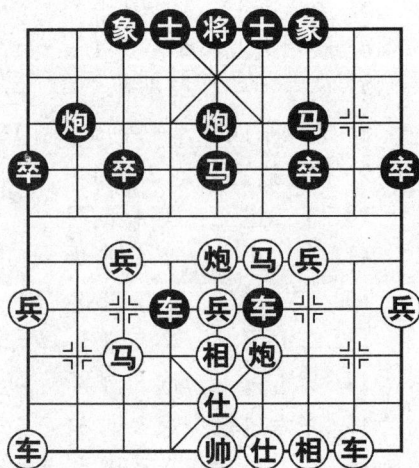

图193

14. 车二进五！ 炮2平4

15. 车九平八 炮5退1

16. 炮五进四 士6进5

17. 兵五进一！ 车4平3

18. 兵五进一 马5退7

19. 车二进一 炮4平6

20. 炮四进五 车6退4

21. 马七退六 车3平1

22. 车二平三 车1平9

23. 车八进六 车9平5

24. 兵五平六 象3进5

25. 车八平七 卒1进1

26. 车七平九 车5平1

27. 马六进八 车1平2

28. 马八进六 车2进3

29. 相五退七 车2退5

30. 车九平六！ 卒9进1

31. 相三进五 卒9进1

32. 兵七进一！ 车2进1

33. 马六进七 马7退6

34. 兵七进一 车2退3

35. 兵七平八 车2平1

36. 车六平七 士5进4

37. 马七进五 车6进2

38. 兵三进一！ 象5进7

39. 车三退一！（图194）

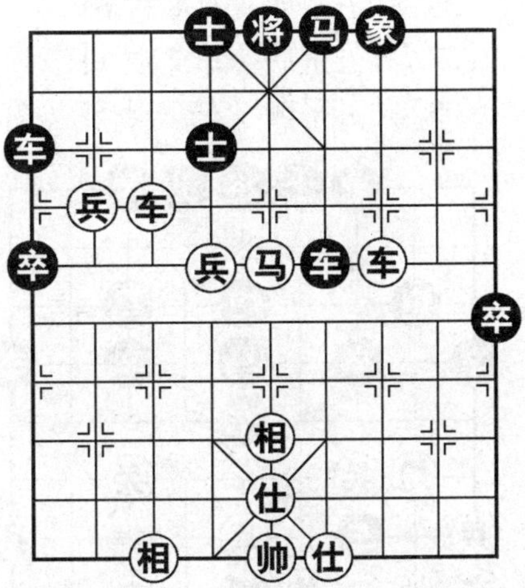

图194

第98局　黄福负蔡福如

1. 炮二平六 炮8平5

2. 马二进三 马8进7

3. 兵七进一 车9进1

4. 仕四进五 车9平4

5. 马八进七 马2进3

6. 兵三进一 车1进1

7. 炮八进二 车4进5

8. 相三进五 车4平3

9. 车九进二 车1平6

10. 车一平四 车6进8

11. 仕五退四 卒5进1

12. 仕四进五 马3进5（图195）

13. 炮六进四 卒7进1

14. 马三进四 卒5进1

15. 马四进五 马7进5

16. 兵五进一 卒7进1

17. 兵九进一 卒7平6

18. 兵五进一 炮5进2

19. 炮八平四 马5进7！

20. 车九进一？ 车3进1！

21. 车九平五 炮5退3

22. 炮四平三 象3进5

· 107 ·

23. 车五平八　炮2平3	24. 炮六平九　炮5进6!
25. 相七进五　车3平5	26. 炮九进三　象5退3
27. 炮三进五　士6进5	28. 车八进六　炮3进3!
29. 炮九平七　炮3退5	30. 车八平七　马7进8!
31. 车七退三　马8进6	32. 帅五平四　马6进8
33. 帅四平五　车5平7	34. 炮三退三　车7进2
35. 仕五退四　马8进6!	36. 车七退四　马6退5
37. 帅五进一　车7退1!	38. 帅五退一　马5进3
39. 帅五平四　车7退5!（图196）	

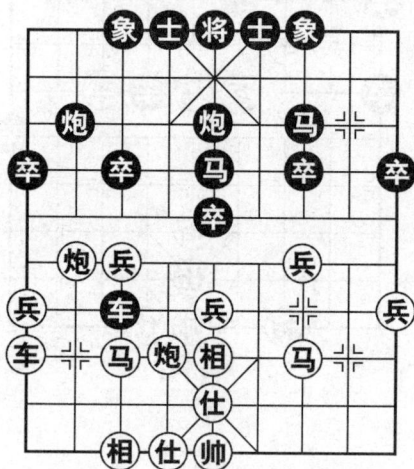

图 195

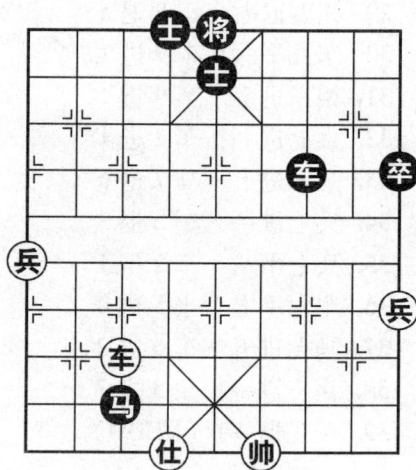

图 196

第99局　洪磊鑫负张晓平

1. 炮二平六　炮8平5	2. 马二进三　马8进7
3. 车一平二　马2进3	4. 马八进七　车9进1
5. 仕六进五　车9平4	6. 相七进五　卒5进1
7. 车二进四　马3进5	8. 炮八进一　车1进1（图197）
9. 车九平六　车4进3	10. 兵三进一　车1平6
11. 车二退一　卒3进1	12. 马七退九　车4进1
13. 马九退七　炮2平3	14. 炮八退二　卒7进1
15. 兵七进一　车4进1	16. 车二进一　卒5进1
17. 马七进八　车4平1	18. 兵五进一　炮5进3

19. 兵三进一	马5进7	20. 车二平三	后马进5
21. 炮六进三	士6进5	22. 炮六平五	将5平6!
23. 炮五平四	车6进3	24. 车三平五	车6进2
25. 车五平二	炮3平7	26. 马三退一	炮7平5
27. 炮八退一	车6进2	28. 车六进六	车1进1
29. 马八进六	车1进2	30. 车六平八	车6平9
31. 车二进五	将6平5	32. 帅五平六	炮5平4
33. 帅六平五	象3进5	34. 兵七进一	马7进6!
35. 马六退四	马5进3	36. 相五进七	车9退2
37. 相三进五	马3进5	38. 车八退四	马5进6
39. 仕五进四	车1平2! (图198)		

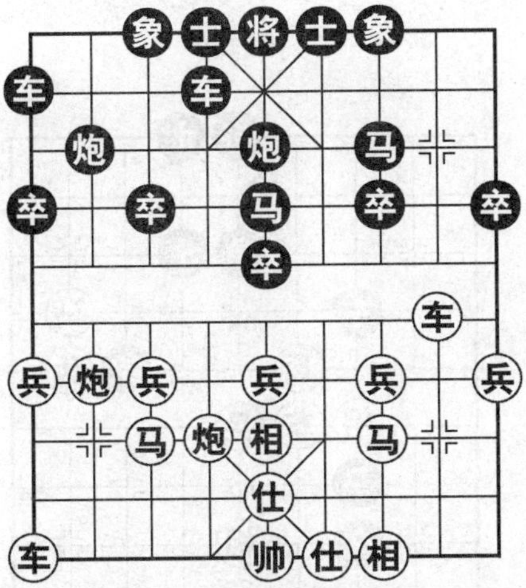

图 197

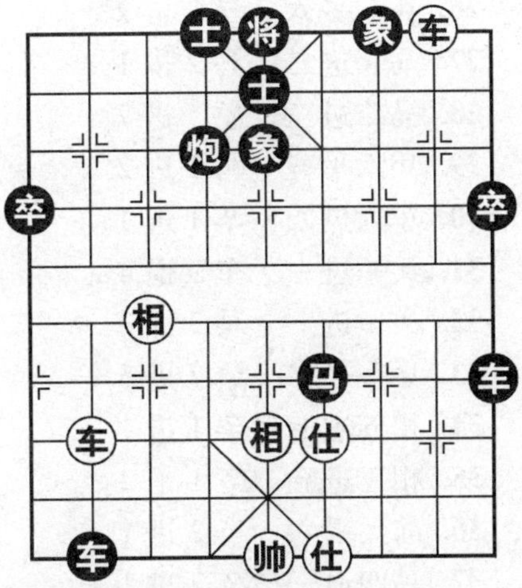

图 198

第 100 局　王斌胜谢丹枫

1. 炮二平六	炮8平5	2. 马二进三	马8进7
3. 车一平二	车9进1	4. 马八进七	马2进3
5. 仕六进五	车9平4	6. 车二进四	车1进1
7. 炮八平九	车4进5	8. 车二平七	炮2退1 (图199)
9. 炮九退一	炮2平3	10. 炮九平六	卒3进1
11. 后炮进二	卒3进1	12. 兵七进一	车1平2
13. 马七进六	卒7进1	14. 相七进五	卒5进1

15. 前炮平七！ 车2进1
16. 马六退四！ 马7进5
17. 炮六平七！ 炮3平7
18. 前炮进四 马5退3
19. 车九平六 炮7进5
20. 马四进三 士4进5
21. 兵七进一 炮5平7
22. 后马退一 象3进5
23. 马三进一 车2进5
24. 前马进三 车2平3
25. 马三退四 炮7退2
26. 兵七平六 马3进2
27. 马一进二 马2进1
28. 马二进三 象5进7
29. 兵六平五 马1进2
30. 车六进四！ 卒1进1
31. 兵一进一 车3退4
32. 兵一进一 马2退3
33. 兵一平二 象7进5
34. 相五进七！ 卒1进1
35. 相三进五 卒1平2
36. 前兵平六 卒2进1
37. 马四退三！ 卒2进1
38. 马三进一！ 士5进6
39. 兵五进一 卒2平3
40. 马一进二！（图200）

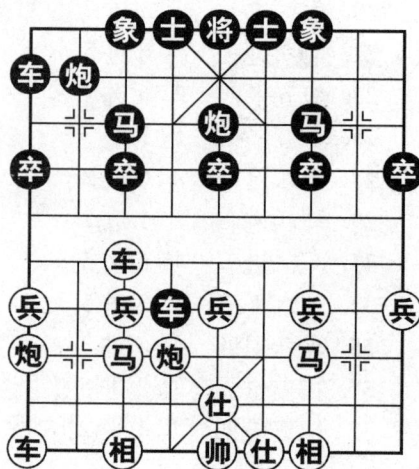

图 199

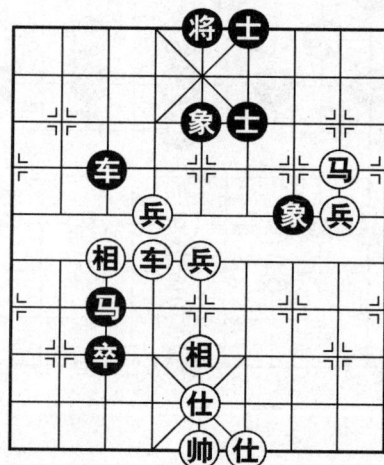

图 200

第 101 局　张强负才溢

1. 炮二平六　炮8平5	2. 马二进三　马8进7
3. 车一平二　马2进3	4. 兵七进一　车9进1
5. 马八进七　车9平4	6. 仕六进五　卒5进1
7. 炮八进四　车4进5	8. 兵三进一　卒3进1
9. 兵七进一　车4平3	10. 车九进二　卒5进1

11. 兵五进一　马7进5
12. 兵七进一　车3退3
13. 炮八退五　车3进3
14. 车二进五　卒7进1（图201）
15. 炮八平七　炮5进3
16. 相七进五　车3平4
17. 炮七进六　车4进1！
18. 车二退二　马5进3
19. 炮七平四　炮2平3！
20. 马三进五　车4进1
21. 车九平八　士4进5
22. 炮四退四　卒7进1
23. 车八进四　炮3进5！
24. 马五退七　车4退2
26. 炮四退二　车1平4
28. 车二平七　车3退2
29. 车八平五　车3进3
30. 炮四进一　车3退1
31. 车五平三　车3平1
32. 仕五退六　车1平9
33. 仕四进五　卒1进1
34. 炮四平一　卒9进1
35. 车三平八　车4进4
36. 相五进三　车9平6
37. 炮一平五　卒9进1
38. 车八进五　车4退4
39. 车八退五　车6平7
40. 相三退一　卒9进1！（图202）

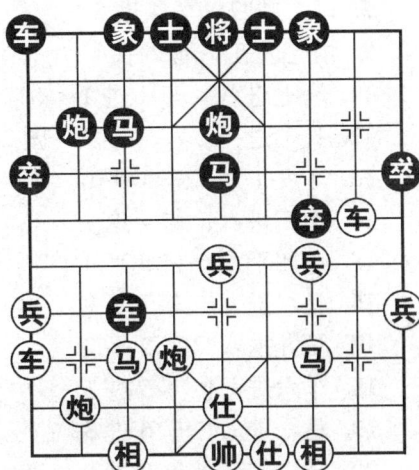

图 201

25. 车二进二　象3进5
27. 车八退二　前车平3！

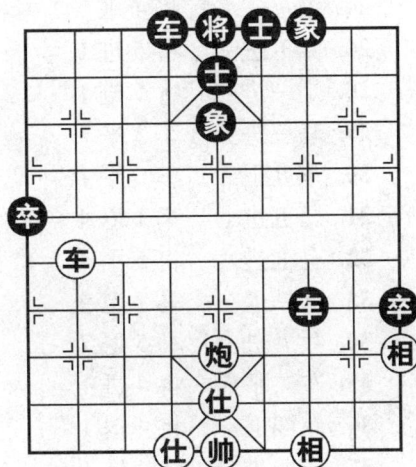

图 202

第 102 局　宋国强胜谢卓淼

1. 炮二平六　炮8平5
2. 马二进三　马8进7
3. 车一平二　马2进3
4. 兵七进一　车9进1
5. 马八进七　车9平4
6. 仕六进五　卒5进1

7. 车二进四　车4进5

9. 相七进五　炮2平4

11. 马七进八　车1进1

12. 兵七进一　车4平3（图203）

13. 车九平六　车1平6

14. 炮四进六！炮4退1

15. 炮四平六　将5平4

16. 马八进九　车3平2

17. 马九退八　车2平3

18. 车六进七！卒5进1

19. 马八进六！车6进3

20. 马六进五　象7进5

21. 车二进四　象5退7

22. 炮八进七！象3进1

23. 炮八平三　车3平4

24. 炮三平一！将4平5

26. 兵五进一　将5进1

28. 炮一进二　将5进1

29. 马三进五　车4平1

30. 车九退二　车6平1

31. 马五进七　车1退4

32. 马七进六　将5平4

33. 炮一退一　马7退9

34. 兵五进一！马5退7

35. 车二平四　将4进1

36. 车四退一　将4退1

37. 车四进一　将4进1

38. 马六进四　车1平6

39. 车四平六！将4平5

40. 兵五进一！（图204）

8. 炮六平四　马3进5

10. 炮四进一　车4退2

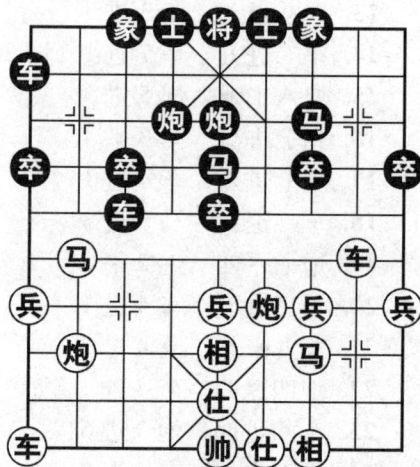

图 203

25. 车六平九　炮4平6

27. 炮一退二！将5退1

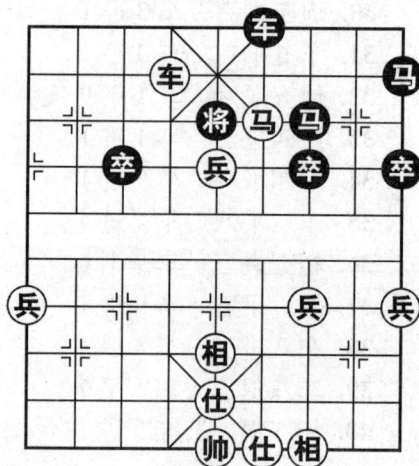

图 204

第103局　陆峥嵘胜廖二平

1. 炮二平六　炮8平5

2. 马二进三　马8进7

3. 车一平二　马2进3

5. 马八进七　车9平4

7. 炮八进四　车4进5

8. 炮八平三　马7进5（图205）

9. 炮三平七　卒5进1

10. 炮六平五　卒5进1

11. 马三进五！炮5进4

12. 马七进五　车4平5

13. 车九平八　车1平2

14. 车八进三　车5退1

15. 车二进四　车5退1

16. 炮七平一　象3进5

17. 车二进二　马5退7

18. 炮一进三　士4进5

19. 车二平七　炮2平1

20. 车八平四　马3进5

22. 仕五退六　马7进6

24. 相七进九　车5平4

26. 车七平六　车2退6

28. 车六平五　将5平4

29. 车五平四　马7退8

30. 前车进一　将4进1

31. 炮一退一　象7进9

32. 前车退一　将4退1

33. 前车退三　车4平6

34. 车四进二　车2平7

35. 车四平六！将4进1

36. 炮五平六　车7进6

37. 仕五退四　车7退3

38. 仕六进五　车7平2

39. 车六进一　马8进7

40. 炮六进五　马7进5

41. 车六平五！（图206）

4. 兵七进一　车9进1

6. 仕六进五　卒5进1

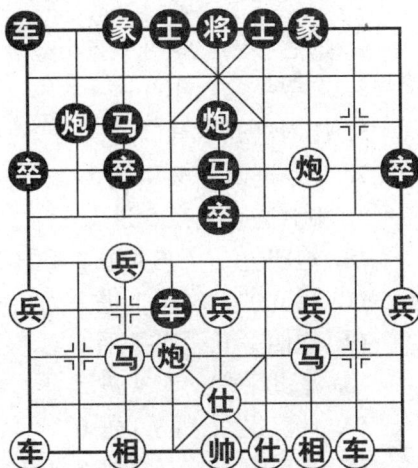

图 205

21. 车七进二　车2进9

23. 仕四进五　炮1平3

25. 兵三进一　炮3平4

27. 兵三进一！马5进7

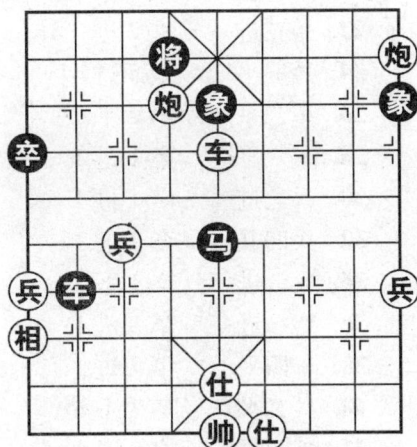

图 206

113

第104局　胡荣华负吕钦

1. 炮二平六　炮8平5　　2. 马二进三　马8进7
3. 车一平二　车9进1　　4. 马八进七　车9平4
5. 仕六进五　马2进3　　6. 兵七进一　卒5进1
7. 车二进四　车4进5　　8. 炮六平四　马3进5
9. 相七进五　卒5进1
10. 炮四进一　车4退2（图207）
11. 兵五进一　车1进1
12. 炮四平五　车1平6
13. 车九平六　车4进5
14. 仕五退六　马5进6
15. 马三退五　马7进5
16. 炮八进二　士4进5
17. 炮五平四　马6退8
18. 车二进一　车6进5
19. 兵五进一　马5进7！
20. 兵五平四　车6退2
21. 兵三进一　车6平2
22. 兵三进一　炮2进3

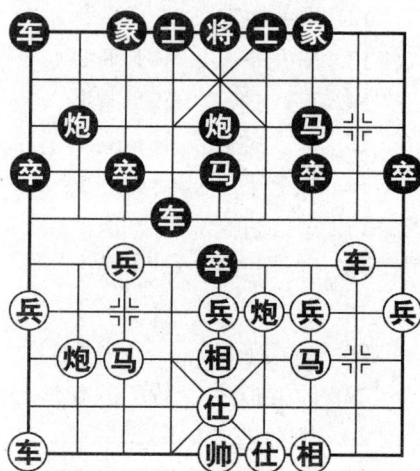

图207

23. 马七进八　车2进1
24. 兵三平四　炮5进4！　　25. 车二退一　车2进1
26. 车二平六　车2平1　　27. 车六进二　象7进5
28. 车六平七　卒1进1　　29. 车七平六　车1平3
30. 兵七进一　卒1进1　　31. 兵七平六　车3平4
32. 兵四平五　卒7进1　　33. 车六平一　卒7进1
34. 兵一进一　卒1平2　　35. 车一平四　卒7进1
36. 兵一进一　卒2进1　　37. 兵一进一　卒2平3
38. 车四平七　卒7进1　　39. 兵一平二　卒7进1
40. 兵二平三　卒7平6　　41. 车七退二　卒3进1！
42. 车七退二　炮5退1！　　43. 车七进四　车4平6！（图208）

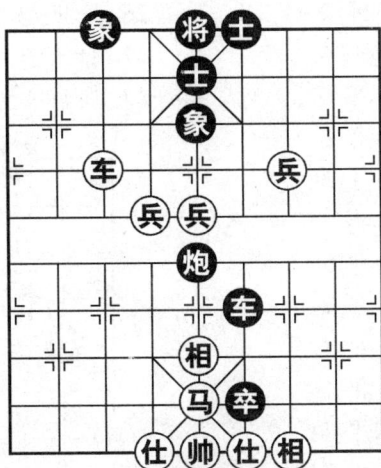

图 208

第 105 局　黎德志负蔡佑广

1. 炮二平六　炮 8 平 5
2. 马二进三　车 9 进 1
3. 马八进七　车 9 平 4
4. 仕四进五　车 4 进 5
5. 炮六平四　卒 5 进 1
6. 炮八平九　炮 2 平 3
7. 车九平八　马 2 进 1
8. 车一平二　马 8 进 9（图 209）
9. 炮九进四　车 1 平 2
10. 车八进九　马 1 退 2
11. 相七进五　炮 5 进 4
12. 车二进五　卒 5 进 1
13. 车二退一　炮 5 平 3
14. 车二平五　士 6 进 5
15. 炮四进三　马 2 进 1
16. 炮四平五　象 7 进 5
17. 车五平四　马 9 退 8
18. 兵三进一　车 4 退 2
19. 车四进一　马 8 进 7
20. 马三进四　车 4 平 3
21. 炮九平三　前炮平 2！
22. 帅五平四　车 3 进 3
23. 马四进六　炮 2 进 3

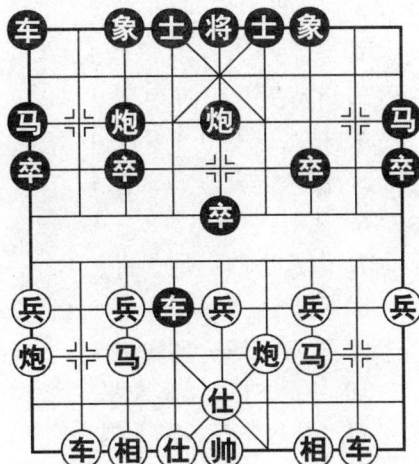

图 209

115

24. 帅四进一	炮3平2	25. 车四退二	车3平5
26. 炮五退一	后炮进6	27. 仕五进六	车5进2!
28. 车四平五	车5平6	29. 帅四平五	车6退5
30. 车五平六	后炮平3		
31. 马六退五	车6平5		
32. 炮五平四	炮2退4!		
33. 炮四退二	炮2平5		
34. 帅五平六	马1进2		
35. 炮四平三	车5平3		
36. 仕六进五	炮3平1		
37. 后炮进一	炮5平4!		
38. 仕五进四	马2进3!		
39. 帅六平五	马3进2		
40. 马五退六	车3平5		
41. 相三进五	炮4平5		
42. 车六平五	马2退4		
43. 马六进八	车5平2!（图210）		

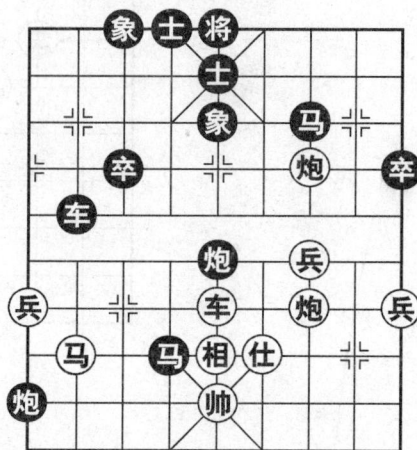

图 210

第106局　言穆江胜蔡福如

1. 炮二平六	炮8平5	2. 马二进三	马8进7
3. 车一平二	车9进1		
4. 马八进七	车9平4		
5. 仕六进五	马2进3		
6. 兵七进一	卒5进1		
7. 炮八进四	炮5进1		
8. 炮八退二	车4进5（图211）		
9. 炮六平四	卒3进1		
10. 兵七进一	车4平3		
11. 相七进五	车3退2		
12. 车二进四	炮5平3		
13. 马七进六	马3进5		
14. 炮四进三	车3进2		
15. 车九平六	士4进5		

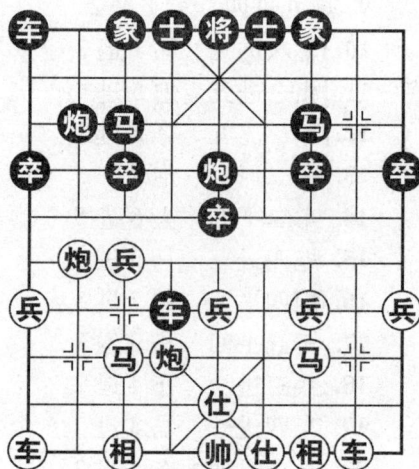

图 211

16. 炮八进二　炮3退1　　　17. 炮八平三　象3进5
18. 炮四退二　车3退2　　　19. 炮四进五！象7进9
20. 马六进五　马7进5　　　21. 车二平八！炮2进2
22. 炮四退三！卒5进1　　　23. 炮四平八　马5进4
24. 炮八进二　象9退7　　　25. 车六进二　车3平7
26. 炮三平二　炮3平4　　　27. 车六平八　车7进2
28. 兵五进一　马4退5　　　29. 兵五进一　马5进3
30. 前车平三　车7退1　　　31. 相五进三　马3进4
32. 车八平七　车1平2
33. 车七进一　马4退5
34. 炮八退四　车2进3
35. 炮二退三　马5进7
36. 炮二平五　车2进2
37. 炮五退一！马7退5
38. 马三进五　马5进6
39. 仕五进四　车2退1
40. 仕四进五　马6退7
41. 马五进三　马7进5
42. 车七进一　车2进2
43. 车七平五　车2平1
44. 车五平六！（图212）

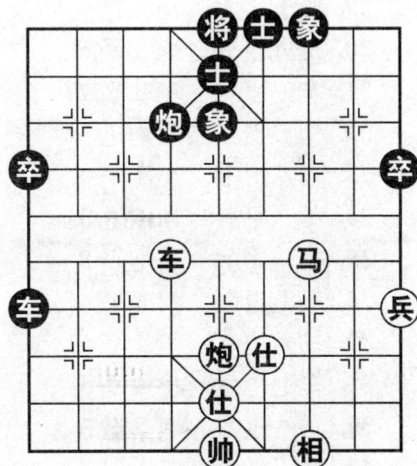

图212

第 107 局　张强负李群

1. 炮二平六　炮8平5　　　2. 马二进三　马8进7
3. 车一平二　马2进3　　　4. 兵七进一　车9进1
5. 马八进七　车9平4　　　6. 仕六进五　卒5进1
7. 炮八进四　车4进5　　　8. 车二进六　卒3进1
9. 兵七进一　车4平3　　　10. 车九进二　车3退2
11. 相七进五　卒5进1　　　12. 兵五进一　马3进5
13. 炮八平三　象7进9　　　14. 兵三进一　卒9进1（图213）
15. 炮六退二　炮5进3　　　16. 车九平八　炮2平5
17. 车二退三　车3平4　　　18. 车八进二　象3进1
19. 炮三平九　车1平3　　　20. 车八进二　马5进3

21. 炮六平七　　士4进5

22. 车二平七　　马7进6

23. 车七进二　　车3进4

24. 炮七进五　　车4平3

25. 车八平五　　马6进7

26. 马三进五　　后炮平7!

27. 车五平三　　炮7平3!

28. 马七进八　　马7进6

29. 帅五平六　　马6退5

30. 炮九平五　　炮3平5

31. 车三平一　　车3平2

32. 炮五退三　　后炮进4

33. 马八退七　　车2平4

34. 帅六平五　　车4进3!

35. 车一平七　　前炮平8

36. 马七退六　　将5平4

37. 马六进八　　车4平5!

38. 车七平六　　将4平5

39. 马八进六　　炮5退3

40. 帅五平六　　车5退1

41. 马六进七　　车5平3

42. 马七进八　　炮8平1

43. 车六进二　　炮1平9

44. 马八进七　　炮5平4!

45. 仕五进四　　炮9平8!（图214）

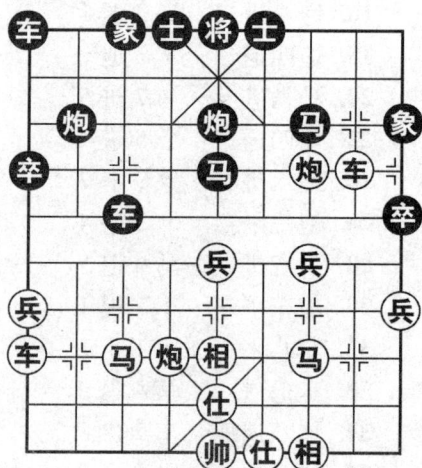

图 213

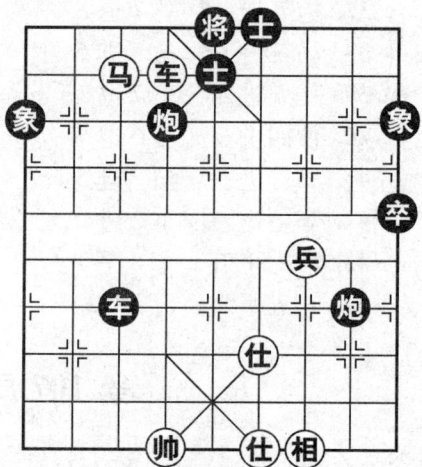

图 214

第108局　王天一胜杨正双

1. 炮二平六　　炮8平5　　　　2. 马二进三　　马8进7

3. 车一平二　　车9进1　　　　4. 马八进七　　马2进3

5. 兵七进一　　车9平4　　　　6. 仕六进五　　车1进1

7. 兵三进一　　车4进5　　　　8. 炮六平四　　车1平6

9. 相七进五　　卒5进1　　　　10. 炮八进二　　车6进5（图215）

11. 马三进四　车4退3

12. 车九平六　车4进6

13. 帅五平六　卒3进1

14. 马四退六！卒3进1

15. 马六进五　车6退2

16. 马五退七　马7进5

17. 帅六平五　马3进4

18. 车二进六！马4进2

19. 后马进八　车6平3

20. 车二平三　马5进6

21. 车三退一！车3平7

22. 兵三进一　马6进4

23. 马八退九　士4进5

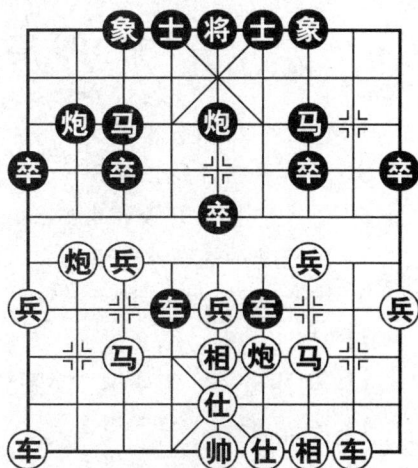

图 215

24. 炮四平三　象7进9

26. 炮三进一　马4退2

28. 后马退六　炮2平1

30. 兵一进一　炮5平3

32. 仕五进六！炮3平4

34. 帅五进一　马4退3

36. 马七进六　炮5平4

37. 马八进七　炮2退4

38. 炮一平九　马3退1

39. 马七进八！象3进1

40. 马八进七　将5平4

41. 马七退九！炮2退4

42. 炮九退一　马1进2

43. 马九进八　将4平5

44. 炮九进四　士5退4

45. 马六进四　将5进1

46. 炮九退一！炮2进5

47. 马八退六！将5进1

48. 马四进二！（图216）

25. 兵三平四　炮2进6

27. 马九进七　炮2进1

29. 马六进八　炮1平2

31. 炮三平一　马2进3

33. 炮一进三　马3进4

35. 兵五进一　炮4平5

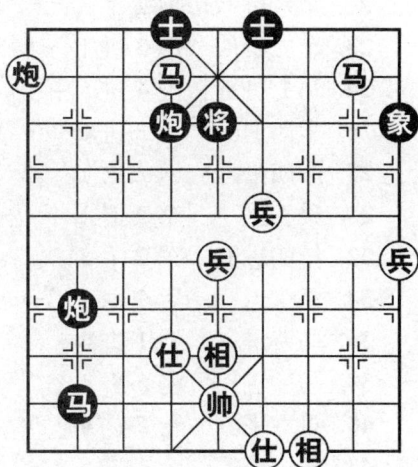

图 216

119

第109局　洪智胜赵国荣

1. 炮二平六　炮8平5
2. 马二进三　马8进7
3. 车一平二　马2进3
4. 兵七进一　车9进1
5. 马八进七　车9平4
6. 仕六进五　车1进1
7. 兵三进一　车4进5
8. 炮六平四　卒5进1
9. 相七进五　马7进5
10. 马三进四　卒5进1
11. 马四进五　马3进5
12. 炮四进一　车4退2（图217）
13. 兵五进一　卒3进1
14. 炮四平五　马5进6
15. 炮五进四　象7进5
16. 兵七进一　车4平3
17. 马七进五　车1平4
18. 马五进七　车4进5
19. 车九平六　车4平3
20. 炮八进四　卒9进1
21. 车二进二　前车平2
22. 车六进六！炮2平3
23. 车二平四　炮3进1

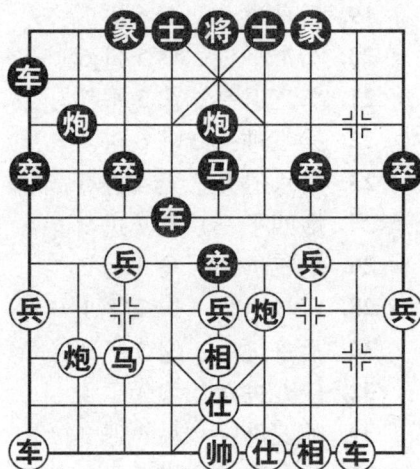

图217

24. 马七进五！士4进5
25. 车四进二　车2退3
26. 车四退一　车2进6
27. 仕五退六　炮3平2
28. 车四平六！炮2退1
29. 马五进三　卒1进1
30. 兵五进一　车2退1
31. 兵五平六　车3进3
32. 仕四进五　车2平3
33. 后车平八　炮2平4
34. 马三退一　后车退1
35. 车六平八　炮4平1！
36. 马一进三　炮1进4
37. 马三进一！士5进4
38. 马一进三　将5平4
39. 兵六进一　士4退5
40. 兵六平五　士5进4
41. 兵五进一！象3进5
42. 马三退五　士6进5
43. 前车进三　将4进1
44. 前车退一　将4退1
45. 前车进一　将4进1
46. 马五退六！后车平2
47. 车八退六　车3退4
48. 马六进四　炮1进3
49. 车八退三　车3平6

50. 车八平九　车6退1　　　　**51.** 车九进五！（图218）

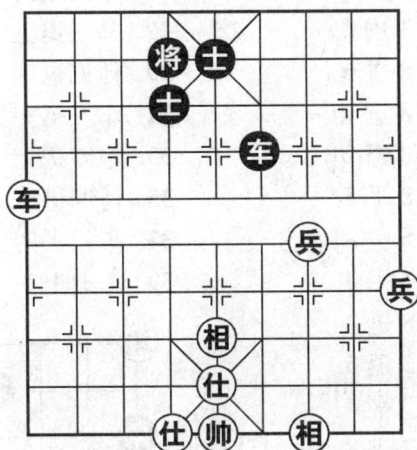

图218

第110局　梁军负赵鑫鑫

1. 炮二平六　炮8平5　　　　**2.** 马二进三　马8进7

3. 车一平二　车9进1　　　　**4.** 仕四进五　马2进3

5. 马八进七　车9平4　　　　**6.** 炮八进二　车4进5

7. 炮八平三　马3退5　　　　**8.** 车九平八　炮2平3（图219）

9. 车二进八　炮5平4

10. 炮六平四　卒7进1

11. 炮三平九　炮3平1

12. 炮九平四　炮4退1

13. 车二退四　象7进5

14. 车八进七　炮4平3

15. 兵三进一　车4退2

16. 前炮平七　炮3进4

17. 兵七进一　车4平6

18. 车八平六　马5退7

19. 马七进六　车6平2

20. 马三进四　车1进1

21. 马六进七　士4进5

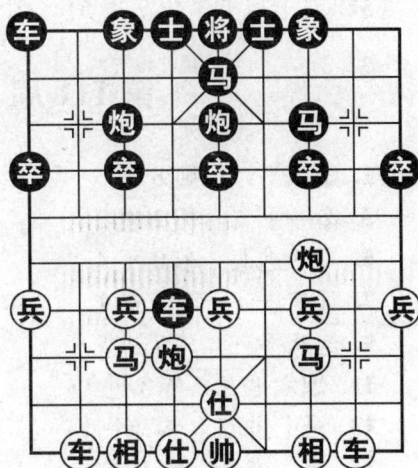

图219

22. 车六退二　车2退1　　　23. 马七退六　卒7进1
24. 车二平三　车1平3　　　25. 相三进五　卒5进1！
26. 马四进三　车3进2　　　27. 马三退五　车3平8！
28. 兵七进一　车8进6　　　29. 仕五退四　前马进8
30. 马六进四　马8进9　　　31. 车三退一　炮1进4
32. 车六退二　车8退2！　　33. 炮四进七　炮1进3
34. 车三平一　车8平5　　　35. 仕四进五　车2进5
36. 车一退二　车5平8！　　37. 车一平四　车2进1！
38. 车六平七　炮1平3　　　39. 车七退三　车2平3
40. 兵七进一　车8进2
41. 仕五退四　车3退5
42. 兵五进一　车3平4！
43. 炮四退三　马7进8
44. 炮四平九　将5平4
45. 炮九进三　象3进1
46. 仕六进五　车4平3
47. 仕五退六　车3平4
48. 仕六进五　象5进7
49. 马四进三　车8退3
50. 马三进五　车8平2！
51. 前马退七　将4进1
52. 马七退五　象7退5！（图220）

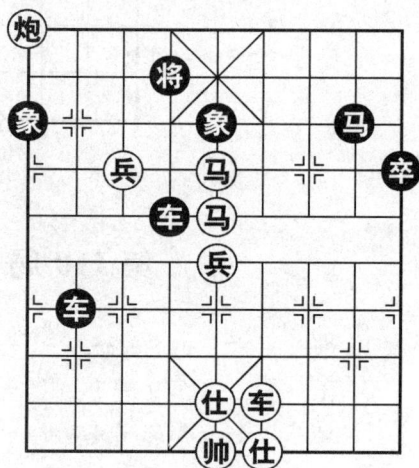

图 220

第 111 局　申鹏胜李少庚

1. 炮二平六　炮8平5　　　2. 马二进三　马8进7
3. 车一平二　马2进3　　　4. 兵七进一　车9进1
5. 马八进七　车9平4　　　6. 仕六进五　车1进1
7. 兵三进一　卒5进1　　　8. 炮八进四　卒5进1
9. 炮八平三　马7进5　　　10. 兵五进一　卒3进1
11. 炮六平五　卒3进1　　　12. 兵五进一　卒3进1（图221）
13. 马七进五　卒3平4　　　14. 兵五进一　卒4平5
15. 马三进五！炮5进4　　　16. 兵五平六　车4平5
17. 车九平八！马3进4　　　18. 车八进七　车1平3

19. 相七进九　马4进6
20. 车八退四　马6进5
21. 相三进五　车5进3
22. 车二进三！炮5退1
23. 车二平七　车3平4
24. 车七平六　士6进5
25. 车八进一　卒1进1
26. 兵三进一！炮5进1
27. 车八平六　车4平2
28. 相九退七　车2进8
29. 前车平七　车2退5
30. 车七平六　车2进5
31. 后车平七　车2退5
32. 兵三平四！车2平3
34. 炮三平五　将5平6
36. 帅五平六　炮5平1
38. 兵三进一　炮1平9
40. 炮五进一　炮9平2
42. 炮五退三　车6进3
44. 炮五退三　车6平5
46. 兵六进一　将6平5
47. 兵三进一　车5平6
48. 帅六平五　车6退1
49. 车六平八！车6平4
50. 兵六平五　将5进1
51. 车八退一　车4进2
52. 车八进五　将5进1
53. 车八平七　象3进1
54. 车七退一　车4退2
55. 车七退一　车4进2
56. 车七平五　将5平4
57. 兵三平四　象1进3
58. 相五退七！（图222）

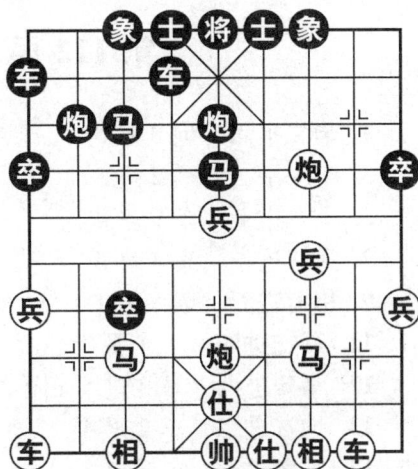

图 221

33. 炮三退一！车3进2
35. 相七进九　车3平2
37. 兵四平三　车2平6
39. 兵三进一　车6退2
41. 兵六进一！车6退1
43. 炮五进三　车6退3
45. 炮五进五！士4进5

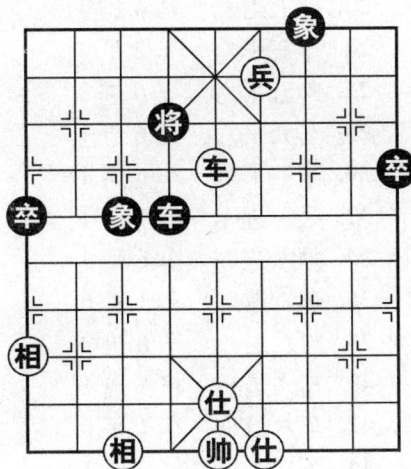

图 222

123

第 112 局　刘强负郝继超

1. 炮二平六	炮8平5	2. 马二进三	马8进7
3. 车一平二	马2进3	4. 兵七进一	车9进1
5. 马八进七	车9平4	6. 仕六进五	车1进1
7. 兵三进一	车4进5	8. 炮六平四	车1平6
9. 相七进五	卒5进1	10. 炮八进二	车6进5

11. 马三进四　车4平2

12. 马四进六　马3进5（图223）

13. 炮八进二　车2平4

14. 马六进五　象3进5

15. 炮八平五　马7进5

16. 车九平八　炮2进4

17. 车二进六　炮2平5

18. 马七进五　卒5进1!

19. 车二平三　马5进4

20. 炮四进七　车4平5

21. 车八进九　车5平2!

22. 车八平九　车2进3

23. 仕五退六　马4进3

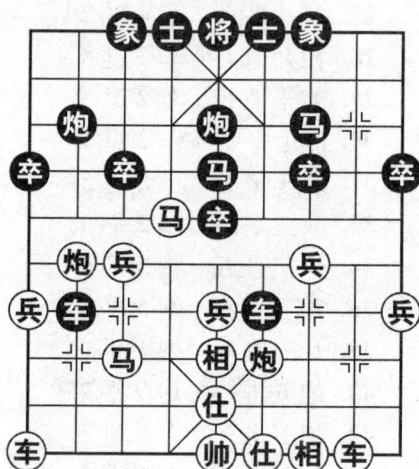

图 223

24. 车三平六	车2平4!	25. 车六退六	马3进4
26. 帅五平六	车6进3	27. 帅六进一	将5平6
28. 车九平六	将6进1	29. 车六平三	卒5进1
30. 车三平六	车6退1	31. 帅六进一	车6退2
32. 兵一进一	卒1进1!	33. 帅六退一	车6进2
34. 帅六进一	车6平1	35. 车六退一	将6退1
36. 车六退二	车1平6	37. 车六进一	车6退2
38. 帅六退一	车6进2	39. 帅六进一	将6进1
40. 车六进一	将6退1	41. 车六退一	车6平7
42. 车六退一	车1平6	43. 车六进一	将6进1
44. 车六进一	将6退1	45. 车六退一	车9平7
46. 车六退一	车1退2	47. 车六平四	将6平5
48. 帅六退一	卒5平4	49. 车四平六	将5进1

50. 帅六平五　　卒 1 进 1
51. 相五退七　　车 1 进 2
52. 帅五退一　　车 1 平 7!
53. 相七进五　　卒 4 平 3
54. 车六平七　　卒 3 进 1
55. 车七进二　　将 5 退 1
56. 车七退一　　将 5 进 1
57. 相五退七　　车 7 进 1
58. 帅五进一!（图 224）

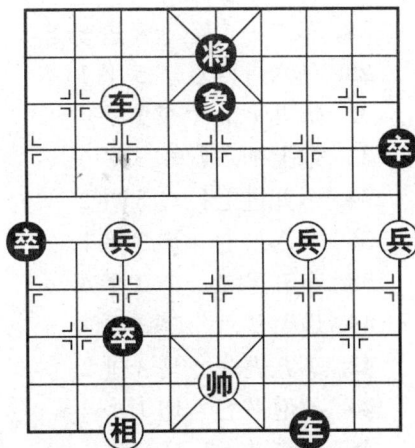

图 224

第 113 局　许银川胜郑乃东

1. 炮二平六　　炮 8 平 5
2. 马二进三　　马 8 进 7
3. 车一平二　　马 2 进 3
4. 马八进七　　车 9 进 1
5. 仕六进五　　车 9 平 4
6. 车二进四　　炮 2 进 2
7. 兵七进一　　车 4 进 5
8. 相七进五　　卒 7 进 1
9. 车九平七　　炮 5 平 6
10. 车二进二　　象 3 进 5
11. 车二平三　　马 7 退 8
12. 兵三进一　　卒 7 进 1
13. 车三退二　　炮 2 平 7
14. 马三进四　　车 4 平 2（图 225）
15. 马四进六　　卒 5 进 1
16. 马六退八　　炮 6 退 1
17. 车七平八　　炮 6 平 3
18. 炮六进四　　炮 3 平 2
19. 马八进九!　炮 2 平 7
20. 车三平二　　马 3 进 1
21. 车二进五　　马 1 退 3
22. 车二退三　　前炮进 3
23. 炮八平九　　车 1 平 2

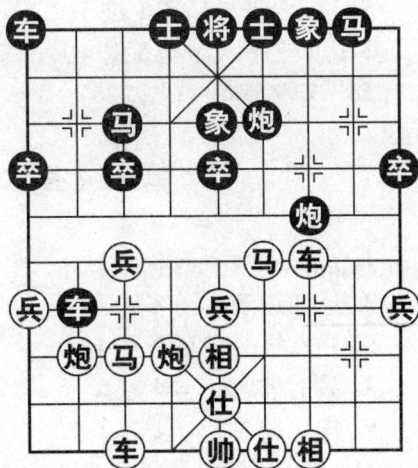

图 225

125

24. 车八平七	后炮平3	25. 炮六退四	炮7退1
26. 车二平六	士4进5	27. 马七进六	前车平5
28. 马六进四！	车5平1	29. 马四进二	炮7退5
30. 炮九平七	车1平3	31. 炮六退二	炮7平6
32. 炮七平六	车3平6	33. 车七平九	卒3进1
34. 车九进七！	马3进2	35. 车九平五	卒3进1
36. 车六平七	炮3平1	37. 车七平九	卒3进1
38. 车五退二	卒3平4	39. 前炮平七	卒4平3
40. 炮七平六	卒3平4	41. 前炮退一	马2退3
42. 车九进一	马3进2	43. 车九退一	马2进3
44. 前炮平七	炮1平4	45. 炮六平七	马3进2
46. 前炮进五！	卒4进1		
47. 前炮平五	将5平4		
48. 车五平八！	车2平3		
49. 车九平七！	车3平1		
50. 车八退四	车6平4		
51. 炮五平六	将4平5		
52. 炮六退四	车4平9		
53. 车八进四	车9平6		
54. 车八平三	炮4进5		
55. 车七退三	炮4平5		
56. 炮六进二！	车1进5		
57. 车三平六	士5退4		
58. 车六平五！（图226）			

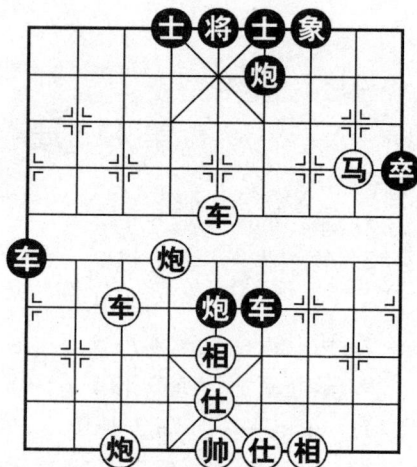

图 226

第 114 局　蒋全胜胜蒋志梁

1. 炮二平六	炮8平5	2. 马二进三	车9进1
3. 仕四进五	马8进7	4. 车一平二	马2进3
5. 马八进七	车9平4	6. 车二进四	卒5进1
7. 兵七进一	车4进5	8. 炮八进四	卒7进1
9. 车二进二	卒1进1	10. 车二平七	车1进3（图227）
11. 炮六平五	士6进5	12. 兵七进一	车4平3
13. 车九进二	马3进5	14. 炮八退五！	车1平3

15. 兵七进一　车3退3

16. 炮八平七　马5进3

17. 车九平八　士5进4

18. 兵五进一！将5平6

19. 兵五进一　炮5进5

20. 相三进五　马3进4

21. 炮七进五　马4进2

22. 炮七平三！马2进1

23. 兵五平四　马7进5

24. 马三进五　炮2退1

25. 炮三平四　将6平5

26. 兵四平三　马1退3

27. 帅五平四　炮2平6

28. 前兵平四　马5进3

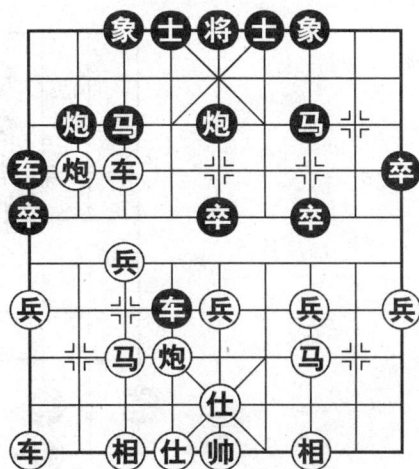

图 227

30. 兵三进一　后马进5

32. 炮七进三　士4进5

34. 兵四平五　炮6平9

36. 仕四退五　炮9平6

38. 炮六退二　马5进7

40. 兵五平四！卒9进1

42. 兵三进一　卒8进1

44. 马四退六　马3进1

46. 马七进六！炮6平5

48. 相五进三　炮5退3

50. 炮九进四　炮5平1

52. 相三退五　马5进3

54. 炮九进一　炮1进4

56. 马七进九　将4进1

58. 兵四进一　后马退4

60. 炮五平六！（图228）

29. 仕五进四　象3进5

31. 炮四平七　象5进3

33. 炮七平三　士5进6

35. 炮三退二　炮9进5

37. 炮三平六　卒9进1

39. 炮六退四！士6退5

41. 马五进六　卒9平8

43. 马六退四　卒8进1

45. 炮六平九　卒8平7

47. 兵四进一　炮5退1

49. 前马进四　马7退5

51. 兵三进一　卒7进1

53. 马六进七　马1退3

55. 炮九平五　将5平4

57. 马四退六　士5进4

59. 兵四平五！炮1进2

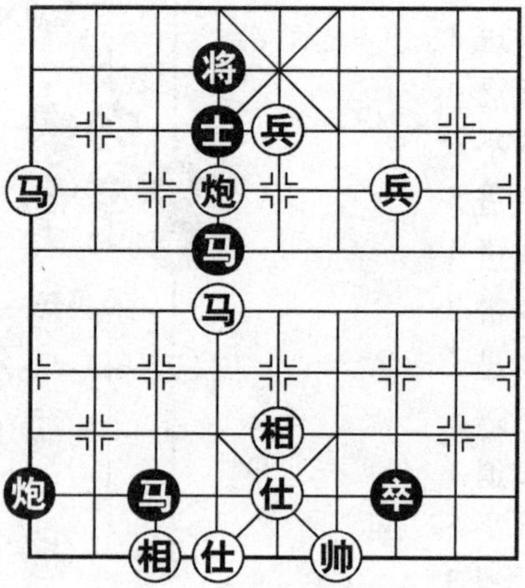

图 228

第 115 局　　阎文清胜苗永鹏

1. 炮二平六　炮 8 平 5　　　　2. 马二进三　马 8 进 7

3. 车一平二　马 2 进 3　　　　4. 马八进七　车 9 进 1

5. 仕四进五　车 9 平 4　　　　6. 炮八进二　车 4 进 4

7. 兵七进一　车 4 平 3

8. 车九进二　马 3 退 5（图 229）

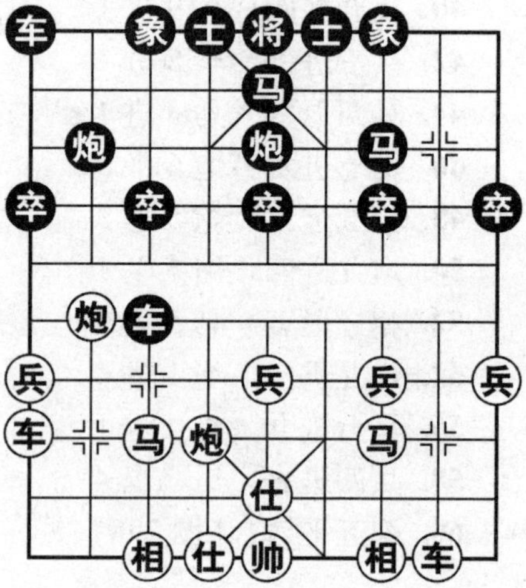

9. 炮六平四　卒 7 进 1

10. 相三进五　车 3 退 1

11. 车二进四　炮 5 平 6

12. 兵三进一　象 3 进 5

13. 马七进六　卒 7 进 1

14. 车二平三　车 3 平 4

15. 车九平六　马 7 进 8

16. 炮四退二　马 5 退 3

17. 炮八进二　卒 3 进 1

18. 炮八退一！卒 3 进 1

19. 炮八平二　车 4 平 8

20. 马六进五　士 4 进 5

图 229

21. 车三平七　车 8 退 1

22. 车六进四　马 3 进 4

23. 车七平二　车 8 进 2

24. 马三进二　车1平3

25. 炮四平三　炮2退1

26. 马五退三！车3进2

27. 马三进四　士5进6

28. 马二进四　卒1进1

29. 炮三进四　炮2平4

30. 炮三平五！士6退5

31. 车六平九　马4进3

32. 车九进三　炮4退1

33. 炮五平七！车3平2

34. 马四进二！炮4平2

35. 车九退四　车2进1

36. 马二进三　将5平4

37. 车九进四　马3退5

38. 车九退四　马5进3

39. 车九进四　马3退5

40. 车九退四　马5进3

41. 车九进四　马3退5

42. 仕五进六　炮2平3

43. 车九退四　炮3进4

44. 车九进四　炮3退4

45. 车九退四　炮3进4

46. 炮七退三　士5进4

47. 炮七平六　士6进5

48. 仕六退五　车2平4

49. 炮六进一　车4进3

50. 车九进一　马5进4

51. 车九平六！马4进2

52. 车六退三　马2进3

53. 帅五平四　马3退4

54. 兵一进一　炮3退3

55. 马三退四　将4平5

56. 兵九进一　炮3进3

57. 兵五进一　炮3平7

58. 相五进三　将5平6

59. 炮六平一　炮7退3

60. 炮一进四！（图230）

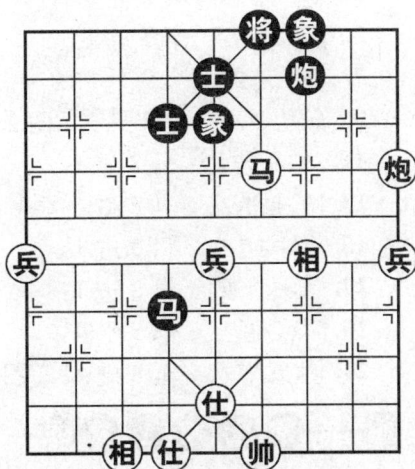

图230

第三章 过宫炮巡河车或骑河车对左中炮

第116局 陈启明负薛文强

1. 炮二平六　炮8平5　　　　2. 马二进三　马8进7
3. 车一平二　马2进3　　　　4. 马八进七　卒3进1
5. 仕六进五　卒7进1　　　　6. 炮八平九　马3进2
7. 车二进四　车9平8　　　　8. 车二平六　马2进3
9. 车九平八　炮2平3（图231）　10. 炮六进七！车1进1
11. 车八进九　马3进1　　　　12. 车八平七　炮3进5
13. 车七平八　马7进6　　　　14. 车六平四　马1进3
15. 炮六退八　将5进1　　　　16. 车四进一　车1平4！
17. 车八平四　车8进1！　　　18. 后车平七　车4进7！
19. 车七退三　炮5平4！　　　20. 车四平七　车4平5！
21. 帅五平六　车8进4！（图232）

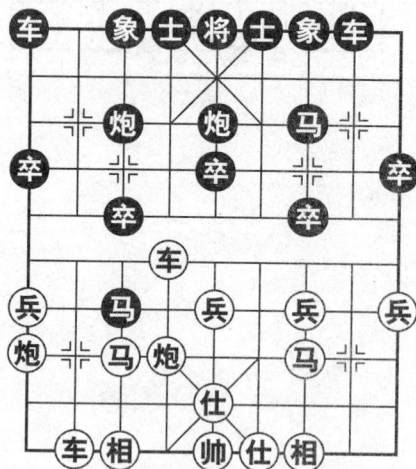

图231

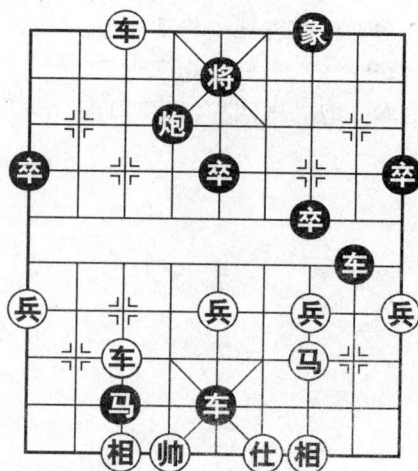

图232

第 117 局　孙庆利负聂铁文

1. 炮二平六　炮 8 平 5
2. 马二进三　马 8 进 7
3. 车一平二　马 2 进 3
4. 马八进七　卒 3 进 1
5. 仕六进五　卒 7 进 1
6. 炮八平九　车 1 平 2
7. 车二进四　炮 2 平 1
8. 兵七进一　车 2 进 6!（图 233）
9. 兵七进一　车 2 平 3
10. 兵七进一　马 3 退 5
11. 马七退六　车 3 退 3
12. 相七进五　车 9 平 8
13. 车二平六　马 7 进 6
14. 车六退一　马 5 进 7
15. 炮六进七　车 8 进 1
16. 车九平八　车 8 平 3
17. 车八进三　马 6 进 7
18. 炮九平七　炮 5 平 3
19. 炮七进五　前车退 1
20. 马六进八　象 7 进 5
21. 兵五进一　前马退 5
22. 车六进一　卒 5 进 1
23. 马三进二　士 6 进 5!
24. 马二进三　前车平 4!（图 234）

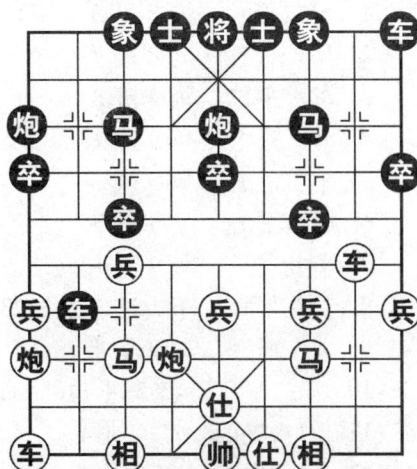

图 233

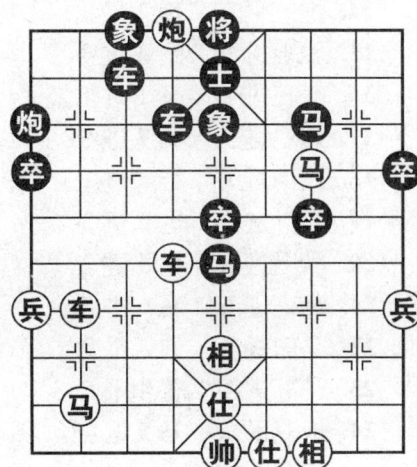

图 234

第 118 局　聂铁文负唐丹

1. 炮二平六　炮 8 平 5
2. 马二进三　马 8 进 7
3. 车一平二　马 2 进 3
4. 马八进七　卒 3 进 1
5. 车二进五　卒 5 进 1
6. 炮六平五　马 3 进 5
7. 车九进一　车 9 进 1
8. 车九平六　车 1 进 1（图 235）
9. 车二退一　车 9 平 4
10. 车二平六　将 5 进 1!
11. 炮八进四　车 4 进 4
12. 车六进三　车 1 平 4
13. 车六进四　将 5 平 4
14. 炮八平三　炮 2 平 3
15. 相七进九　炮 3 进 4
16. 兵三进一　卒 1 进 1
17. 炮三进三　马 7 进 6!
18. 仕四进五　卒 5 进 1
19. 兵五进一　炮 5 进 3
20. 马七进五　炮 5 进 2
21. 相三进五　马 6 进 5
22. 马三进五　炮 3 平 9
23. 马五进四　将 4 平 5
24. 炮三平六　马 5 退 4!（图 236）

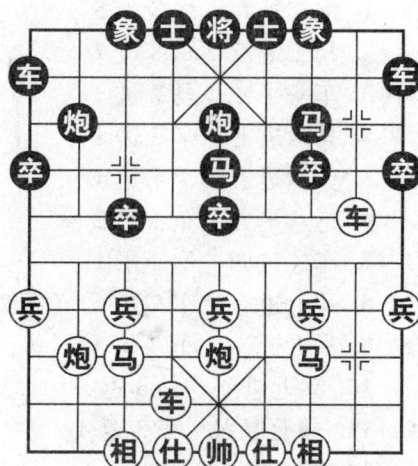

图 235

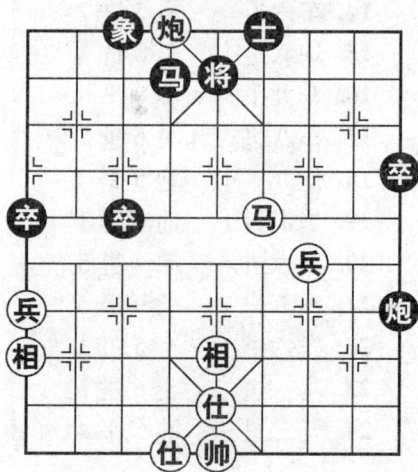

图 236

第 119 局 邬正伟胜万跃明

1. 炮二平六　炮 8 平 5
2. 马二进三　马 8 进 7
3. 车一平二　马 2 进 3
4. 车二进四　车 9 进 1
5. 车二平七　车 9 平 4
6. 仕六进五　卒 5 进 1
7. 车七进二　车 1 进 2
8. 炮六退二！车 4 进 7 （图 237）
9. 车七进一！炮 2 进 4
10. 车七退三　马 7 进 5
11. 炮八平五　炮 2 进 1
12. 车七进二！炮 2 平 7
13. 车七平五　炮 5 退 1
14. 相七进九　车 4 平 2
15. 车五平六！炮 7 进 1
16. 炮六进一！炮 7 退 1
17. 仕五进六！炮 5 平 7
18. 兵五进一！车 1 退 2
19. 车六进三　将 5 进 1
20. 兵五进一！象 7 进 5
21. 兵五平四　象 5 进 3
22. 炮六平五　将 5 平 6
23. 前炮平四！将 6 平 5
24. 车六退三　车 1 进 2
25. 车六平五　将 5 平 4
26. 炮五平六　车 1 平 4 （图 238）

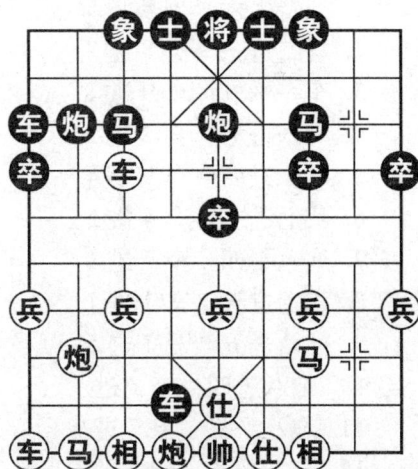

图 237

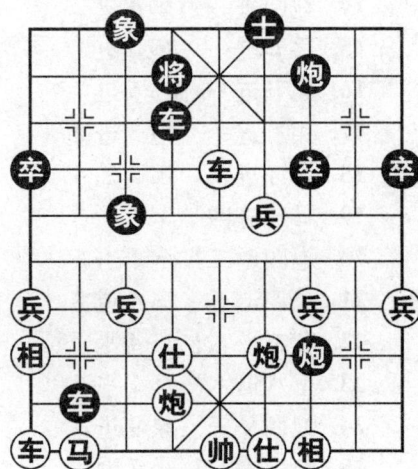

图 238

133

第 120 局　龙龚胜周骁

1. 炮二平六　　炮 8 平 5
2. 马二进三　　马 8 进 7
3. 车一平二　　车 9 进 1
4. 马八进七　　马 2 进 3
5. 车二进四　　车 9 平 4
6. 兵七进一　　车 4 进 5
7. 炮六平四　　卒 5 进 1
8. 相七进五　　车 1 进 1
9. 仕六进五　　马 3 进 5
10. 炮八进四　　卒 3 进 1
11. 炮八平三　　象 7 进 9
12. 车九平八　　炮 2 平 3（图 239）
13. 车八进六　　卒 5 进 1
14. 炮四进一　　车 4 进 2
15. 兵五进一　　卒 3 进 1
16. 兵五进一　　马 5 进 7
17. 兵三进一　　炮 3 进 5
18. 兵三进一　　卒 3 平 4
19. 马三进四　　车 1 平 3
20. 炮四退二！　炮 5 进 5
21. 马四退五　　车 4 退 2
22. 车二平六！　车 4 平 1
23. 车八退六！　车 1 平 5
24. 炮四平三　　象 9 进 7
25. 前炮平二！　马 7 退 8
26. 炮二平五！（图 240）

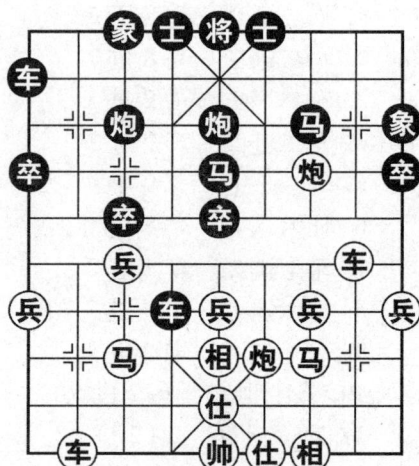

图 239

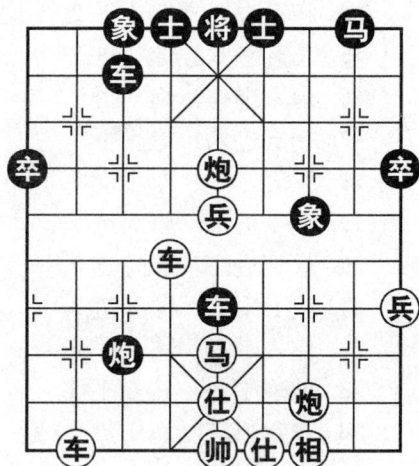

图 240

第 121 局　宋国强胜赵国荣

1. 炮二平六　炮 8 平 5

2. 马二进三　马 8 进 7

3. 车一平二　马 2 进 3

4. 兵七进一　炮 2 平 1

5. 马八进九　卒 7 进 1

6. 车二进四　车 9 平 8

7. 车二平四　车 1 平 2

8. 车九平八　车 2 进 6（图 241）

9. 炮八平七　车 2 平 4

10. 仕六进五　卒 5 进 1

11. 炮七进四　马 3 进 5

12. 马九退七　车 4 退 5

13. 车四进二　车 8 进 5

14. 兵三进一！车 8 平 7

15. 相七进五　车 7 进 1

16. 炮七平八！车 7 平 8

17. 马三进四！车 8 平 5

18. 马四进五　车 4 进 2

19. 炮八进三！车 4 平 5

20. 车四进二！炮 5 平 3

21. 车四平六　士 6 进 5

22. 炮六进七！象 7 进 9

23. 车八进八　将 5 平 6

24. 马七进六！将 6 进 1

25. 马六进七　后车平 6

26. 车六平七！炮 3 平 5

27. 炮六退一！士 5 进 6

28. 车七退一！（图 242）

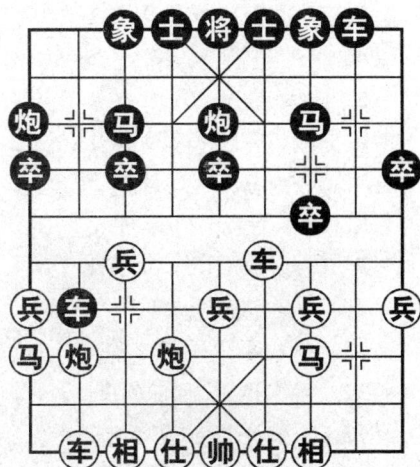

图 241

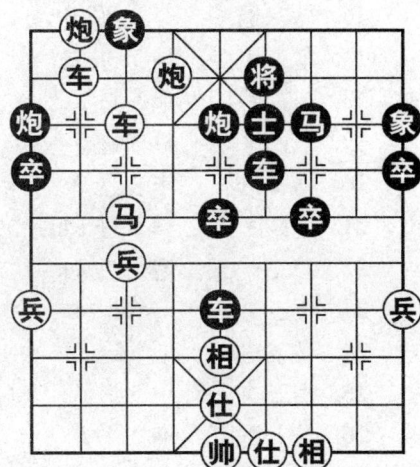

图 242

135

第 122 局　赵汝权负吕钦

1. 炮二平六　炮 8 平 5
2. 车一平二　车 9 进 1
3. 车二进四　马 2 进 3
4. 仕六进五　车 9 平 4
5. 马八进七　卒 5 进 1（图 243）
7. 炮八退一　马 3 进 5
8. 炮八平六　车 4 平 2
9. 车九平八　车 1 平 2
10. 车八进五　炮 2 平 3
11. 车八平六　士 4 进 5
12. 后炮退一　前车进 5
13. 前炮平四　卒 5 进 1
14. 兵五进一　前车平 3
15. 相七进五　马 5 进 3!
16. 马三退一　车 3 平 4!
17. 车二进一　马 7 进 5!
18. 车二平四　炮 5 进 3
19. 炮四平二　象 3 进 5
20. 马一进三　车 4 退 2
21. 车四平六　马 5 进 6!
22. 马三进五　炮 5 进 2!
23. 相三进五　马 6 退 4
24. 马五进六　炮 3 退 1
25. 相五进七　士 5 进 6
26. 马七进五　炮 3 平 5
27. 马五进四　车 2 进 7
28. 炮二进七　象 5 进 7!
29. 仕五进六　炮 5 进 3!（图 244）

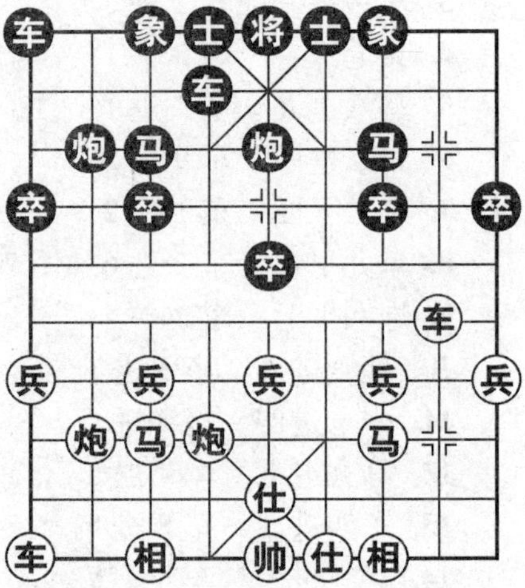

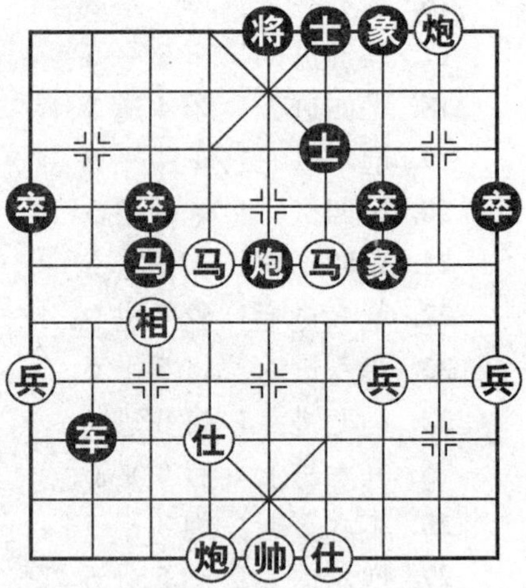

2. 马二进三　马 8 进 7

图 243

图 244

第 123 局　郑一泓负王斌

1. 炮二平六	炮 8 平 5
3. 车一平二	马 2 进 3
4. 马八进七	卒 3 进 1
5. 车二进四	车 9 平 8
6. 车二平六	炮 2 进 2
7. 兵七进一	车 8 进 4
8. 车九进一	士 4 进 5（图 245）
9. 车九平四	象 3 进 1
10. 仕四进五	车 1 平 3
11. 车四进五	卒 3 进 1
12. 车六平七	炮 2 平 3
13. 车四平三	马 3 进 4！
14. 相七进五	炮 5 平 3！
15. 车七平三	后炮进 5
16. 后车平七	车 8 平 7！
17. 车三平二	后炮平 2！
18. 车七平六	炮 3 退 4
19. 车二进一	炮 3 平 2！
20. 车六退一	后炮进 4
21. 车六平八	车 7 进 2
22. 车八进二	炮 2 平 1！
23. 车二退三	马 7 进 6！
24. 车二平七	车 3 进 5
25. 相五进七	炮 1 进 2
26. 车八退五	车 7 进 1
27. 相三进五	车 7 退 1
28. 车八平九	马 4 进 6！
29. 车九平八	前马进 8！（图 246）

2. 马二进三　马 8 进 7

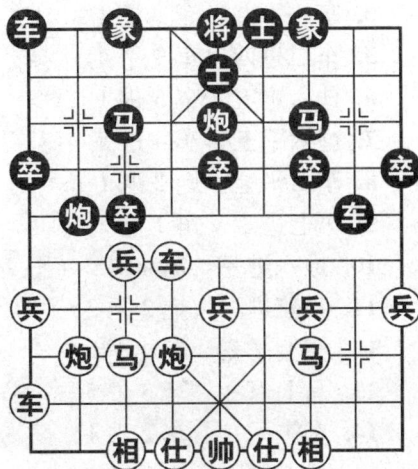

图 245

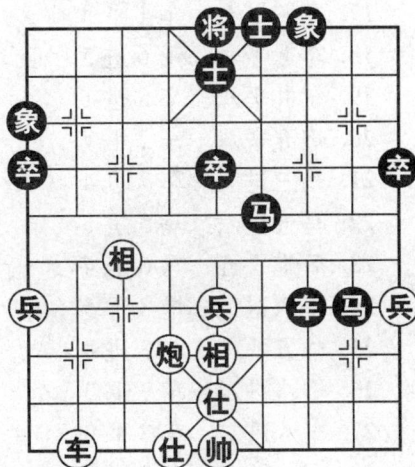

图 246

第124局 李来群胜阎玉锁

1. 炮二平六　炮8平5　　2. 马二进三　马8进7
3. 车一平二　车9进1　　4. 马八进七　马2进3
5. 车二进四　车9平4
6. 仕六进五　卒5进1
7. 炮六平五　车4进5
8. 车二平七　炮2退1
9. 车七进二　车1进2
10. 炮八进一　车4退2（图247）
11. 兵三进一　炮2平3
12. 车七平三　车4平2
13. 马七退九　马3进5
14. 车三平二　车2进1
15. 兵五进一！炮3进2
16. 车二进二　卒5进1
17. 车二平七　车1平3
18. 车七平六　士6进5
19. 车九平八　卒5进1
20. 炮五平八　车2平7
21. 马三进五　车7进4
22. 马五进六　马5进6
23. 后炮平五　马6退4
24. 车六退三　炮3平5
25. 帅五平六　车3进4
26. 炮八进六！车7退3
27. 车八进二　车7平9
28. 车八平六！车3平1
29. 炮五进五！象7进5
30. 前车进四！（图248）

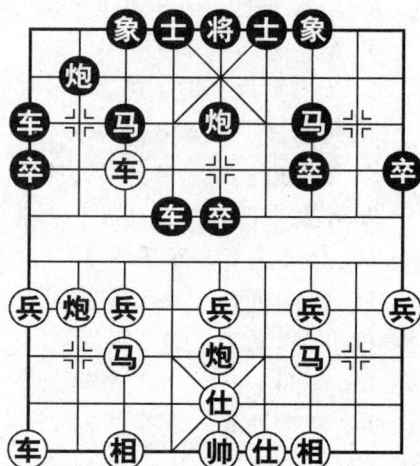

图247

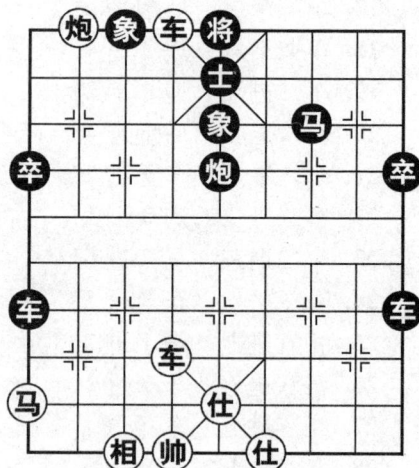

图248

第 125 局　刘伯良负龚嘉祥

1. 炮二平六　炮 8 平 5　　　　2. 马二进三　马 8 进 7

3. 车一平二　车 9 进 1　　　　4. 仕四进五　马 2 进 3

5. 马八进七　车 9 平 4　　　　6. 车二进四　炮 2 进 2

7. 兵七进一　车 4 进 5

8. 相七进五　车 1 进 1

9. 炮八进二　车 4 平 3

10. 车九平七　车 1 平 4

11. 车二进二　卒 5 进 1

12. 车二平三　马 7 进 5

13. 兵三进一　炮 2 退 1

14. 车三进三　卒 3 进 1（图 249）

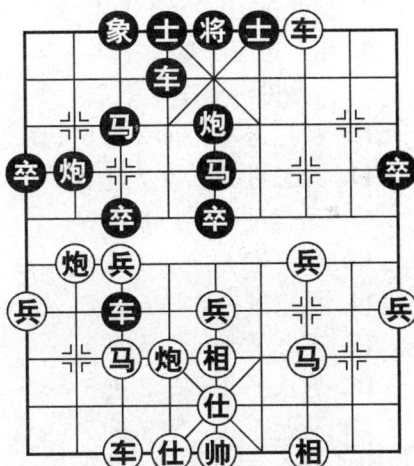

图 249

15. 兵七进一　卒 5 进 1！

16. 炮八平七　卒 5 进 1

17. 马三进五　车 3 平 5

18. 兵七进一　车 5 平 7！

19. 兵七平八　车 4 进 6！

20. 车三平二　马 5 进 4！

21. 车二退九　马 3 进 2

22. 马七进六　车 4 退 2

23. 炮七进二　车 4 退 2

24. 车七进五　车 4 平 8！

25. 车二平一　马 2 进 1

26. 车七平五　马 1 进 2

27. 炮七平九　车 8 进 1

28. 车五进一　车 8 平 4！

29. 帅五平四　车 7 平 6

30. 帅四平五　车 6 进 2！

31. 炮九退五　车 4 平 1

32. 兵八进一　车 1 进 4

33. 兵八平七　车 1 退 5！（图 250）

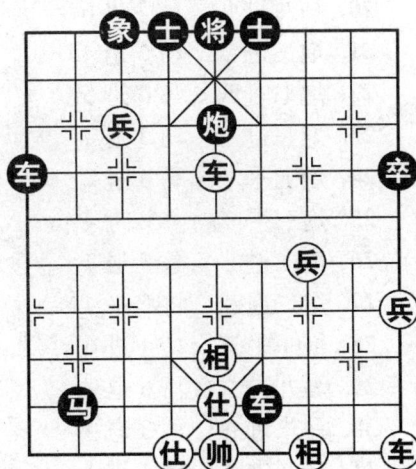

图 250

第126局 吕钦胜李艾东

1. 炮二平六　炮8平5
2. 马二进三　马8进7
3. 车一平二　马2进3
4. 车二进四　车9平8
5. 车二进五　马7退8
6. 兵七进一　卒7进1
7. 马八进七　炮2进4
8. 相三进五　炮2平3
9. 兵九进一　车1平2
10. 兵三进一！车2进6（图251）
11. 兵三进一　象7进9
12. 兵三进一　马8进6
13. 兵三进一　士4进5
14. 兵三进一　马6进7
15. 车九平八　炮5平7
16. 炮八平九　车2进3
17. 马七退八　炮7进5
18. 炮六平三　炮3平9
19. 炮九平七！象3进5
20. 马八进九　马7进6
21. 炮三进二　马6退4
22. 炮七进四　马4进5
23. 炮三进三！马3退4
24. 炮七平一　马4进2
25. 炮三平二　马2进4
26. 炮二进二　象5退7
27. 炮二退三　将5平4
28. 炮一平五　马4进6
29. 马九进八！马6退7
30. 马八进九！马5退4
31. 马九进八　将4进1
32. 炮二进二！马4退3
33. 炮五退三！（图252）

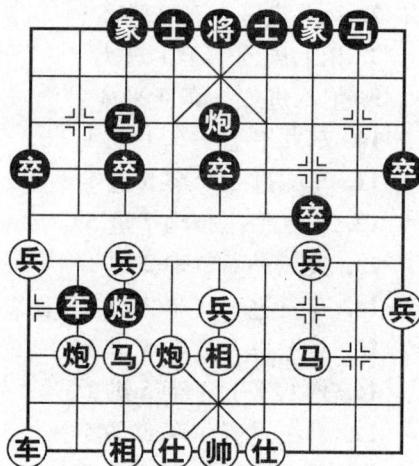

图 251

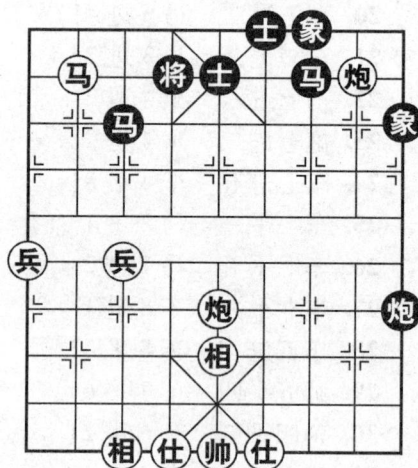

图 252

第 127 局　赵汝权胜黄学谦

1. 炮二平六　炮 8 平 5
2. 马二进三　马 8 进 7
3. 车一平二　马 2 进 3
4. 马八进七　卒 3 进 1
5. 车二进四　车 9 平 8
6. 车二平六　炮 2 进 2
7. 仕六进五　士 4 进 5
8. 兵七进一　车 8 进 4（图 253）
9. 相七进五　炮 5 平 6
10. 兵九进一　象 3 进 5
11. 炮八平九　炮 2 退 3
12. 马七进八　车 1 平 2
13. 马八进九！炮 2 进 6
14. 兵三进一　车 2 进 3
15. 兵七进一！马 3 进 1
16. 兵九进一　马 1 退 2
17. 兵九平八　车 2 平 1
18. 车九平八　炮 2 进 1
19. 炮九进三　炮 2 平 1
20. 炮六平九！炮 1 退 4
21. 炮九进四　马 2 进 1
22. 兵八平九　马 1 退 3
23. 兵七进一　马 3 退 4
24. 车八进五！车 8 进 2
25. 马三进四　车 8 平 5
26. 马四进六　车 5 平 3
27. 车六平七！车 3 平 6
28. 马六进八　炮 6 退 1
29. 兵一进一　象 7 进 9
30. 车八平二　卒 7 进 1
31. 车二进二　车 6 退 4
32. 车二平一　马 4 进 2
33. 兵七进一！马 2 退 4
34. 马八进七！（图 254）

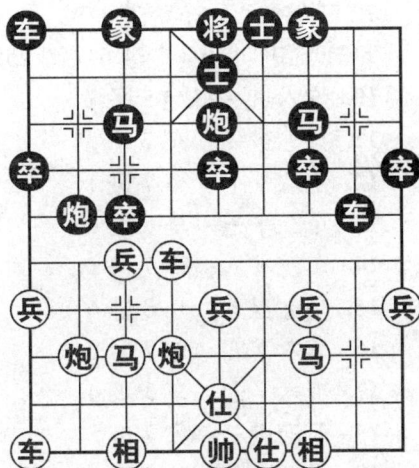

图 253

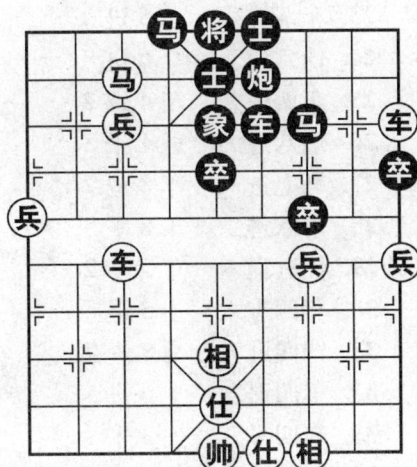

图 254

第128局　赵顺心胜梁军

1. 炮二平六　炮8平5　　　2. 马二进三　马8进7
3. 车一平二　马2进3　　　4. 兵七进一　炮2平1
5. 马八进七　车1平2　　　6. 炮八进二　车2进4
7. 车九平八　卒7进1　　　8. 相七进五　车9进1
9. 车二进四　马7进6（图255）
10. 炮六进一!　炮5平7
11. 兵七进一!　车2平3
12. 炮八平七　卒7进1
13. 车二平三　马6退8
14. 车三平六　炮7进5
15. 马七退五!　马8进6
16. 车六平四　炮7平8
17. 炮六平七　车3平4
18. 前炮进三　象7进5
19. 兵三进一　车9平8
20. 前炮平八　炮8退1
21. 炮七平二　车8进5

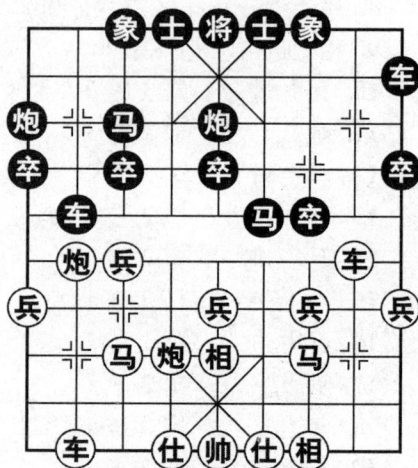

图 255

22. 马五进七　士6进5
23. 车八进六　车8进2
24. 仕六进五　马6进8
25. 车四退二　车4退2
26. 炮八进二　炮1平3
27. 马七进八　车8退2
28. 车八进二　车8平5
29. 仕五退六　车5平2
30. 车四进六!　士5退6
31. 仕四进五　马8进7
32. 车四退六!　士6进5
33. 车四平三　炮3平1
34. 车三平二!　象5退7
35. 车二进六!（图256）

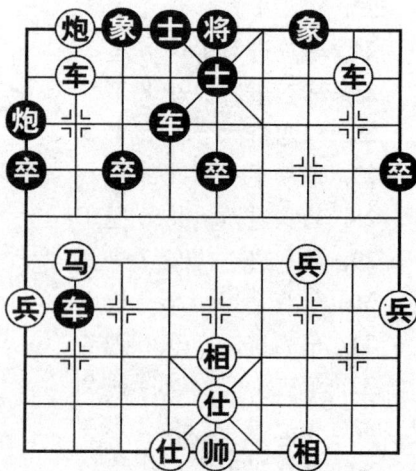

图 256

第 129 局　王明虎胜车兴国

1. 炮二平六　炮8平5	2. 马二进三　马8进7
3. 车一平二　马2进3	4. 马八进七　炮2平1
5. 兵七进一　车1平2	6. 炮八进二　卒5进1
7. 车九平八　车9进1	
8. 车二进四　车2进4（图257）	
9. 仕四进五　马3进5	
10. 相三进五　车9平6	
11. 马七进六　车2退1	
12. 马六进五　马7进5	
13. 车二平六　卒3进1	
14. 兵七进一　卒5进1	
15. 车六进一　卒5进1	
16. 兵七进一！车2平3	
17. 车六进四！将5平4	
18. 炮八进五！将4进1	
19. 车八进八！将4进1	
20. 车八平四　卒5进1	
22. 马三退五　将4退1	

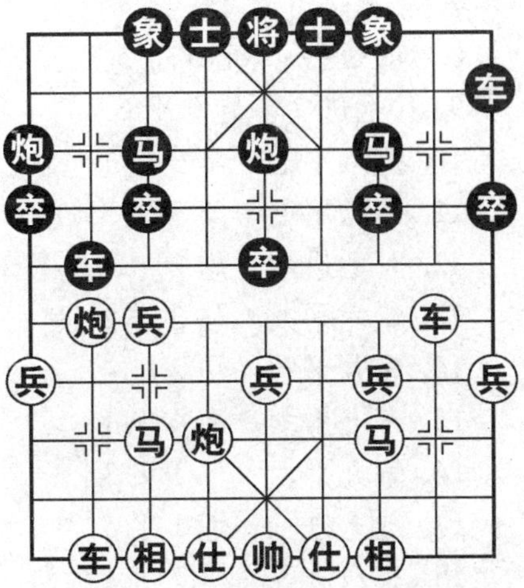

图 257

21. 车四进一！卒5进1	
23. 帅五平四　炮5进6	

24. 仕六进五　炮1平5	
25. 车四退一　炮5退1	
26. 炮八退五！车3进6	
27. 帅四进一　车3退4	
28. 炮八退四　车3进4	
29. 车四退二！象7进5	
30. 炮六退一！炮5平9	
31. 车四平五　车3平2	
32. 仕五进六　将4平5	
33. 炮六平五！车2平7	
34. 车五平三　象5进3	
35. 车三平五　象3进5	
36. 车五平一！（图258）	

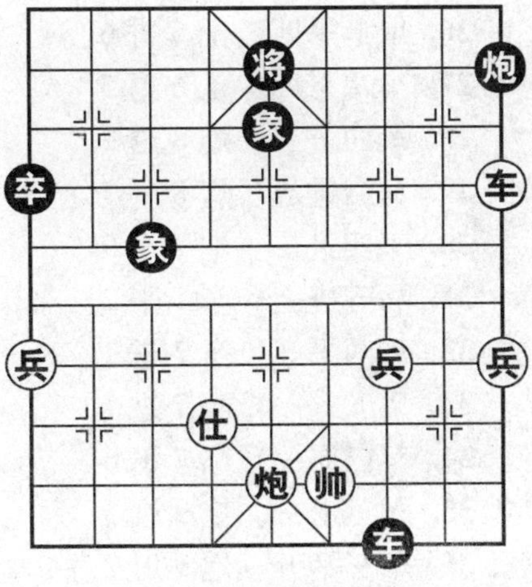

图 258

第 130 局　刘宗泽胜倪敏

1. 炮二平六	炮8平5	2. 马二进三	马8进7
3. 车一平二	马2进3	4. 马八进七	卒3进1
5. 车二进四	车9平8	6. 车二平六	炮2进2

7. 相七进五　车8进4

8. 炮八退一　士4进5

9. 兵七进一　炮5平6

10. 炮八平七　卒3进1

11. 车六平七　象3进5

12. 马七进六　炮2平4（图259）

13. 炮六平九　马3进2

14. 车九平八　马2进4

15. 车七平六　炮4平1

16. 炮九平六　车1平3

17. 炮七进三　炮1平5

18. 车八进五　卒7进1

19. 炮六平七　车3平1

20. 后炮平九　炮6进2

21. 兵九进一　炮6平7

22. 车六进一！炮7平8

24. 炮七平四　士5进6

26. 车八平四！士6退5

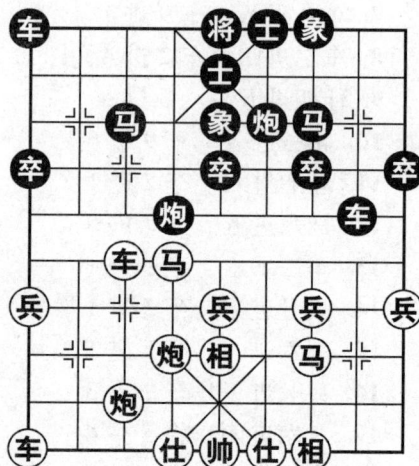

图 259

21. 车八退二　炮6退1

23. 兵五进一！炮5平6

25. 炮七进三　炮6退2

26. 炮七平四　士5进6

27. 车八平四！士6退5

28. 车四进三　炮8退2

29. 马三进五　炮8平7

30. 车四进二　炮7平9

31. 马五进七　车1平2

32. 车四平三！卒7进1

33. 兵五进一！卒7进1

34. 车三退一　卒7平6

35. 车三退一　炮9进5

36. 车三平五　炮9退2

37. 车六退二！（图260）

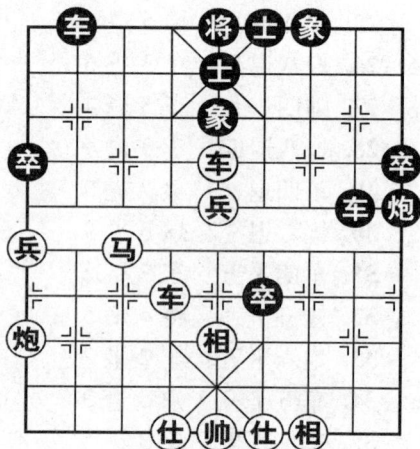

图 260

第131局　廖二平胜童本平

1. 炮二平六　炮8平5	2. 马二进三　马8进7
3. 车一平二　马2进3	4. 车二进四　车9平8
5. 车二进五　马7退8	6. 兵七进一　炮2平1

7. 马八进七　车1平2

8. 炮八进二　车2进4

9. 相七进五　卒7进1

10. 兵三进一　炮5平9

11. 兵三进一　车2平7

12. 马七进六　马8进7

13. 炮八退三　车7平8

14. 炮八平七　卒3进1　（图261）

15. 兵七进一　车8平3

16. 炮六平七　车3平4

17. 后炮进六　马7退5

18. 马三进四！车4进1

19. 马四进五　车4退2

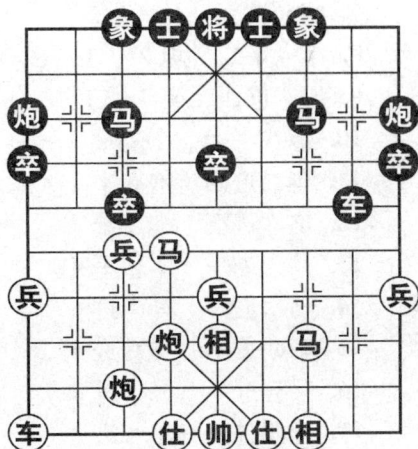

图 261

20. 马五进六！马5进7	21. 后炮进七　将5进1
22. 马六进八！马7进5	23. 车九平八　炮1进4
24. 车八进八　车4退2	25. 车八退二　马5进6
26. 车八平二　车4进7	27. 后炮平八！炮9平6

28. 车二进二　炮6退1

29. 马八退七　将5平4

30. 车二平四　士4进5

31. 仕四进五！炮1进3

32. 炮八退七　马6进4

33. 炮七平六！车4平5

34. 帅五平四　车5平4

35. 炮六退六　车4进1

36. 帅四进一　车4退1

37. 帅四进一　车4退2

38. 车四退三　车4平5！（图262）

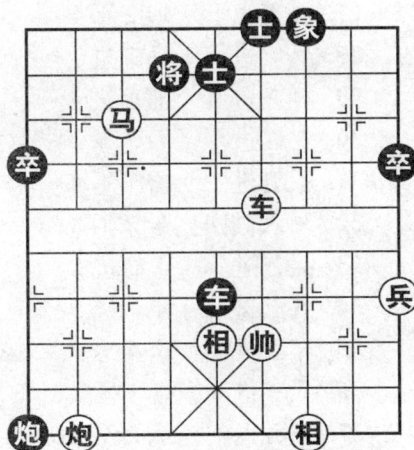

图 262

第 132 局　陈启明负谢丹枫

1. 炮二平六　炮 8 平 5
2. 马二进三　马 8 进 7
3. 马八进七　车 9 平 8
4. 兵七进一　卒 3 进 1
5. 兵七进一　车 8 进 4
6. 马七进六　车 8 平 3
7. 相七进五　马 2 进 3
8. 车一平二　炮 2 平 1 （图 263）
9. 炮八进四　卒 7 进 1
10. 炮八平七　车 1 平 2
11. 车二进四　炮 5 平 4
12. 炮六进五　炮 1 平 4
13. 兵三进一　车 3 平 4
14. 马六退四　马 7 进 6
15. 车九平七　马 6 进 4
16. 兵五进一　马 4 进 2
17. 仕四进五　车 4 进 2
18. 马四进三　象 3 进 5
19. 前马进五　车 4 退 3

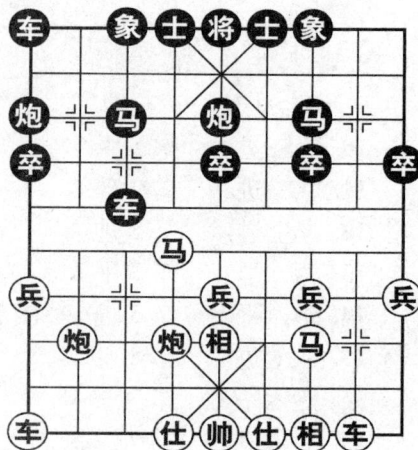

图 263

20. 马五退四　车 2 进 4
21. 炮七平一！车 4 平 9
22. 车七进七　炮 4 进 6
23. 车二退一！炮 4 平 1
24. 车七退七　车 9 平 2
25. 车二平五　炮 1 平 2
26. 车七进三！炮 2 进 1
27. 相五退七　炮 2 平 1
28. 兵五进一　马 2 进 1
29. 相三进五　前车进 4
30. 马四进六　后车退 2
31. 兵五进一　前车平 4
32. 马六进四！车 2 平 8
33. 兵三进一　士 6 进 5
34. 兵五进一　象 7 进 5
35. 车五进四！车 4 退 5
36. 兵三进一　炮 1 平 2
37. 车五退三　炮 2 退 2
38. 车七平二！（图 264）

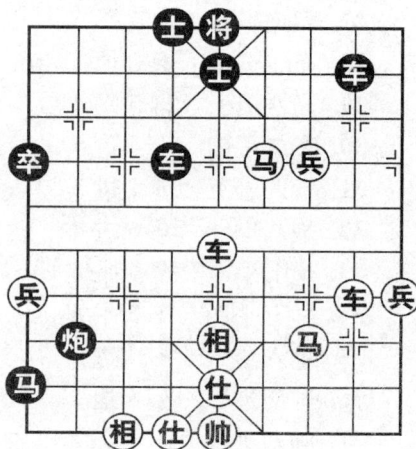

图 264

第 133 局　金波负陈翀

1. 炮二平六　炮8平5	2. 马二进三　马8进7
3. 车一平二　马2进3	4. 兵七进一　炮2平1
5. 马八进九　车9进1	6. 车九平八　卒7进1
7. 炮八平七　卒5进1	8. 仕四进五　马3进5

9. 相三进五　车9平4

10. 车二进四　炮1进4（图265）

11. 炮七进四　炮1退1

12. 车二进二　卒5进1

13. 马九进七　卒5进1

14. 马七进九　卒5进1！

15. 相七进五　卒1进1

16. 马九退七　车4进5

17. 炮六平九　炮5平1

18. 炮九平七　炮1平5

19. 车二平四　车1进1

20. 后炮平九　车1平8

21. 炮九进一　车4退1

22. 车八进五　马5进6

23. 马三退四　车8平4

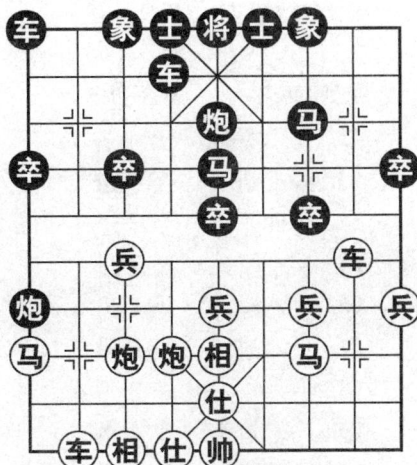

图 265

24. 车八平五　后车进2

25. 车四平六　车4退2

26. 炮七进一　马6进8！

27. 炮九退二　马7进5

28. 车五平四　车4进3！

29. 炮七进一　马5进4

30. 车四进一　炮5平3！

31. 马四进二　车4平3

32. 马二进四　车3平7

33. 马四进五　车7进1

34. 马五进六　马4进5！

35. 炮七平三　车7平9！

36. 马六进七　将5进1

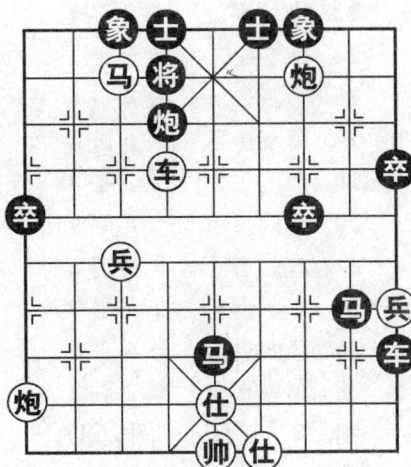

图 266

37. 仕五退四　炮3平5　　**38.** 仕六进五　将5平4!

39. 车四平六　炮5平4（图266）

第134局　于幼华胜徐天红

1. 炮二平六　炮8平5　　**2.** 马二进三　马8进7

3. 车一平二　马2进3　　**4.** 马八进七　卒3进1

5. 车二进四　车9平8　　**6.** 车二平六　车8进4

7. 仕六进五　炮5平6　　**8.** 炮八进四　卒7进1

9. 炮八平七　象3进5　　**10.** 车九平八　车1平2

11. 车六平四　士4进5　　**12.** 兵七进一　炮2进2

13. 兵七进一　卒7进1

14. 车四平七　卒7进1（图267）

15. 兵七平八　卒7进1

16. 兵八进一　马7进6

17. 兵八进一　马6进5

18. 炮六进一!　车8平4

19. 马七进五　车4进2

20. 马五进四　象5进7

21. 炮七平一!　马3进4

22. 车七平三　车4平9

23. 炮一平二　车9平8

24. 炮二平一　车2平3

25. 车三进一!　马4进6

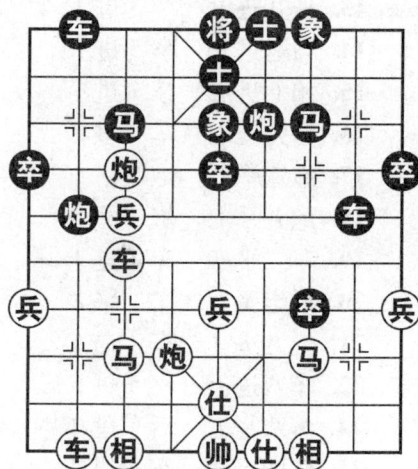

图267

26. 车三进四　马6进4　　**27.** 车三退七　马4进3

28. 帅五平六　车3平4　　**29.** 仕五进六　车4进4

30. 马四进五!　车8平7!　　**31.** 车八进五!　车4退3

32. 炮一进三　车7退6　　**33.** 车八平一!　车4进1

34. 车三退一　车7平9　　**35.** 车一进四　马3退2

36. 仕四进五　车4平5　　**37.** 车一退六!　车5平2

38. 车一平七!　车2进2　　**39.** 车三进二!　炮6平2

40. 车三进三!（图268）

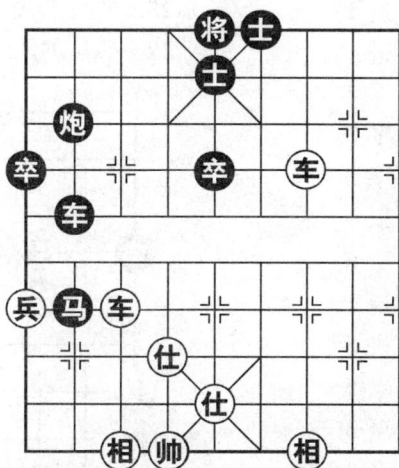

图 268

第 135 局　阎文清胜程进超

1. 炮二平六　炮 8 平 5	2. 马二进三　马 8 进 7
3. 车一平二　马 2 进 3	4. 马八进七　卒 3 进 1
5. 车二进五　卒 5 进 1	6. 炮六平五　车 9 进 1
7. 炮八进二　卒 7 进 1	8. 车二退一　马 3 进 5
9. 车二平六　车 1 进 1	10. 车九进一　车 9 平 4

11. 车九平六　车 4 进 4
12. 车六进三　车 1 平 3（图 269）
13. 车六进二！卒 3 进 1
14. 炮八进二！卒 3 进 1
15. 马七退九　炮 5 退 1
16. 炮八平五　马 7 进 5
17. 车六平五　炮 2 进 5
18. 马三退二　卒 3 平 2
19. 仕四进五　车 3 进 7
20. 帅五平四！车 3 平 1
21. 车五平四　炮 5 平 2
22. 车四进三　将 5 进 1
23. 兵五进一！将 5 平 4

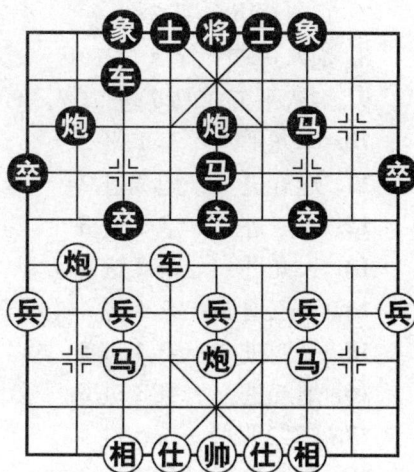

图 269

24. 车四退六！ 卒 5 进 1　　25. 车四平八！ 后炮平 3

26. 车八退一　炮 3 进 4　　27. 车八进六　将 4 进 1

28. 车八退二　车 1 平 4

29. 炮五平六　车 4 平 3

30. 车八平六　将 4 平 5

31. 相七进九　炮 3 退 1

32. 炮六平五　卒 5 平 6

33. 马二进三　将 5 退 1

34. 马三进五　象 3 进 5

35. 车六平四！ 卒 6 平 5

36. 炮五进二　象 5 退 3

37. 马五进七　将 5 平 4

38. 车四平六　将 4 平 5

39. 马七进五！ 象 3 进 5

40. 马五进七！（图 270）

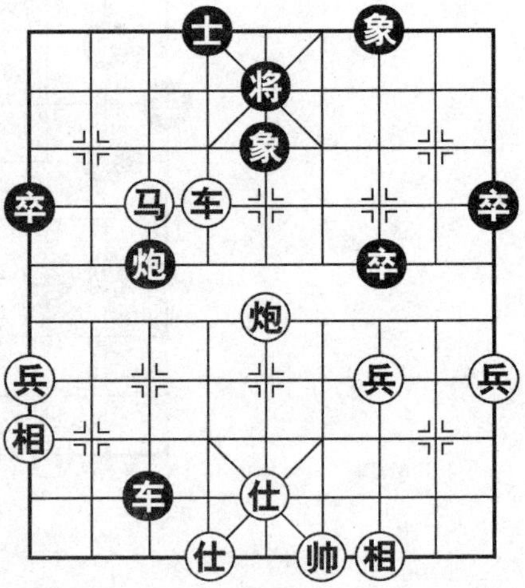

图 270

第 136 局　刘凤军胜白文典

1. 炮二平六　炮 8 平 5　　2. 马二进三　车 9 进 1

3. 车一平二　车 9 平 4　　4. 仕四进五　马 8 进 7

5. 车二进四　卒 5 进 1　　6. 炮六平五　马 2 进 3

7. 马八进九　马 3 进 5

8. 炮八进四　卒 5 进 1

9. 炮八平五　马 7 进 5

10. 车九平八　车 1 平 2

11. 炮五进二　炮 2 进 2

12. 相三进五　炮 2 进 3

13. 兵九进一　车 2 进 1

14. 马三退四　车 4 进 4（图 271）

15. 马四进二　士 4 进 5

16. 炮五进三　象 3 进 5

17. 车二平六　马 5 进 4

18. 车八进一　马 4 进 3？

19. 仕五进六！ 炮 2 退 1

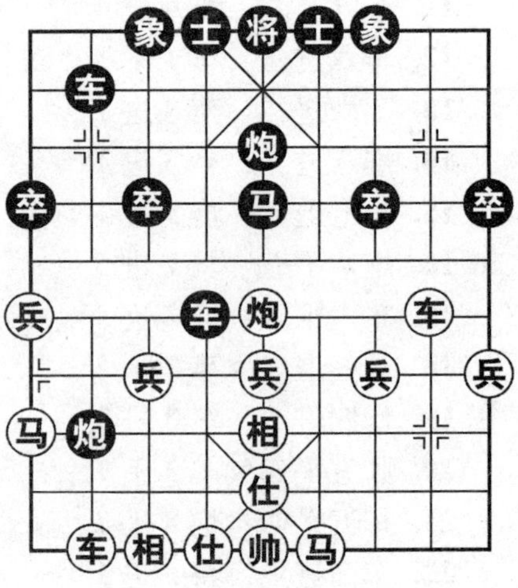

图 271

20. 仕六进五　马 3 退 1
21. 车八进一！卒 3 进 1
22. 马二进四　车 2 进 2
23. 兵五进一　卒 7 进 1
24. 兵一进一　士 5 退 4
25. 兵五进一　士 6 进 5
26. 兵五平四　车 2 进 2
27. 兵四进一　车 2 平 9
28. 车八进一　车 9 平 1
29. 兵三进一　象 7 进 9
30. 兵三进一　象 9 进 7
31. 马四进三　车 1 退 1
32. 马三进五　象 5 退 3
33. 兵七进一！象 3 进 1
34. 车八平二！车 1 平 1
35. 车二进六　士 5 退 6
36. 马五进六　将 5 进 1
37. 车二退一　将 5 进 1
38. 马六进八！士 4 进 5
39. 马八退七！将 5 平 4
40. 车二退一！（图 272）

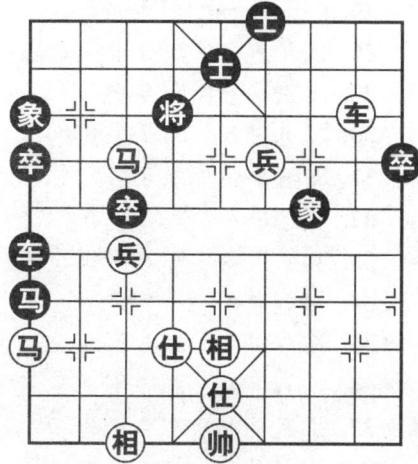

图 272

第 137 局　于幼华胜赵国荣

1. 炮二平六　炮 8 平 5
2. 马二进三　马 8 进 7
3. 车一平二　马 2 进 3
4. 马八进七　卒 3 进 1
5. 车二进五　卒 5 进 1
6. 炮六平五　马 3 进 5
7. 车九进一　炮 2 平 3
8. 车九平六　卒 3 进 1（图 273）
9. 车六进五　卒 3 平 2
10. 马七退五　车 9 进 1
11. 兵五进一！炮 3 进 2
12. 车二平五！炮 5 进 2
13. 兵五进一！车 9 平 6
14. 炮八平七！炮 3 进 3
15. 兵五进一　士 6 进 5

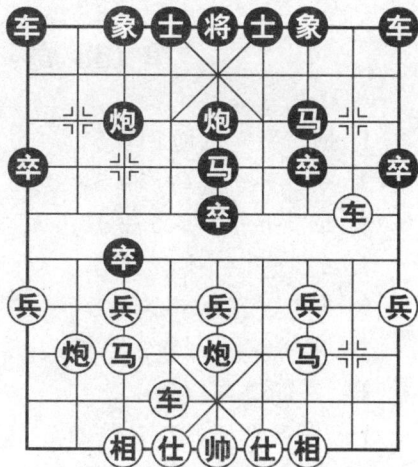

图 273

16. 兵五平四　象3进5

17. 马五进七　卒7进1

18. 马七进五　车1进2

19. 兵四平三　马7退8

20. 马五进六　车6进6

21. 马三退一　车1平3

22. 仕四进五　车6进1

23. 马一进三　车3进2

24. 炮五进三!　车3退2

25. 马三进五　车6退2

26. 前兵进一!　车3进4

27. 马六退七　车6平5

28. 车六平五!　车5平3

29. 前兵平二!　车3平7

30. 相七进五　车7平8

31. 车五平三　象7进9

32. 兵二进一!　车8平6

33. 兵二进一　车6退2

34. 炮五进一　卒9进1

35. 车三进一　车6平5

36. 炮五平八　车5平2

37. 炮八平七　车2平3

38. 炮七平八　车3退1

39. 炮八进一　车3退1

40. 炮八平五　士5退6

41. 车三平一　卒2进1

42. 兵二平三　卒2平3

43. 帅五平四!（图274）

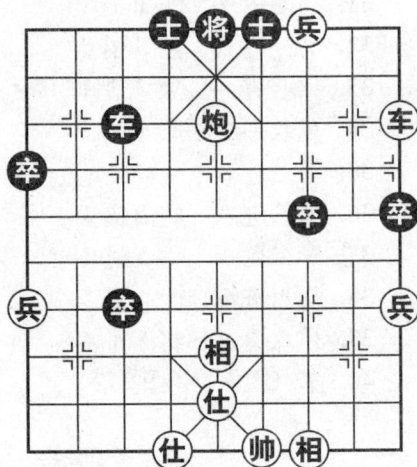

图274

第 138 局　赵国荣胜李艾东

1. 炮二平六　炮8平5

2. 马二进三　马8进7

3. 车一平二　马2进3

4. 马八进七　卒3进1

5. 车二进五　卒5进1

6. 炮六平五　马3进5

7. 车九进一　炮2平3

8. 车九平六　卒3进1

9. 车六进五　卒3进1

10. 马七退五　炮5退1（图275）

11. 炮八进四　炮3平5

12. 车二平四　卒3平4

13. 车四进二!　卒4进1!

14. 车六退四　马5进3

15. 车四平三　车1平2

16. 车三退一　前炮进1

17. 车六进四!　前炮平2

18. 车六平八　马3进2!

19. 马五进七!　车9平8

20. 车八平六　车8进2

21. 车三平四 车2进2
22. 炮五进三 象3进5
23. 炮五进三 士6进5
24. 仕四进五 车2平3
25. 车四退四! 车3进4
26. 兵三进一 车8进2
27. 帅五平四 卒9进1
28. 车六平九 马2退3
29. 车九平六 马3退2
30. 车六平三! 车8退2
31. 兵三进一 马2退4
32. 兵三平四 马4进3
33. 车三退二 车8进1
34. 兵九进一 车8平4
35. 兵四平五! 象7进9
36. 车三进三 象5退7
37. 车三平七! 车4平7
38. 前兵平四 车7进2
39. 兵九进一 车7平3
40. 马七退九 马3进1
41. 车七退三 车3退1
42. 相七进五 车3进3
43. 马九退七 马1退3
44. 车四进二 马3退5
45. 兵五进一!（图276）

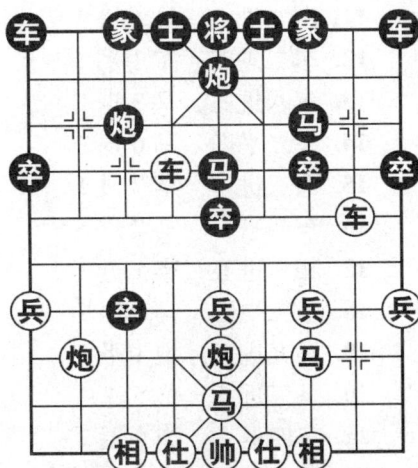

图 275

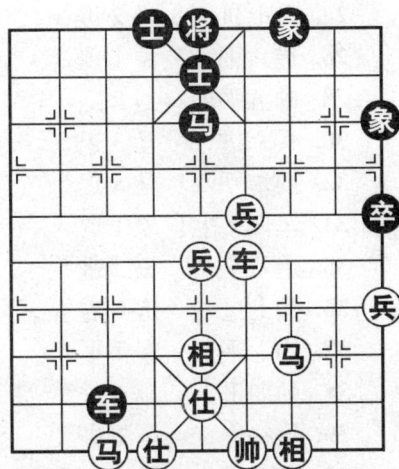

图 276

第 139 局　潘振波胜王斌

1. 炮二平六　炮8平5
2. 马二进三　马8进7
3. 车一平二　马2进3
4. 兵七进一　炮2平1
5. 马八进九　卒7进1
6. 车九平八　车9进1
7. 炮八平七　马7进6
8. 兵七进一　马3退1
9. 炮七进四　炮1进4
10. 仕四进五　象3进1（图277）

11. 车八进六　马1进3

12. 车二进四　车1平2

13. 车八进三　马3退2

14. 车二平四　马6退7

15. 兵三进一　卒7进1

16. 车四平三　马7进6

17. 相三进五　卒1进1

18. 车三平四　马6退7

19. 马九进七！炮1平5

20. 马三进五　炮5进4

21. 车四退一　炮5退2

22. 兵七平六　炮5平6

23. 车四平三　马7退5

24. 马七进五　马2进3

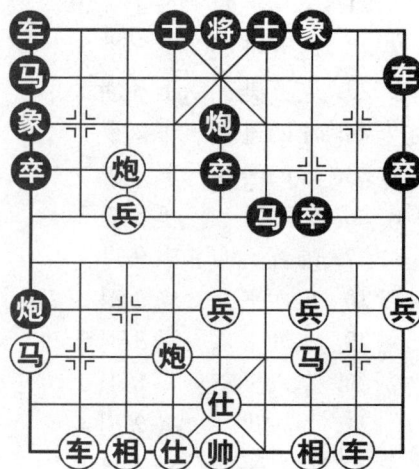

图 277

26. 炮六平九！象1退3

28. 帅五平四！炮8退4

30. 兵六进一　马3退5

32. 前炮平八！马5退3

34. 车四平七！象1退3

35. 炮八平一　象3进5

36. 兵七进一　炮8进1

37. 炮七平九　车7平6

38. 帅四平五　车6进2

39. 炮一进二　马1进2

40. 车七平二　炮8平7

41. 兵七平六　车6平9

42. 炮一平二　卒5进1

43. 炮九平八　马2进4

44. 车二平四！炮7进2

45. 车四进三！（图278）

25. 车三平四　炮6平8

27. 炮九平七　车9平7

29. 马五进六！马5进4

31. 兵六进一　象3进1

33. 兵六平七！马3进1

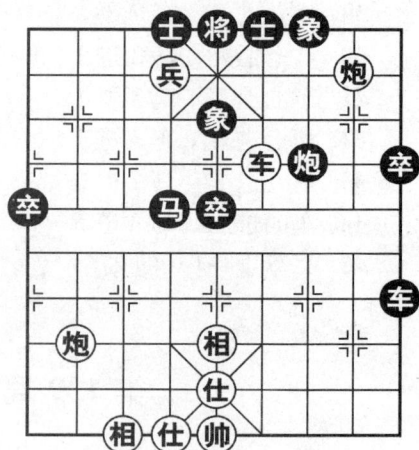

图 278

第 140 局　孙勇征负胡荣华

1. 炮二平六　炮8平5

2. 马二进三　马8进7

3. 车一平二　车9进1
4. 车二进四　车9平4
5. 仕六进五　马2进3
6. 马八进七　卒5进1
7. 兵七进一　车4进5
8. 炮六平四　车1进1
9. 相七进五　车1平6
10. 车九平六　车4进3
11. 帅五平六　卒5进1
12. 车二平五　马3进5
13. 车五平二　炮2进4
14. 帅六平五　车6进5（图279）
15. 马七进六　马5进4
16. 车二平六　车6平5!
17. 炮四进二　马7进5!
18. 马三进五　马5进4
19. 马五进六　士6进5
20. 炮四平五　将5平6
21. 炮八平六　炮2平9!
22. 兵九进一　炮9退2
23. 马六进四　炮5平6!
24. 炮六平九　炮9平8
25. 炮九进四　卒9进1

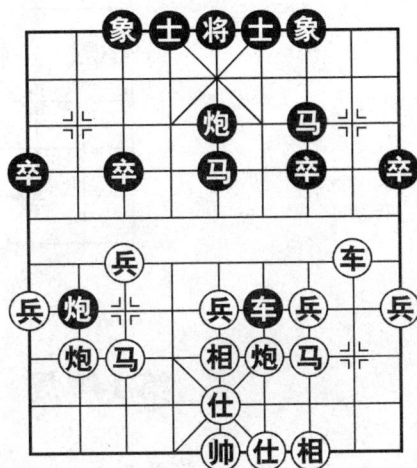

图 279

26. 马四退三　卒7进1
27. 马三进一　炮8进5
28. 相五退七　炮8退5
29. 炮九退一　卒3进1
30. 马一进二　炮6平7
31. 相七进五　象7进5
32. 兵七进一　炮8平3
33. 炮九进一　炮3退1
34. 炮九退一　炮3平7
35. 仕五进四　前炮进3
36. 仕四进五　前炮平5
37. 炮九平四　马4进2!
38. 炮五平四　将6平5
39. 帅五平四　马2退4
40. 马二进一　士5进6
41. 前炮平五　士4进5
42. 帅四平五　马4进2
43. 帅五平六　炮5平4!
44. 帅六平五　马2进3
45. 帅五平六　炮4退5
46. 马一退二　卒7进1!
47. 相五进三　炮7进7
48. 相三退一　炮7退3
49. 马二退四　炮7平2
50. 炮四平八　将5平4
51. 相一退三　炮4进4!（图280）

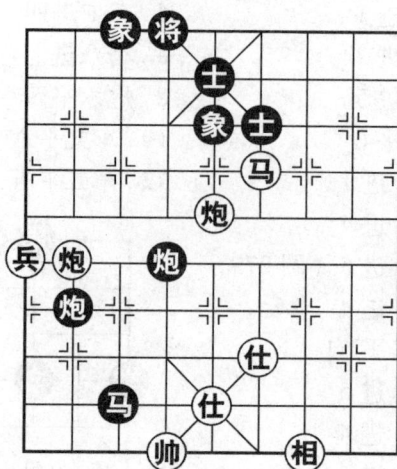

图 280

第 141 局　廖二平胜孙浩宇

1. 炮二平六　炮 8 平 5
2. 马二进三　马 8 进 7
3. 车一平二　马 2 进 3
4. 兵七进一　车 9 进 1
5. 马八进七　卒 5 进 1
6. 仕六进五　车 9 平 4
7. 车二进四　车 4 进 5
8. 炮六平四　车 1 进 1
9. 相七进五　马 3 进 5
10. 炮八进四　车 1 平 6
11. 炮八平五　马 7 进 5
12. 车九平八　炮 2 退 1（图 281）
13. 车二平六　车 4 退 1
14. 马七进六　卒 5 进 1
15. 马六进五！卒 5 进 1
16. 兵三进一　卒 5 进 1
17. 相三进五　炮 5 进 5
18. 帅五平六　象 3 进 5
19. 马三进四！车 6 平 4
20. 仕五进六　炮 5 退 2
21. 仕四进五　车 4 平 8
22. 车八进三！车 8 进 8
23. 炮四退二！炮 2 平 7

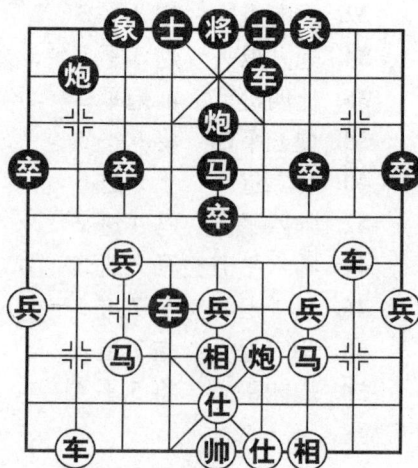

图 281

156

24. 马四进三　炮 5 进 2

25. 马五进七　炮 5 平 9

26. 车八平六　士 6 进 5

27. 炮四平五!　炮 9 平 5

28. 仕五进四　炮 7 进 4

29. 马三退五!　炮 7 进 3

30. 车六平五　炮 5 退 3

31. 车五进二　炮 7 平 9

32. 车五平六　将 5 平 6

33. 仕四退五!　车 8 退 4

34. 仕五退四　车 8 平 5

35. 马七退九　车 5 平 6

36. 马九进八　车 6 进 4

37. 仕六退五　车 6 退 6

38. 车六退三　炮 9 进 1

39. 帅六进一　将 6 平 5

40. 车六平四!　车 6 平 7

41. 兵九进一　炮 9 平 8

42. 车四平二　炮 8 平 7

43. 兵九进一　炮 7 退 5

44. 车二平六　炮 7 平 8

45. 兵九平八　炮 8 退 3

46. 马八退九　车 7 进 2

47. 仕五退四　将 5 平 6

48. 车六平四　将 6 平 5

49. 车四进六!　炮 8 进 3

50. 帅六平五　炮 8 平 5

51. 帅五平四!　车 7 进 3

52. 帅四进一（图 282）

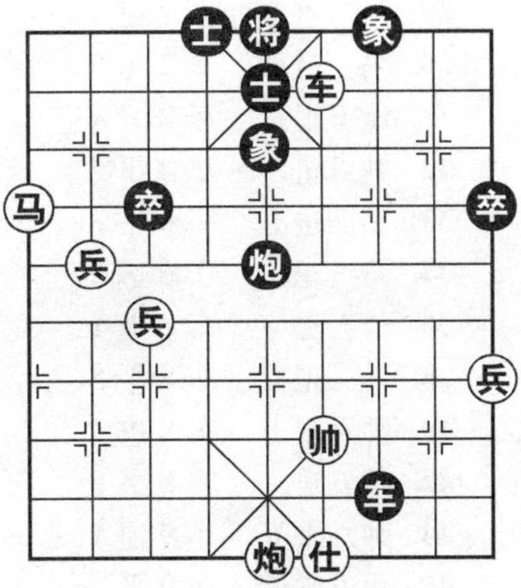

图 282

第 142 局　吴贵临负吕钦

1. 炮二平六　炮 8 平 5

2. 马二进三　马 8 进 7

3. 车一平二　马 2 进 3

4. 仕六进五　车 9 进 1

5. 车二进四　车 9 平 4

6. 马八进九?　卒 5 进 1!

7. 炮六平五　马 3 进 5

8. 炮八进四　卒 1 进 1

9. 炮八平五　马 7 进 5

10. 车九平八　车 1 进 2!（图 283）

11. 车八进六　炮 5 退 1!

12. 车八平七　炮 2 平 5

13. 炮五平七　车 1 平 4

14. 车七平六　象 3 进 1

15. 车六进一　车 4 进 1

16. 炮七平五　卒 5 进 1!

17. 炮五进二　前炮进 3

18. 兵五进一　车 4 进 3

19. 马九退七　车 4 进 3!

20. 马七进八　马 5 进 4!

21. 兵七进一　马4进3!
22. 相三进五　车4退2!
23. 马八退六　炮5平2
24. 车二进一　炮2进8
25. 相七进九　车4平2
26. 车二平六　炮2平1
27. 兵五进一　车2平7!
28. 马三退二　车7平2
29. 马二进三　卒7进1
30. 马三进四　车2进3
31. 仕五退六　车2平4
32. 帅五进一　车4平6
33. 马四进五　车6平8?
34. 马五退三!　士6进5
36. 帅五退一　车8退1
38. 马三退五　车8平5
40. 帅六平五　车8进1
42. 帅五进一　车8平5
44. 帅六平五　车9退1
45. 兵五平四　车9平5
46. 帅五平六　马4进5!
47. 马五进六　马5进6
48. 帅六退一　车5平3
49. 帅六平五　马6退7
50. 帅五平六　车3平4
51. 前马进七　将5平6
52. 车八退三　炮1退3
53. 帅六进一　车4退5
54. 车八进一　卒1进1
55. 车八平三 (图284)

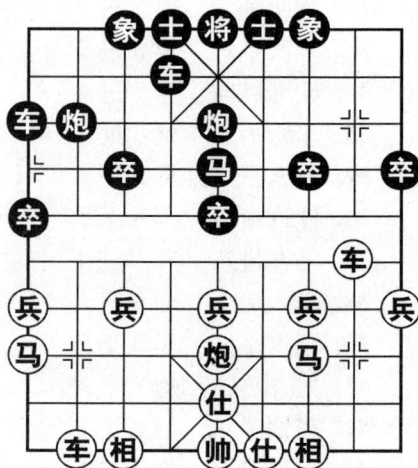

图283

35. 车六平八　车8退1
37. 帅五进一　马3退4!
39. 帅五平六　车5平8
41. 帅五退一　车8退1
43. 帅五平六　车5平9

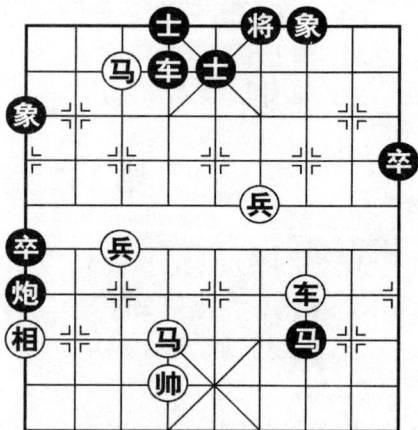

图284

第143局　阎文清胜张江

1. 炮二平六　炮8平5
2. 马二进三　马8进7

158

3. 车一平二　马2进3

4. 马八进七　卒3进1

5. 车二进五　象3进1

6. 炮八平九　炮2进2

7. 车二进一　马3进4

8. 车九平八　车1平2

9. 仕六进五　卒7进1

10. 相七进五　车9平8

11. 车二平三　车8进2

12. 车八进三　炮5退1（图285）

13. 炮九平八　炮5平7

14. 车三平一　马4退3

15. 炮八进三　车2进4

16. 车八进二　马3进2

17. 车一平四　炮7平3

18. 车四进一　炮3进1

19. 车四退三　马2进3

20. 车四进三　马3退2

21. 马七进八　士6进5

22. 车四退三　炮3平4

23. 炮六平八　马2退3

24. 炮八平七　马3进2

25. 马八进六！马2进1

26. 炮七平八　象1退3

27. 兵三进一　卒7进1

28. 车四平三　象7进5

29. 马六进四　车8退1

30. 马三进四　车8平6

31. 车三进二　马1进3

32. 仕五进六　士5退6

33. 炮八退一！车6平2

34. 炮八平三　马7退8

35. 前马进三　马8进6

36. 炮三平二！车2进8

37. 帅五进一　士6进5

38. 车三平四　炮4退1

39. 马四进三！士5进6

40. 车四进一　炮4平7

41. 车四进一　炮7进1

42. 车四退一　炮7退1

43. 车四进一　炮7进1

44. 车四退一　炮7退1

45. 马三进　车2退8

46. 炮二进八！象5进7

47. 马一退二　车2平4

48. 马二进三　卒3进1

49. 帅五退一　卒3进1

50. 仕四进五　卒3平4

51. 炮二退一！车4进2

52. 车四进一！车4平2

53. 车四平三！车2进6

54. 仕五退六　车2平4

55. 帅五进一！（图286）

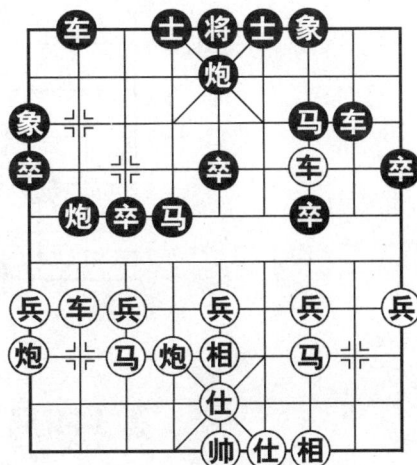

图 285

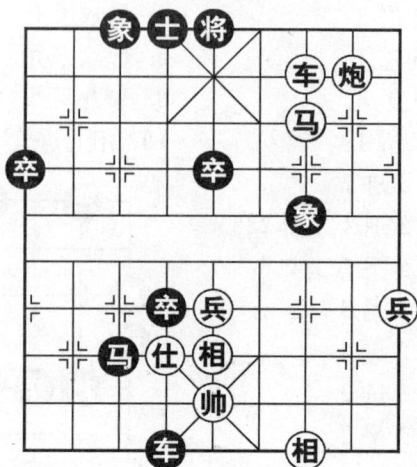

图 286

第 144 局 蒋志梁负徐超

1. 炮二平六	炮 8 平 5	2. 马二进三 马 8 进 7
3. 车一平二	马 2 进 3	4. 马八进七 卒 3 进 1
5. 仕六进五	卒 7 进 1	6. 炮八平九 车 1 平 2
7. 车九平八	炮 2 进 4	8. 车二进四 车 9 平 8
9. 车二平六	炮 5 平 6	10. 车六平四 炮 6 平 4

11. 相七进五 象 3 进 5

12. 兵七进一 马 3 进 4（图 287）

13. 车四平五 马 4 进 3

14. 车五平六 炮 4 平 3

15. 车八进二 卒 7 进 1

16. 兵三进一 车 8 进 4

17. 马三进四 卒 3 进 1

18. 车六平七 象 5 进 3

19. 车七平六 象 3 退 5

20. 车六平七 象 5 进 3

21. 车七平六 象 3 退 5

22. 炮九退一 炮 3 平 2！

23. 车八进一 马 3 退 2！

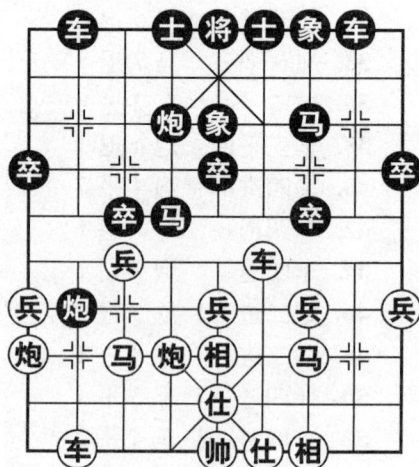

图 287

24. 车六平八	炮2进3	25. 车八进一	马2退3!
26. 车八平七	车8平3!	27. 车七进一	象5进3
28. 兵三进一	车2进6!	29. 炮九平七	车2平5
30. 兵三进一	马7退5	31. 炮六进二	车5平6
32. 马四进二	车6退2	33. 马二退三	车6平7
34. 马三进五	车7退1	35. 炮六退一	卒5进1!
36. 马五进七	车7平3	37. 炮六平五	卒5进1
38. 前马进五	车3进4	39. 马五退三	马3进5
40. 炮五进三	马5进7	41. 炮七平六	车3退3
42. 炮五平三	车3平6	43. 炮三进三	将5进1
44. 炮三退一	马7进8		
45. 马三退二	马8进9		
46. 兵九进一	车6平8		
47. 马二退四	卒5平6		
48. 相五进七	车8平4		
49. 炮六平九	卒6进1		
50. 马四进二	车4平2!		
51. 相三进五	卒6平7		
52. 马二退三	卒7进1!		
53. 马三进一	卒7平8		
54. 炮三平一	马9进7		
55. 炮九进一	车2进5		
56. 仕五退六	车2退2!（图288）		

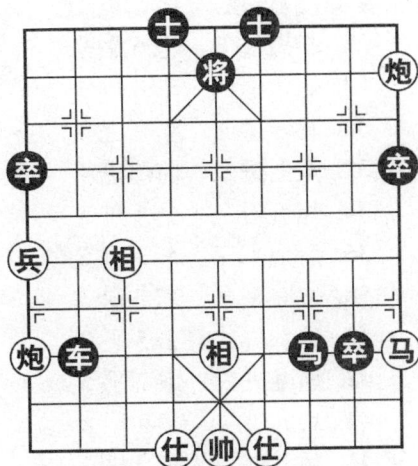

图 288

第 145 局　阎文清负赵国荣

1. 炮二平六	炮8平5	2. 马二进三	马8进7
3. 车一平二	马2进3	4. 马八进七	卒3进1
5. 车二进五	象3进1	6. 炮八平九	车1平2
7. 车二退一	车9平8	8. 车二平八	车8进4（图289）
9. 相七进五	象1退3	10. 仕六进五	炮2平1
11. 车八进五	马3退2	12. 车九平八	马2进3
13. 车八进四	炮5平6	14. 兵七进一	象7进5
15. 兵三进一	炮1退1!	16. 兵九进一	卒3进1

17. 车八平七　卒7进1
18. 马七进八　炮1平7
19. 炮九平七　马3进4
20. 马八进七　卒7进1
21. 马七进六　将5进1!
22. 马六退五　炮6进1
23. 马五进七　马4退3
24. 炮七进五　马7进5
25. 炮七退一　炮6退1
26. 炮六进四　马5进7
27. 相五进三　将5退1
28. 相三进五　炮6平9
29. 炮六退四　车8进3
30. 马三进四　车8退4
32. 炮七进二　前炮进4
34. 相五退三　士6进5
36. 后炮平三　车2进6
38. 炮三平九　车2退3
40. 炮六进二　车5平2
42. 炮九进三　炮7平5
44. 兵九进一　卒9平8
45. 兵九进一　车2进3
46. 炮六退二　炮5退1!
47. 炮六平七　卒8平7
48. 兵九平八　车2平1
49. 炮九平八　卒7平6!
50. 兵八平七　车1平2
51. 炮八平九　车2平1
52. 炮九平八　车1平2
53. 炮八平九　马7进6!
54. 帅五平六　炮5平4!
55. 仕五进四　卒6平5
56. 帅六进一　车2退1
57. 炮七进一　马6退5!（图290）

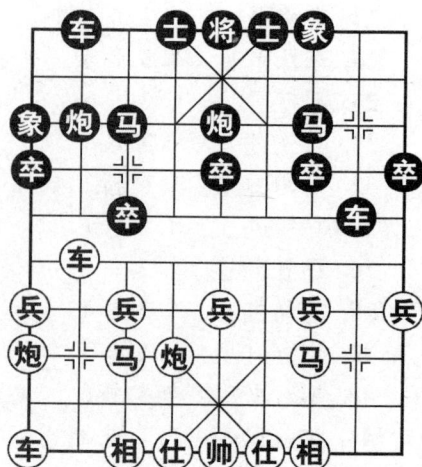

图289

31. 马四退三　炮7平9!
33. 马三进一　炮9进5
35. 炮七平六　车8平2!
37. 炮六退八　炮9平7
39. 炮九进四　车2平5
41. 兵九进一　卒9进1
43. 相三进五　卒9进1

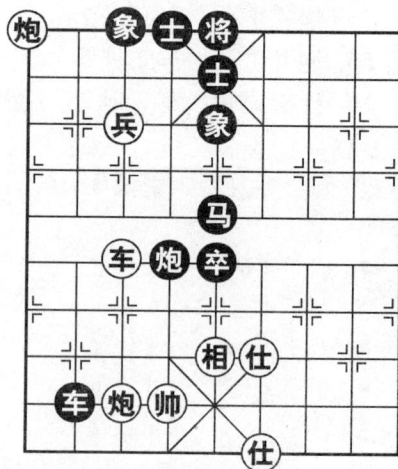

图290

第146局 吕钦负胡荣华

1. 炮二平六　炮8平5
2. 马二进三　马8进7
3. 车一平二　车9进1
4. 车二进四　车9平4
5. 仕四进五　马2进3
6. 马八进七　车1进1
7. 车二平七　车1平3
8. 车七进二　马3退5（图291）
9. 车七退二　车3进4
10. 兵七进一　炮5平3!
11. 炮八平九　炮3进5
12. 车九平八　炮2平3
13. 相三进五　车4进4
14. 炮九进四　卒7进1
15. 车八进六　象7进5
16. 兵九进一　后炮平4!
17. 炮六进五　车4退3
18. 马三退二　车4进3
19. 仕五退四　马5进3
20. 炮九进三　士6进5

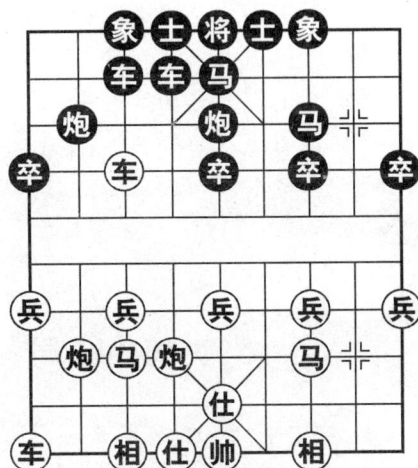

图291

21. 马二进四　马3进4
22. 车八退一　马4进6
23. 车八退三　炮3退1
24. 车八进一　车4进3
25. 车八平七　车4平6
26. 仕六进五　车6退2
27. 兵七进一　车6平7
28. 兵七进一　马7进6
29. 兵七平六!　前马进8
30. 兵六平五　车7平5!
31. 车七平五　马6进5
32. 仕五退六　马8进7
33. 帅五进一　马5进7
34. 帅五平四　前马退9
35. 兵五进一　马9进8
36. 帅四进一　马7退9
37. 相五退三　马8退7
38. 帅四平五　士5退6
39. 仕六进五　马9退7
40. 帅五平六　后马退5
41. 相七进五　马7退6
42. 帅六退一　马6退7!
43. 兵九进一　马7退5
44. 兵九平八　后马进4
45. 炮九退四　马4进3
46. 帅六退一　马3进2
47. 帅六进一　马5进4
48. 仕五退六　卒7进1!
49. 兵八进一　卒7进1

50. 炮九平二　马4进2
51. 帅六平五　前马退4
52. 兵八平七　卒7进1
53. 兵七平六　卒7平6
54. 炮二平五　马4退3！
55. 相五进七　马2退4
56. 帅五平六　马4退5
57. 仕四进五　卒6进1
58. 相七退五　马5进4！
59. 仕五进六　卒9进1！（图292）

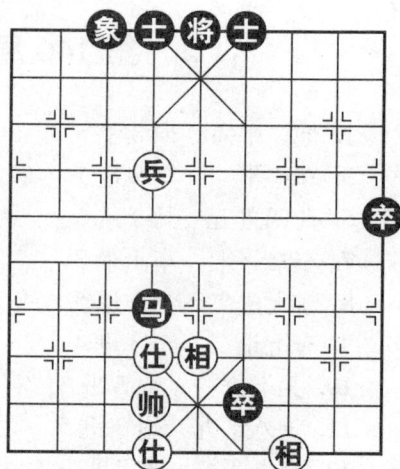

图 292

第 147 局　杨官璘胜李义庭

1. 炮二平六　炮8平5
2. 马二进三　马8进7
3. 车一平二　车9进1
4. 车二进四　车9平4
5. 仕四进五　马2进3
6. 车二平七　炮2退1
7. 车七进二　车1进2
8. 炮八平七　车4进1？（图293）
9. 车七平八　炮2平5
10. 炮六平四　前炮进4
11. 相七进五　前炮退2
12. 兵七进一　后炮平6
13. 兵七进一　马3退1
14. 马八进九　车4进4
15. 车九平八　车4平7
16. 炮四进二　车1平4
17. 前车退三！车7退2
18. 炮四平五　象3进5
19. 前车平四　炮5平6
20. 车四平二　卒5进1
21. 炮五平九　马1退3
22. 车二进四！马3进2
23. 车二平三　后炮平2

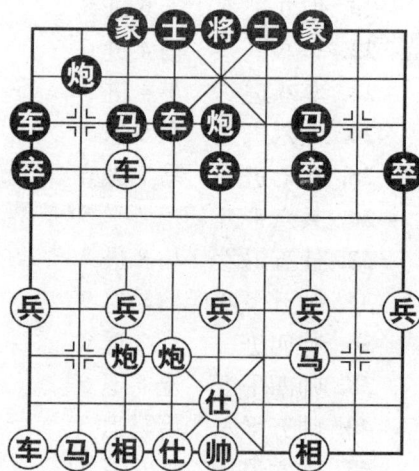

图 293

24. 炮九平八　马2进3　　　　25. 炮八平七　马3退2

26. 车八平七　车7进2　　　　27. 前炮平三！车4进1

28. 车三平四　炮6平7　　　　29. 车四退二　卒5进1

30. 炮七平六　炮2平4　　　　31. 炮六平八　炮4平9

32. 车七进四！卒5平4　　　　33. 车七进三！炮9进1

34. 车七进一　士4进5　　　　35. 车四平八！马2进3？

36. 车八平七！车4平2　　　　37. 后车进一　车2进4

38. 炮三进二！炮7进3　　　　39. 炮三平五！将5平4

40. 后车平六　士5进4　　　　41. 车七平四　炮7平8

42. 车四进一　将4进1　　　　43. 车四退一　将4退1

44. 车四平二　车7进1　　　　45. 车二退一　将4进1

46. 车六平九　车7进2

47. 相五退三　炮8平1

48. 车九平七　炮1进2

49. 车七退六　炮1平2

50. 车二退四　象5进3

51. 相三进五　士4退5

52. 车二进四！车2退1

53. 兵一进一　卒4平5

54. 兵九进一　卒5进1

55. 相五进三　炮9进3

56. 兵九进一　炮9退1

57. 车二退二　卒5平6

58. 车二平七　卒6平7

59. 兵九平八！（图294）

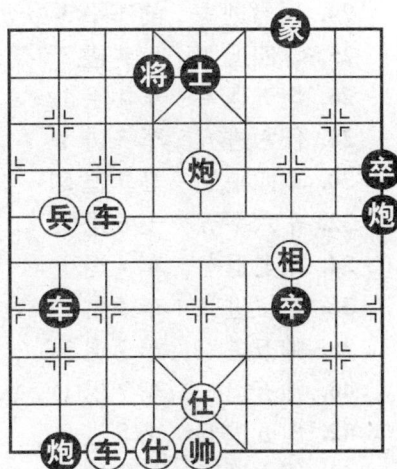

图 294

第148局　金波负王斌

1. 炮二平六　炮8平5　　　　2. 马二进三　马8进7

3. 车一平二　马2进3　　　　4. 马八进七　卒3进1

5. 车二进五　卒5进1　　　　6. 炮六平五　马3进5

7. 炮八退一　卒1进1　　　　8. 炮八平五　车1进3（图295）

9. 车九平八　炮2平3　　　　10. 兵三进一　卒3进1

11. 马三进四　卒3平4　　　　12. 马七退九　车9进1

13. 马四进五　马7进5
14. 车二平四　车9平4
15. 后炮平一　马5退7
16. 车八进九　炮5进4
17. 炮一平五　卒4平5！
18. 后炮进二　前卒进1
19. 炮五进三　车4进3！
20. 兵七进一　车1平3
21. 相七进五　卒5进1！
22. 车八平七　车3平4
23. 仕四进五　卒7进1！
24. 兵七进一　前车平3
25. 车四退四　车4进5
26. 炮五退一　车4平1

图 295

27. 车四进六　卒5进1
29. 仕五退六　车1平4
31. 车五平六　马5退3
33. 车五平七　象7进5
35. 炮五退二　马3进4
37. 相三进一　车7进2！
39. 车七进三　车7进4
41. 车七平五　车7平9

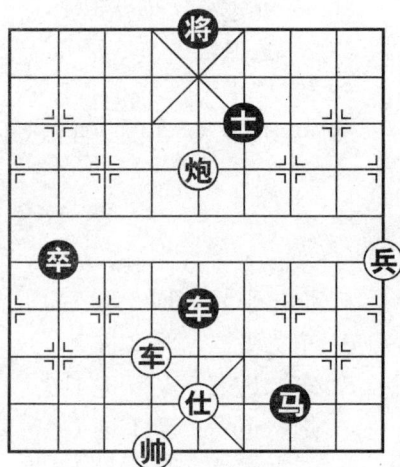

28. 仕六进五　车3进5
30. 车四平五　马7退5！
32. 车六平五！　士6进5
34. 车七退七　车4退3
36. 兵三进一　车4平7
38. 帅五进一　车7退3
40. 帅五退一　车7退1
42. 炮五进五　士5进6
43. 仕六进五　马4进2
44. 炮五退三　车9平3
45. 帅五平四　马2进3
46. 炮五平六　士4进5
47. 车五平四　马3退4
48. 车四进三　马4进5
49. 车四平一　车3退1
50. 车一平五　马5进7！
51. 帅四平五　车3平1
52. 车五退一　卒1进1
53. 炮六进二　卒1平2
54. 兵一进一　马7进9

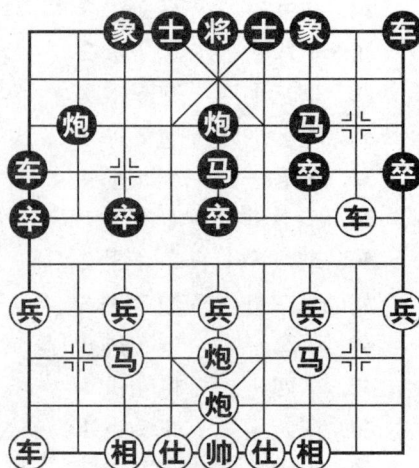

图 296

55. 炮六平五　将5平4　　　56. 车五平六　士5进4

57. 车六进二　将4平5　　　58. 车六退五　马9进7!

59. 帅五平六　车1平5!（图296）

第149局　景学义胜秦劲松

1. 炮二平六　炮8平5　　　2. 马二进三　马8进7

3. 车一平二　马2进3　　　4. 马八进七　卒3进1

5. 仕六进五　卒7进1　　　6. 炮八平九　马3进2

7. 车二进四　马2进3　　　8. 车九平八　炮2平3

9. 炮九退一　车9平8　　　10. 车二平六　士6进5

11. 车八进六　炮5平6

12. 炮九进五　象3进5（图297）

13. 炮九平五　车8进3

14. 炮五平三　马3退2

15. 马七退八　炮3进7

16. 车六平八　炮3退3

17. 兵三进一!　卒7进1

18. 后车平三　炮6进2

19. 炮六进四!　马7进5

20. 炮六退一　马5退3

21. 炮六平五!　车1进6

22. 炮三平四!　车8退3

23. 炮四进一!　车1进3

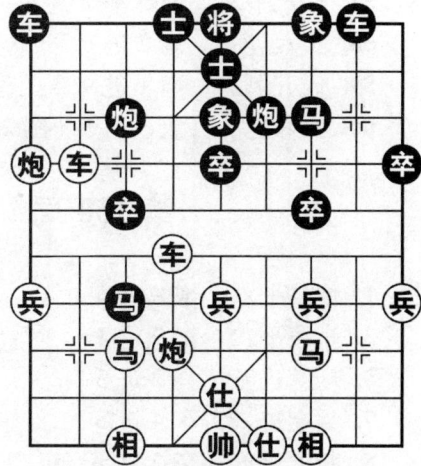

图297

24. 车三平八　卒3进1　　　25. 后车退二　车8进2

26. 炮四进一　车8退1　　　27. 炮四退一　车8进1

28. 炮四进一　车8退1　　　29. 炮四退一　车8进1

30. 炮四进一　炮6进2　　　31. 前车平三　象7进9

32. 兵五进一　卒3平4　　　33. 炮四退三　马2进1

34. 马三进五　卒4进1　　　35. 马五退六　马1退3

36. 炮四退一　前马退5　　　37. 兵五进一　车8进1

38. 车八进二　车8退1　　　39. 车三平六　炮6进2

40. 车六退三　炮6平4　　　41. 车六平七　马3进1

42. 车八进一　马1进3　　　43. 炮四进一!　炮4退6

44. 仕五退六　炮4平3　　　45. 车七平五　象9退7
46. 相三进五　马3退4　　　47. 马八进七　车1退2
48. 炮四退三　车1退2
49. 兵五平六!　车1平6
50. 仕六进五　炮3退2
51. 车五平八　象5进3
52. 马七进五　车6平5
53. 前车退一　车8进1
54. 相五进三!　车5平2
55. 车八进一　车8退2
56. 马五进四　车8平2
57. 车八平六　炮3平1
58. 兵六进一　车2进6
59. 仕五退六　炮1进9
60. 兵六进一!　象3退5（图298）

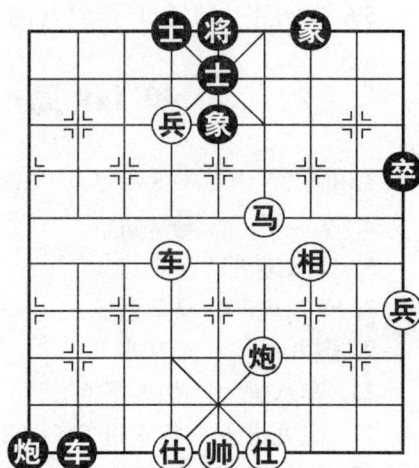

图298

第150局　许银川胜胡荣华

1. 炮二平六　炮8平5　　　2. 马二进三　马8进7
3. 车一平二　车9进1　　　4. 车二进四　车9平4
5. 仕六进五　马2进3　　　6. 马八进七　车1进1
7. 兵七进一　车4进5
8. 相七进五　卒5进1
9. 炮八进四　卒5进1
10. 车二平五　车4平3
11. 车九平七　车1平4
12. 炮八平三　象7进9
13. 车五平三　卒3进1
14. 炮三平七　马3进5（图299）
15. 兵七进一　车3退2
16. 马七进八　车3进5
17. 相五退七　马5进3
18. 相七进五　马3进2
19. 炮六平八!　马7进5

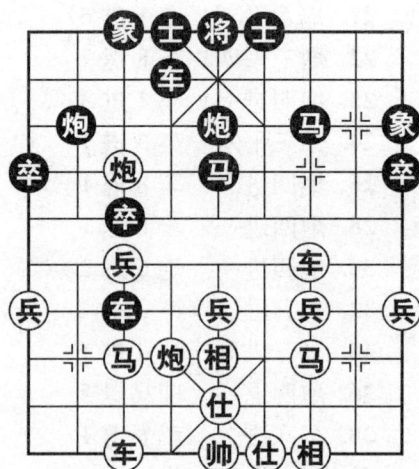

图299

20. 车三平七　马5进4
21. 车七退一！车4进2
22. 炮七退一　炮5进5
23. 相三进五　马4进5
24. 炮八平六！车4进2
25. 马八进七　马2退3
26. 车七进二　车4退2
27. 车七退一　炮2平8
28. 兵三进一　马5进7
29. 帅五平六　炮8进7
30. 帅六进一　炮8退1
31. 兵三进一　马7退5
32. 仕五进四　炮8平7
33. 帅六平五！车4进4
34. 马三进四　象9进7
35. 马四退五！炮7退1
36. 车七平五　象7退5
37. 马七退六　炮7退6
38. 车五平三　炮7平5
39. 马六进四　象5进7
40. 车三平五　象3进5
41. 车五平七　车4退3
42. 马四进三　炮5进5
43. 马五进七　车4进2
44. 车七平四！士4进5
45. 马七进八　象5进3
46. 马三退五　炮5退2
47. 马八进七　象7退5
48. 兵九进一　车4平9
49. 车四平六　卒1进1
50. 兵九进一　车9平5
51. 帅五平六　炮5平1
52. 车六平八　士5退4
53. 马五进三　车5平4
54. 帅六平五　车4退4
55. 马七退九　象3退1
56. 车八进一　炮1进1
57. 马九退八！士4进5
58. 马三退四　象5退3
59. 车八平九！车4平6
60. 马四退三　车6平7
61. 马三进二　车7平8
62. 马二进四　车8平6
63. 马四退六！（图300）

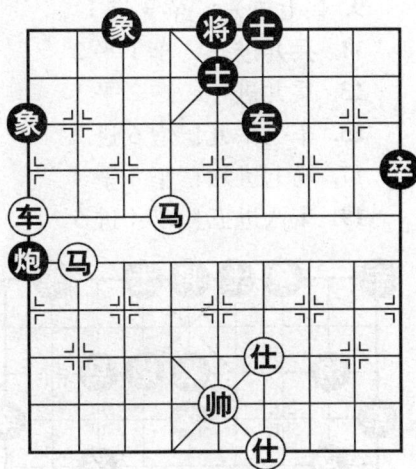

图 300

· 169 ·

第四章　其　他

第 151 局　蒋凤山胜王瑞祥

1. 炮二平六　炮 8 平 5　　　2. 马二进三　马 8 进 7
3. 车一平二　马 2 进 3　　　4. 马八进七　卒 3 进 1
5. 仕六进五　卒 7 进 1　　　6. 炮八平九　马 3 进 2
7. 车二进四　车 9 平 8　　　8. 车二平六　炮 5 平 6
9. 兵七进一　卒 3 进 1　　 10. 车六平七　象 7 进 5（图 301）
11. 兵九进一　车 1 平 2　　12. 炮九进四！车 8 进 1
13. 兵九进一　炮 2 平 1　　14. 车九平八　炮 1 进 2
15. 车七平九！炮 6 进 2　　16. 炮六进五　象 5 退 7
17. 马七进六！车 8 平 4　　18. 炮六进二　车 4 退 1
19. 车八进五！车 4 进 5　　20. 车八进四！（图 302）

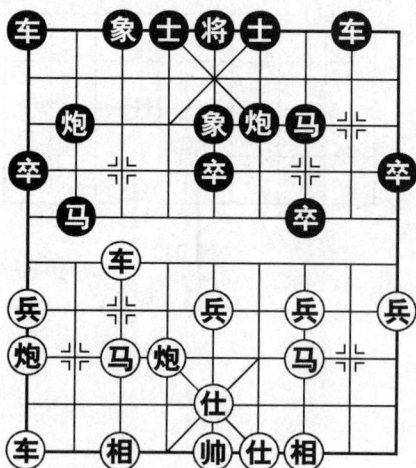

图 301

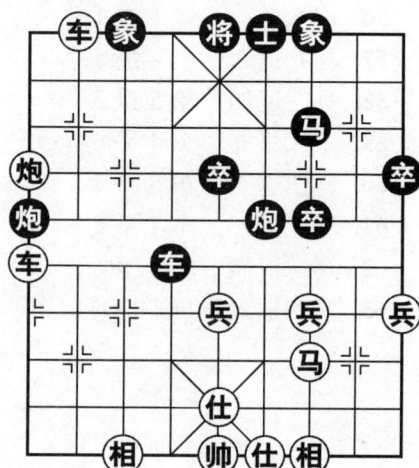

图 302

第 152 局　蒋志梁胜刘殿中

1. 炮二平六　炮 8 平 5
2. 马二进三　马 8 进 7
3. 车一平二　马 2 进 3
4. 马八进七　卒 3 进 1
5. 仕六进五　卒 7 进 1
6. 相七进五　车 9 平 8
7. 车二进九　马 7 退 8
8. 兵七进一　卒 3 进 1（图 303）
9. 相五进七　炮 2 平 1
10. 马七进六　马 8 进 7
11. 相七退五　车 1 平 2
12. 车九平七！车 2 进 7
13. 车七进七　炮 1 进 4
14. 马六退七！车 2 退 1
15. 马七进九　车 2 平 1
16. 炮六平七　象 3 进 1
17. 车七平九　马 7 进 6
18. 炮七进七　士 4 进 5
19. 车九进二！马 6 进 4
20. 炮七平四！士 5 退 4
21. 炮四平六！（图 304）

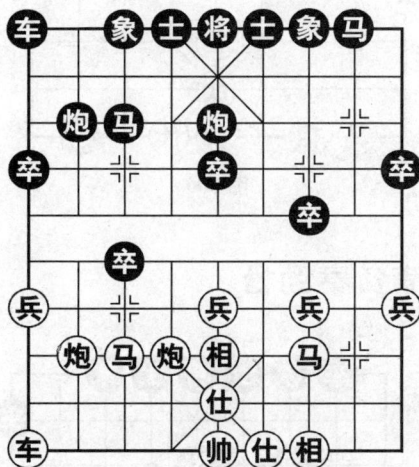

图 303

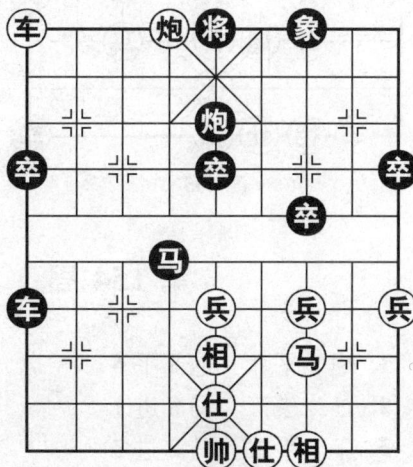

图 304

第 153 局　朱祖勤胜谢岿

1. 炮二平六　炮 8 平 5
2. 马二进三　马 8 进 7
3. 仕四进五　车 9 平 8
4. 相三进五　炮 2 平 4
5. 马八进七　卒 3 进 1
6. 兵三进一　马 2 进 3
7. 炮八进四　车 1 平 2
8. 车九平八　象 7 进 9（图 305）
9. 炮八平七　卒 7 进 1
10. 兵三进一　象 9 进 7

11. 车一平四　象7退9
12. 车四进四　车2进9
13. 炮七进三！将5进1
14. 马七退八　马3进4
15. 车四平八！马4进5
16. 车八进四　炮4退1
17. 马三进四！车8进9
18. 仕五退四　马7进8
19. 马四进六！将5平6
20. 车八平六　士6进5
21. 仕六进五　马5退4
22. 车六退三！（图306）

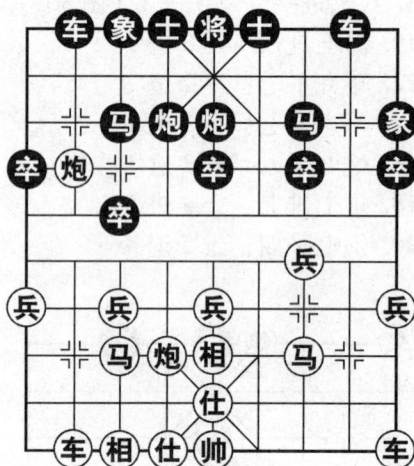

图305

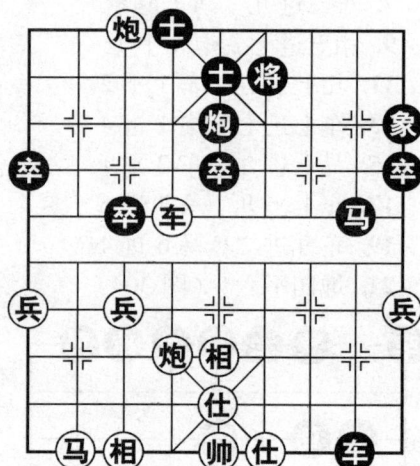

图306

第154局　葛维蒲负秦劲松

1. 炮二平六　炮8平5
2. 马二进三　马8进7
3. 车一平二　马2进3
4. 兵七进一　炮2平1
5. 马八进七　车1平2
6. 炮八进二　车9进1
7. 相七进五　卒1进1
8. 车九平七　卒5进1
9. 车二进六　炮1进1
10. 车二退二　马7进5（图307）
11. 仕六进五　炮1进3！
12. 车七平八　炮1退1！

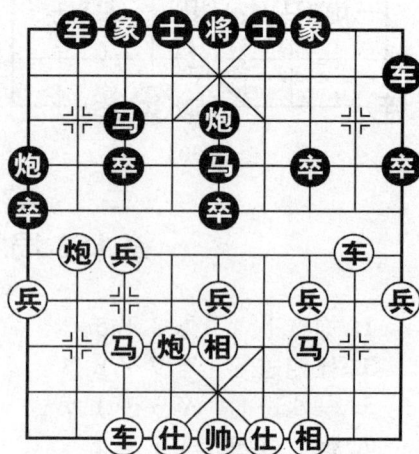

图307

13. 车二进二　车2进4
14. 车二平三　卒3进1
15. 兵七进一　车2平3
16. 炮八平一　车9平4
17. 炮一平三　象7进9
18. 车八平七　卒5进1
19. 兵五进一　炮5进3
20. 炮六进五　马5进6!
21. 车三进一　炮5平7
22. 兵三进一　马6进4
23. 马七进五　马4进3
24. 帅五平六　车3进2
25. 马五进七　后马进2!
26. 车七平八　车3平4
27. 仕五进六　马2进3!
28. 车八进二　前车退4
29. 车三平六　车4进1
30. 车八平七　车4平2!
31. 马七退九　炮1平4
32. 仕六退五　车2进7
33. 帅六进一　车2退3!（图308）

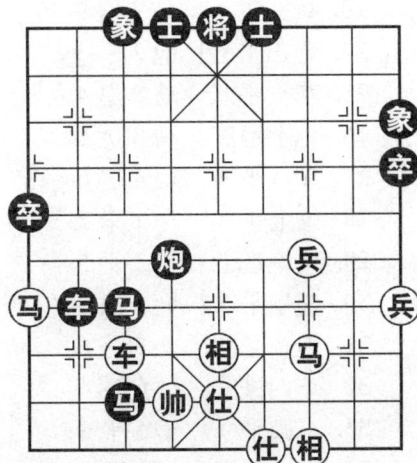

图 308

第 155 局　洪智胜卜凤波

1. 炮二平六　炮8平5
2. 马二进三　马8进7
3. 相三进五　车9平8
4. 仕四进五　卒3进1
5. 车一平四　车8进4
6. 马八进九　马2进3
7. 炮八进四　马3进2
8. 炮八平三　士6进5
9. 兵三进一　象7进9
10. 车四进四　卒1进1（图309）
11. 兵七进一　车1进1
12. 马九退七　炮5平3
13. 马七进六　炮3进3
14. 马六进七　车8平3
15. 相五进七　象3进5

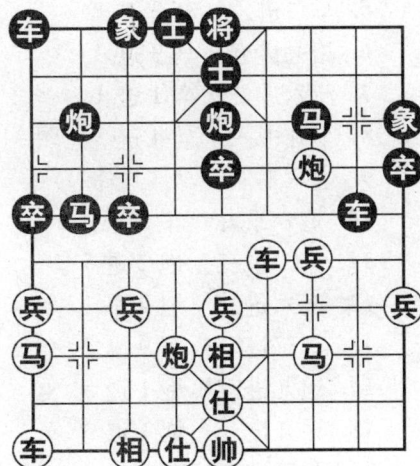

图 309

173

16. 相七退五　车3平8

17. 兵九进一　卒1进1

18. 车九进四　车1进4

19. 车四平九　车8平6

20. 车九平七　车6退1

21. 马三进二　卒5进1

22. 炮六平九　车6平1

23. 兵一进一　马7退8

24. 炮三平七！炮2平3

25. 车七平八　马2进4

26. 炮七退五！马8进6

27. 车八平四　马4退6

28. 炮七平九　车1平3

29. 前炮进五！车3平5

30. 前炮平八！炮3退2

31. 炮八平四　士5进6

32. 车四进三　马6进4

33. 车四平一　车5平8

34. 马二退三！（图310）

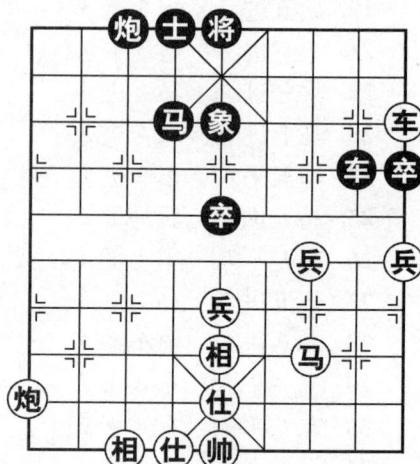

图 310

第156局　凌正德胜孟昭忠

1. 炮二平六　炮8平5

2. 马二进三　马8进7

3. 车一平二　马2进3

4. 马八进九　车9进1

5. 车二进六　卒3进1

6. 相七进五　马3进4

7. 仕六进五　卒1进1

8. 车九平六　马4进3（图311）

9. 炮八平七　马3进1

10. 炮六平九　车1平2

11. 车二平三！炮2进7

12. 车六进二　炮2平1

13. 车三进一！车9平2

14. 炮九进三！炮1退5

15. 兵九进一　炮1退3

16. 车三进二　前车进8

17. 仕五退六　前车退4

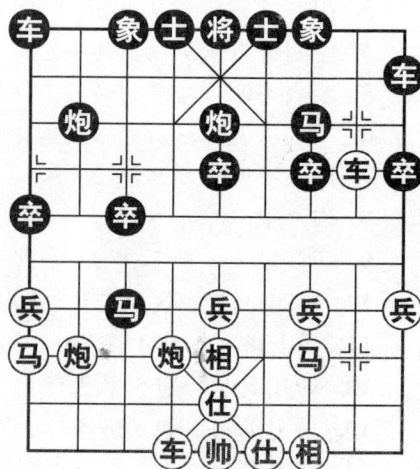

图 311

18. 车六进六　前车平1
19. 车三退二！车1退3
20. 车三退二　炮1平2
21. 车三平七！炮2进8
22. 相五退七　车1进4
23. 炮七进七　士4进5
24. 仕四进五　车1进1
25. 仕五进六　车1退5
26. 兵三进一　炮5平3
27. 车六平七！炮3平8
28. 前车退一　车1进5
29. 后车退三！士5进6
30. 前车退一　车1退2
31. 前车平五　士6退5
32. 炮七平四！将5平6
33. 车五进二　车1退3
34. 车七进六！（图312）

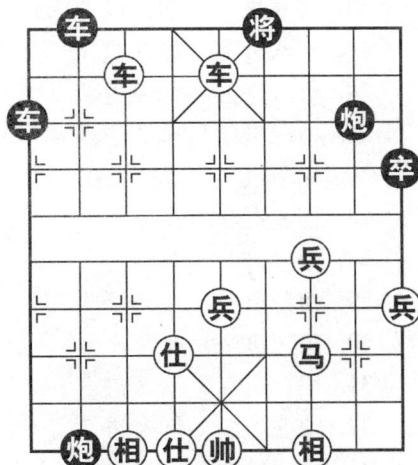

图 312

第 157 局　陈寒峰胜王斌

1. 炮二平六　炮8平5
2. 马二进三　马8进7
3. 车一平二　马2进3
4. 兵七进一　炮2平1
5. 马八进七　车1平2
6. 车九平八　车2进6
7. 炮八平九　车2平3
8. 车八进二　卒5进1（图313）
9. 炮六平五　车9进1
10. 车二进六　马7进5
11. 车二平三　炮1退1
12. 炮九进四！炮1平5
13. 炮九进三　后炮平4
14. 仕四进五　炮4进2
15. 车三进三　车9平1
16. 帅五平四！车1平6
17. 帅四平五　车6平1
18. 帅五平四　车1平6
19. 帅四平五　卒5进1

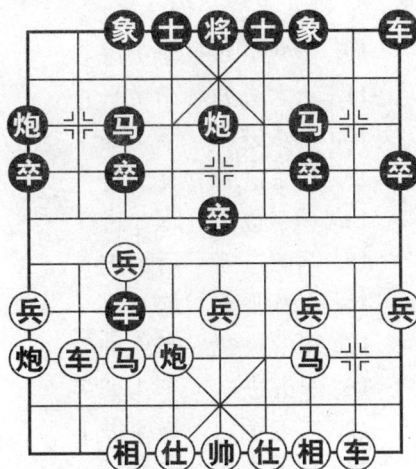

图 313

20. 兵三进一　车 6 平 1

21. 兵五进一！车 1 退 1

22. 兵五进一　炮 5 进 2

23. 车八进三　炮 5 进 1

24. 车八平五　炮 4 退 2

25. 马三进四！车 3 平 7

26. 相三进一　车 7 平 8

27. 相一退三　车 8 平 7

28. 相三进一　车 7 平 8

29. 相一退三　车 8 平 7

30. 相三进一　车 7 平 8

31. 相一退三　车 8 进 3

32. 帅五平四　炮 4 进 7

33. 仕五进四！象 3 进 5

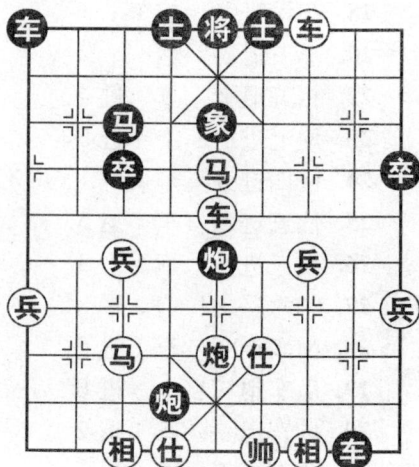

图 314

34. 马四进五！（图 314）

第 158 局　黄福负吕钦

1. 炮二平六　炮 8 平 5

2. 马二进三　马 8 进 7

3. 兵三进一　车 9 平 8

4. 相七进五　马 2 进 3

5. 兵七进一　卒 5 进 1

6. 马八进七　卒 5 进 1

7. 兵五进一　马 3 进 5

8. 炮八进一　炮 5 进 3（图 315）

9. 炮八平五　炮 2 平 5

10. 车九平八　车 1 进 2

11. 仕六进五　车 1 平 4

12. 车八进三　卒 7 进 1

13. 兵三进一　马 5 进 7

14. 马三进四　车 8 进 5

15. 马四进三　后炮进 4

16. 车八平五　炮 5 退 4

17. 车一进二　车 4 进 1！

18. 车五进二　车 4 平 7

19. 车五平六　炮 5 进 1

20. 马七进六　车 8 平 4！

21. 车六退一　前马进 6！

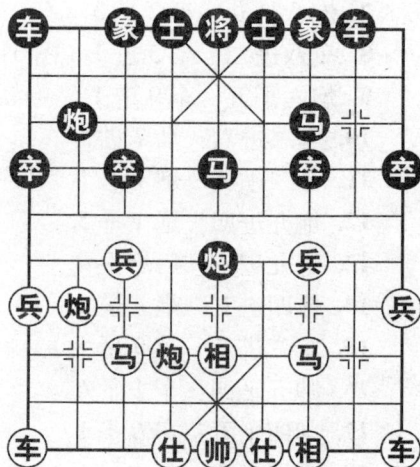

图 315

22. 车六退一 马6进7！
23. 帅五平六 前马退9
24. 相三进一 士6进5
25. 相五进三 车7平5
26. 车六进二 车5进3
27. 兵九进一 马7进5
28. 车六进一 马5进7
29. 车六平七 车5平2
30. 兵七进一 马7进5
31. 兵七平六 车2平4
32. 车七平九 车4平3！
33. 帅六平五 马5退3！
34. 车九平五 车3进3！
35. 炮六退二 马3进4！（图316）

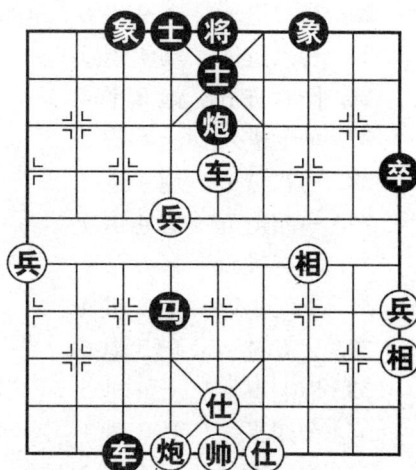

图 316

第159局　郑一泓胜申鹏

1. 炮二平六 炮8平5　　　2. 马二进三 马8进7
3. 车一平二 马2进3　　　4. 马八进七 车9进1
5. 车二进六 卒7进1　　　6. 车二平三 炮5平4
7. 兵七进一 象3进5　　　8. 炮八进四 炮2退1
9. 相七进五 卒3进1
10. 兵七进一 炮2平7
11. 车三平四 象5进3
12. 炮六进四 炮7平5（图317）
13. 车九平八 车1进2
14. 炮六平七 车1平2
15. 炮八平五 马7进5
16. 车四平五 车2进7
17. 马七退八 炮4平7
18. 车五平三 车9进1
19. 马三退五 象7进5
20. 马五进七 卒9进1
21. 马八进六 炮7退2

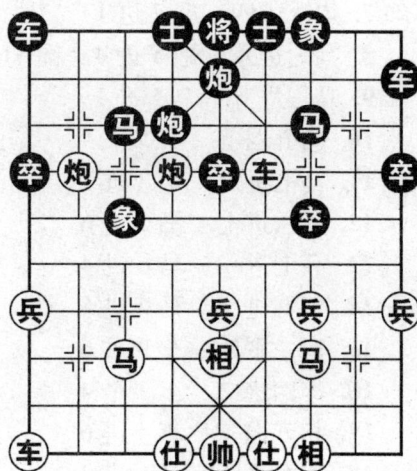

图 317

22. 马六进七　车9平6

23. 前马进六！马3退1

24. 马六进四　马1退3

25. 炮七进二！炮7平8

26. 仕六进五　炮5平4

27. 马七进八　士6进5

28. 马八进七　炮4进2

29. 马四退五　炮4退1

30. 马五进六　车6平7

31. 车三平四　炮8进4

32. 兵五进一　士5退6

33. 炮七退一！士4进5

34. 车四平二！马3进1

35. 炮七平八　马1退3

36. 炮八进二　马3进2

37. 马七进八！马2退4

38. 马八退六！（图318）

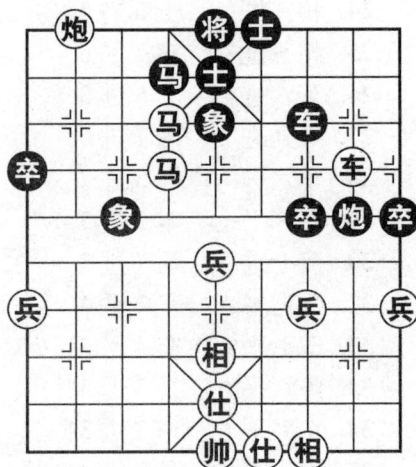

图 318

第 160 局　徐荣耀胜张百瑞

1. 炮二平六　炮8平5

2. 马二进三　马8进7

3. 仕四进五　车9进1

4. 相三进五　马2进3

5. 兵七进一　车1进1

6. 马八进七　卒5进1

7. 炮八进四　卒7进1

8. 马七进六　炮5进4（图319）

9. 马三进五　卒5进1

10. 马五退七　卒5平4

11. 马七进六　卒3进1

12. 马六进七　马7进6

13. 兵七进一　马6进4

14. 车九进二　马4进6

15. 车一平四　车9平6

16. 车四进二　车1平4

17. 相五退三！车4进6

18. 车九平六　马6进4

19. 车四平六　车6进3

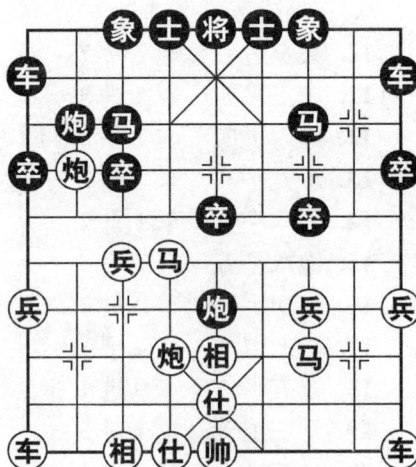

图 319

20. 兵七平六　车 6 进 2

21. 车六平七！车 6 平 7

22. 马七退五　马 3 进 5

23. 车七进四　马 5 退 4

24. 车七进一！车 7 平 2

25. 炮八平四　士 6 进 5

26. 兵六进一　车 2 退 2

27. 马五退七　卒 7 进 1

28. 相三进五　卒 7 平 6

29. 车七进一！车 2 平 6

30. 炮四平九！炮 2 平 9

31. 兵六进一！士 5 进 4

32. 车七平六　士 4 退 5

33. 车六退二　炮 9 进 4

34. 车六平三　象 7 进 5

35. 马七进六！车 6 平 3

36. 车三平二　象 5 退 7

37. 车二进三！车 3 平 7

38. 炮九平一　炮 9 平 5

39. 帅五平四！（图 320）

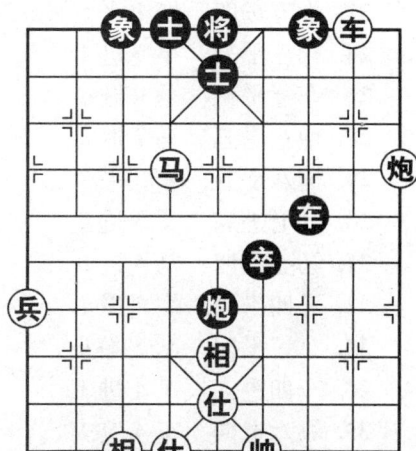

图 320

第 161 局　廖二平胜宇兵

1. 炮二平六　炮 8 平 5

2. 马二进三　马 8 进 7

3. 车一平二　马 2 进 3

4. 兵七进一　炮 2 平 1

5. 马八进七　车 1 平 2

6. 炮八进二　车 2 进 4

7. 相七进五　卒 7 进 1

8. 仕六进五　车 9 平 8

9. 车二进九　马 7 退 8

10. 炮六退一　炮 5 平 7（图 321）

11. 车九平六　象 7 进 5

12. 炮六平八　车 2 平 1

13. 兵五进一　炮 7 平 6

14. 马三进五　马 8 进 7

15. 兵五进一！卒 5 进 1

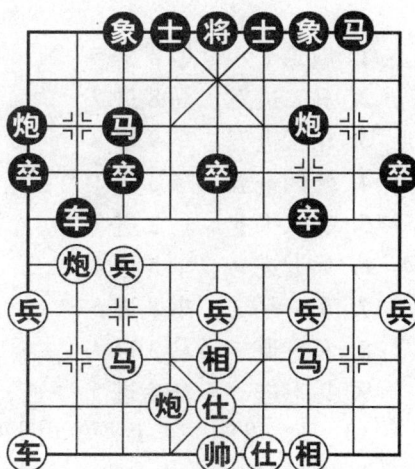

图 321

16. 兵九进一！ 车1进1　　17. 车六进六！ 车1进2

18. 车六平三　 马7退9　　19. 仕五退六　 卒1进1

20. 后炮平五　 车1平2　　21. 相五退七！ 炮1退1

22. 炮五进四　 炮1平5　　23. 炮五进三　 士6进5

24. 车三平七　 卒1进1　　25. 炮八进二　 车2退3

26. 车七平一　 马9进7　　27. 车一平三　 车2平5

28. 炮八退五！ 马7退6

29. 炮八平五　 车5平1

30. 马七进六　 马3进4

31. 马五进四　 马4进6

32. 马四进六！ 炮6退1

33. 车三平四　 车1平4

34. 车四进二　 车4进1

35. 马六退四　 车4退1

36. 马四进三！ 车4平5

37. 相三进五　 车5平4

38. 相五进三　 车4平5

39. 相七进五　 车5平4

40. 炮五平二！（图322）

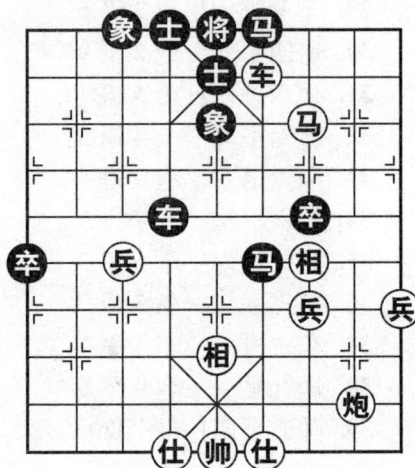

图 322

第 162 局　陶汉明胜徐天红

1. 炮二平六　 炮8平5

2. 马二进三　 马8进7

3. 相三进五　 车9平8

4. 仕四进五　 卒3进1

5. 炮八平七　 马2进3

6. 兵七进一　 车8进4

7. 车一平二　 车8进5

8. 马三退二　 马3进4

9. 兵七进一　 马4进5

10. 马二进四　 车1平2 （图323）

11. 马四进五　 炮5进4

12. 马八进九　 卒7进1

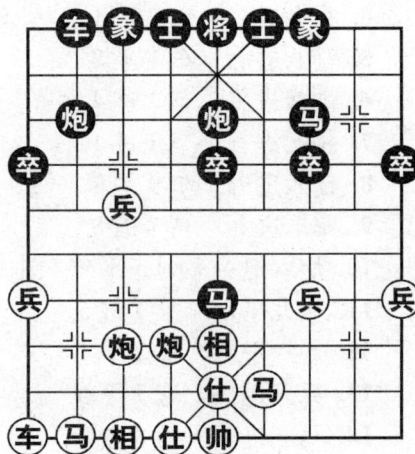

图 323

13. 车九平八 炮 2 进 4	14. 兵七平八! 车 2 进 4
15. 马九进七 车 2 退 4	16. 马七进六 炮 2 平 3
17. 炮七进七! 车 2 平 3	18. 马六退五 车 3 进 4
19. 车八进六 炮 3 平 7	20. 炮六平九 炮 7 平 1
21. 炮九进四 炮 1 平 9	22. 炮九进三 车 3 退 4
23. 炮九平八! 炮 9 平 8	24. 马五进六 士 6 进 5
25. 炮八退一 车 3 进 1	26. 炮八退一 炮 8 退 3

27. 车八退二 士 5 退 6
28. 炮八进二 士 4 进 5
29. 炮八平九 士 5 进 6
30. 车八进五 将 5 进 1
31. 车八退二 将 5 平 6
32. 炮九退六 马 7 进 6
33. 炮九平四! 士 6 进 5
34. 马六进七 士 5 进 4
35. 炮四平七 马 6 退 4
36. 车八平九 车 3 平 4
37. 车九退三 炮 8 平 7
38. 车九进五 象 7 进 9
39. 车九平一! 炮 7 退 3
40. 车一退一!（图 324）

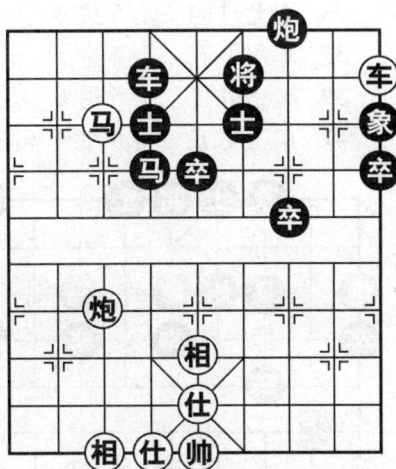

图 324

第 163 局　景学义负林宏敏

1. 炮二平六 炮 8 平 5	2. 马二进三 马 8 进 7
3. 车一平二 马 2 进 3	4. 兵七进一 炮 2 平 1
5. 马八进七 车 1 平 2	6. 炮八进二 车 2 进 4
7. 相三进五 炮 5 平 4	8. 车九平八 象 7 进 5
9. 仕四进五 卒 3 进 1	10. 兵七进一 车 2 平 3（图 325）
11. 炮八平一 车 9 平 8	12. 车二进九 马 7 退 8
13. 车八进八 士 6 进 5	14. 炮一平七 马 3 进 2
15. 兵三进一 马 8 进 7	16. 车八退二 卒 1 进 1
17. 炮六退一 车 3 平 6	18. 炮六平七 马 2 进 1!
19. 马七进九 炮 1 进 4	20. 车八平七 象 3 进 1

21. 前炮平八　卒 7 进 1	22. 车七退二　马 7 进 8
23. 兵三进一　车 6 平 7	24. 马三进四　马 8 进 7
25. 兵一进一　炮 1 退 1	26. 炮八进三　象 1 退 3
27. 马四退六　马 7 退 8	28. 炮八退一　马 8 进 7
29. 炮八进二　车 7 平 2	30. 炮八平六　象 3 进 1
31. 车七进三　象 1 进 3！	32. 车七退一　车 2 进 2
33. 兵五进一　炮 1 平 3！	34. 车七平六　炮 4 进 4
35. 炮七进四　士 5 进 4！	36. 车六进一　炮 4 退 5
37. 车六平五　士 4 进 5	38. 车五平三　炮 3 平 9
39. 车三进二　士 5 退 6	40. 车三退三　车 2 平 4
41. 车三平五　将 5 平 4（图 326）	

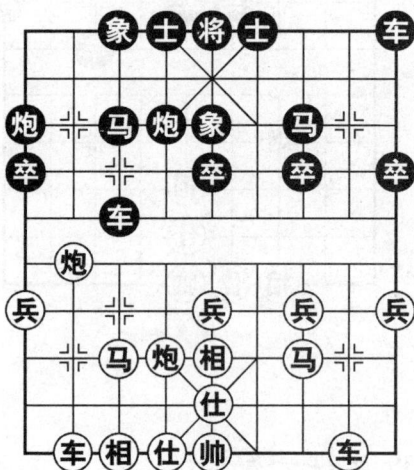

图 325

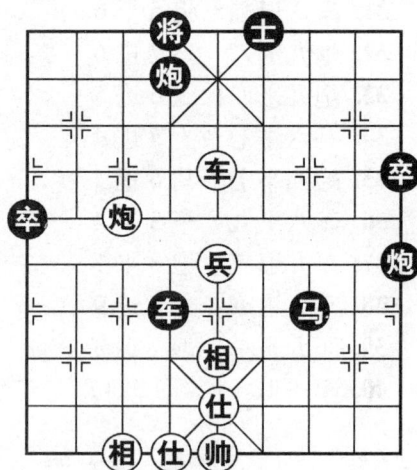

图 326

第 164 局　汪洋胜倪敏

1. 炮二平六　炮 8 平 5	2. 马二进三　马 8 进 7
3. 车一平二　马 2 进 3	4. 兵七进一　炮 2 平 1
5. 马八进七　车 1 平 2	6. 炮八进二　车 2 进 4
7. 相七进五　卒 7 进 1	8. 兵三进一　车 9 平 8
9. 车二进九　马 7 退 8	10. 兵三进一　车 2 平 7
11. 马七进六　炮 1 退 1	12. 炮八进四　马 8 进 7（图 327）
13. 车九平八　炮 5 平 6	14. 马三进四　马 7 进 6

15. 马四退二! 车7平8

16. 车八进五! 车8进2

17. 车八平四 士6进5

18. 炮六平七 象3进5

19. 炮七进四 炮1退1

20. 马六退七 车8平9

21. 兵七进一 车9退2

22. 车四平一 卒9进1

23. 马七进六! 炮1进6

24. 炮八平七! 马3退1

25. 前炮平八! 象5退3

26. 马六进五 象7进5

27. 兵七平八 卒9进1

28. 马五进三 卒1进1

30. 仕六进五 卒9进1

32. 兵五进一 卒8进1

33. 炮七退四! 卒8进1

34. 炮七平九! 炮6平8

35. 马四进二! 卒8平7

36. 炮九退一 卒7进1

37. 相五退三 炮1平5

38. 仕五进六 卒1平2

39. 炮八退四 马1进3

40. 兵八进一! 马3进2

41. 炮九平六! 炮5平1

42. 兵五平六! 炮1退2

43. 兵六平七! 炮1平3

44. 炮六平八!（图328）

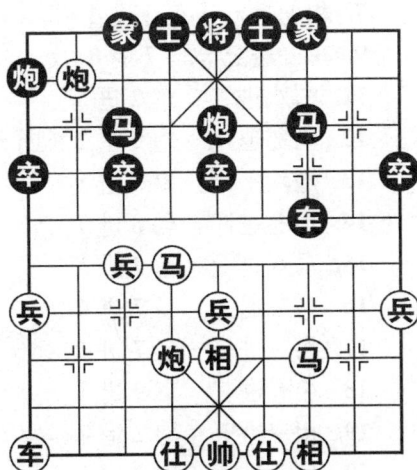

图 327

29. 马三退四 卒1进1

31. 兵五进一 卒9平8

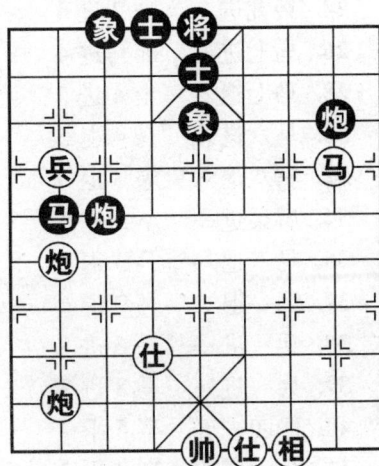

图 328

第 165 局　胡荣华胜孙博

1. 炮二平六　炮8平5

2. 马二进三　马8进7

3. 车一平二　马2进3

4. 兵七进一　炮2平1

5. 马八进七　车1平2

6. 炮八进二　卒7进1

7. 相七进五　车2进4

9. 车二进五　马7退8

11. 炮八进三　车2进5

12. 马七退八　炮5平2（图329）

13. 炮六平七！象3进5

14. 炮七进四　马8进7

15. 马八进七　炮2进5

16. 马三退五　马7进6

17. 兵三进一　卒7进1

18. 相五进三　卒9进1

19. 相三进五　炮2退7

20. 马五进三　炮2平3？

21. 炮七进三　象5退3

22. 兵七进一！象3进5

23. 兵七进一　马3退2

24. 兵九进一　马2进4

26. 马七进九　前马进4

28. 马七退六　士4进5

30. 马六进八　马4退5

32. 马八退六！象3退5

34. 后兵进一　卒5进1

36. 马三退一　马3退5

37. 马一退二　马7退6

38. 兵一进一　马6进8

39. 兵一进一　马8进7

40. 仕四进五　卒5平4

41. 马六退四　卒4平5

42. 马四退二　卒5平6

43. 后马进一　马5进4

44. 马一进二　卒6平7

45. 后马退三　马7退5

46. 马三进五！马4进5

47. 相七退五（图330）

8. 车二进四　车9平8

10. 车九平八　炮1平2

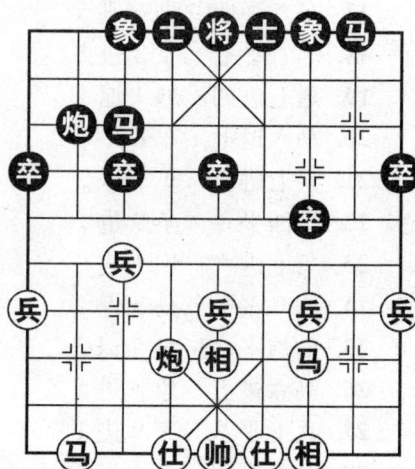

图 329

25. 兵七平八　马4进6

27. 马九进七　象5进3

29. 相五进七　卒5进1

31. 马三进四　马6进7

33. 兵八平九　马5进3

35. 马四进三！卒5进1

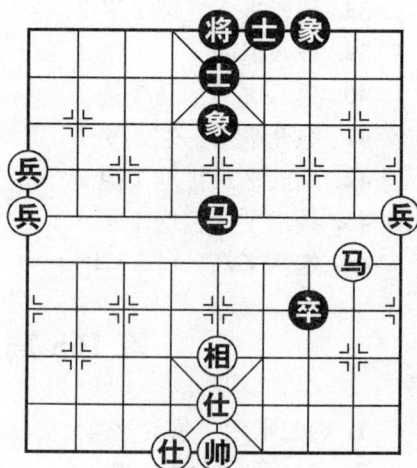

图 330

184

第 166 局　杨焯光负曾益谦

1. 炮二平六　　炮8平5
2. 马二进三　　车9进1
3. 车一平二　　马8进7
4. 车二进六　　马2进3
5. 车二平三　　卒3进1！（图331）
6. 车三进一　　车9平4
7. 马八进七　　车4进5
8. 相七进九　　车4平3
9. 车九平七　　马3进4！
10. 车三退二　　马4进5
11. 炮六平五　　马5进7
12. 马七退五　　车3进3
13. 马五退七　　炮5进5

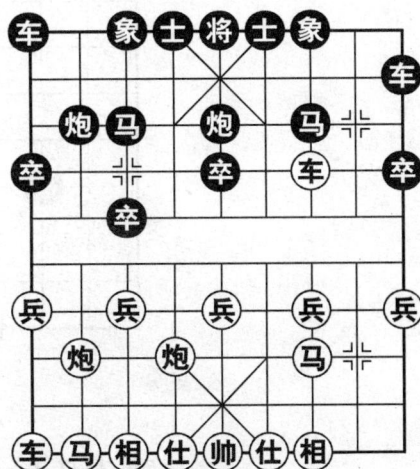

图 331

14. 相三进五　　马7退9
15. 车三平七　　炮2平5
16. 马七进六　　车1平2
17. 马六进七　　车2进6
18. 相九退七　　炮5平8
19. 相五退三　　象7进5
20. 车七进一　　马9进8
21. 仕六进五　　车2平3
22. 相七进五　　炮8平7
23. 仕五退六　　炮7进7！
24. 相五退三　　马8退6
25. 帅五进一　　车3进2
26. 帅五进一　　车3退1
27. 帅五退一　　车3进1
28. 帅五进一　　车3退1
29. 帅五退一　　马6退4！
30. 帅五退一　　马4进2
31. 马七进五　　车3平7
32. 车七平五　　马2进4
33. 仕六进五　　车7平1！
34. 车五平九　　车1进2
35. 仕五退六　　马4退6
36. 帅五进一　　车1退1
37. 帅五进一　　车1退1
38. 帅五退一　　士4进5
39. 车九平一　　车1进1
40. 帅五进一　　马6退5
41. 车一平四　　车1退1
42. 帅五退一　　车1进1
43. 帅五进一　　车1退2！
44. 帅五退一　　车1进2
45. 帅五进一　　车1退4！
46. 帅五退一　　车1平5
47. 车四退二　　马5进3！
48. 帅五平四（图332）

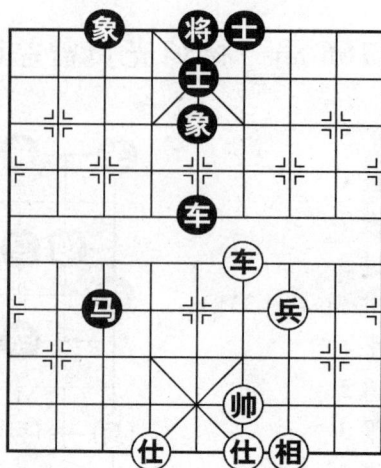
图 332

第 167 局　李智屏胜徐超

1. 炮二平六　炮 8 平 5	2. 马二进三　马 8 进 7
3. 车一平二　马 2 进 3	4. 兵七进一　炮 2 平 1
5. 马八进七　车 1 平 2	6. 炮八进二　车 2 进 4
7. 相七进五　车 9 平 8	8. 车二进九　马 7 退 8
9. 兵三进一　马 8 进 7	10. 仕六进五　卒 7 进 1

11. 兵三进一　车 2 平 7

12. 马七进六　炮 1 退 1

13. 炮八进四　炮 5 平 6

14. 炮八平七　马 7 进 6

15. 马六进四　车 7 平 6（图 333）

16. 车九平八　炮 1 进 5

17. 车八进三　炮 1 进 3

18. 炮七退二　象 3 进 5

19. 炮七平一　卒 1 进 1

20. 兵一进一　炮 1 退 4

21. 车八进一　车 6 平 7

22. 炮六平九　炮 1 进 1

23. 炮一退一　炮 1 平 4

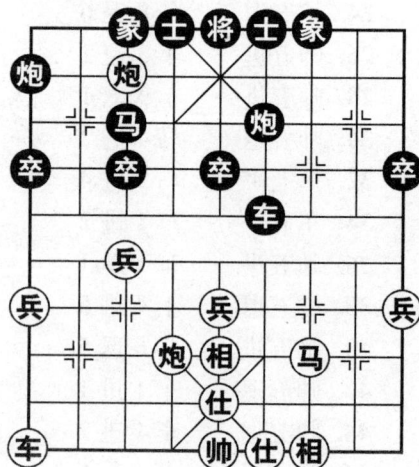
图 333

24. 炮九平七　炮 4 退 5　　　25. 炮七进五！炮 6 平 3

26. 马三进一　炮 4 平 9　　　27. 车八进二　炮 3 退 1

28. 炮一进一　炮 9 进 4　　　29. 车八平五　炮 3 平 9

30. 车五退二　车 7 退 1　　　31. 炮一退一　车 7 进 1

32. 炮一进一　前炮退 1　　　33. 车五平三！车 7 平 5

34. 车三进二　车 5 进 2　　　35. 马一进三　车 5 平 8

36. 车三进二　士 4 进 5　　　37. 炮一平五！后炮进 2

38. 车三进一！将 5 平 4

39. 车三退二　车 8 平 7？

40. 炮五平三！车 7 平 2

41. 马三进一　车 2 进 3

42. 仕五退六　车 2 平 4

43. 帅五进一　车 4 退 1

44. 帅五退一　车 4 进 1

45. 帅五进一　车 4 退 1

46. 帅五退一　车 4 进 1

47. 帅五进一　车 4 退 5

48. 马一退二　车 4 平 8

49. 车三平一！车 8 进 2

50. 车一退一　车 8 平 4

51. 炮三退二！（图 334）

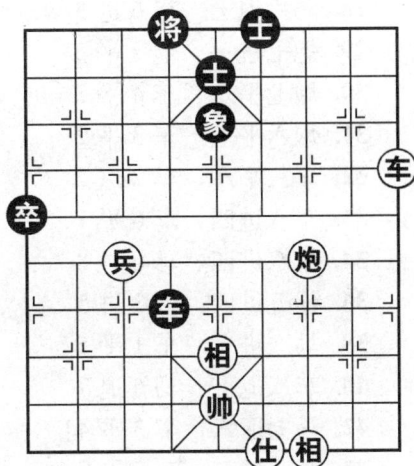

图 334

第 168 局　李雪松负薛文强

1. 炮二平六　炮 8 平 5　　　2. 马二进三　马 8 进 7

3. 车一平二　马 2 进 3　　　4. 兵七进一　炮 2 平 1

5. 马八进七　车 1 平 2　　　6. 炮八进二　车 2 进 4

7. 相七进五　炮 5 平 4　　　8. 炮六进一　象 7 进 5

9. 兵三进一　卒 7 进 1　　　10. 炮六平八　车 2 平 4（图 335）

11. 马三进四　车 4 进 3　　　12. 车九平七　卒 7 进 1

13. 相五进三　士 6 进 5　　　14. 仕六进五　车 4 退 4

15. 相三退五　车 9 平 6　　　16. 车二进四　卒 1 进 1

17. 车七平八　马 3 进 1　　　18. 后炮平七　炮 1 平 2！

19. 炮八平九　马 1 退 3！　　20. 兵七进一　卒 3 进 1

21. 炮九平五　卒 5 进 1
22. 炮五进三　象 3 进 5
23. 炮七进四　马 7 进 6
24. 车二平三　车 4 平 3
25. 马四进六　车 3 平 4!
26. 马六退七　车 4 平 3
27. 前马进六　车 3 平 4
28. 马六退七　车 6 进 3
29. 炮七进一　炮 2 平 3
30. 炮七平六　车 4 平 3
31. 炮六平七　车 3 平 2
32. 车三平八　车 2 进 2
33. 车八进四　车 6 平 1
34. 车八进四　马 6 进 8
35. 仕五进四　炮 3 进 5
38. 马八进七　车 1 平 5
40. 车八退五　马 6 退 7
42. 马七退六　卒 3 平 4!
43. 车八进三　车 5 平 2
44. 马六进八　炮 4 平 2
45. 炮七平九　卒 5 平 6
46. 炮九进三　象 5 退 3!
47. 马八退六　马 7 退 5
48. 炮九退一　卒 4 进 1
49. 马六退八　马 5 进 3
50. 马八进六　马 3 进 1!
51. 兵九进一　炮 2 平 9!
52. 马六退四　卒 4 平 5
53. 相三退一　炮 9 进 4
54. 兵九进一　卒 9 进 1!（图 336）

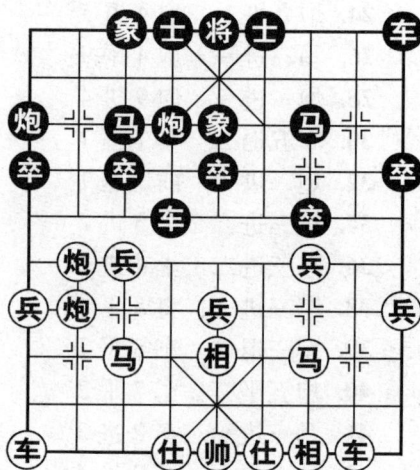

图 335

35. 前马进八　马 8 进 6!
37. 炮七退六　卒 5 进 1!
39. 仕四进五　卒 5 进 1
41. 相五进三　卒 3 进 1

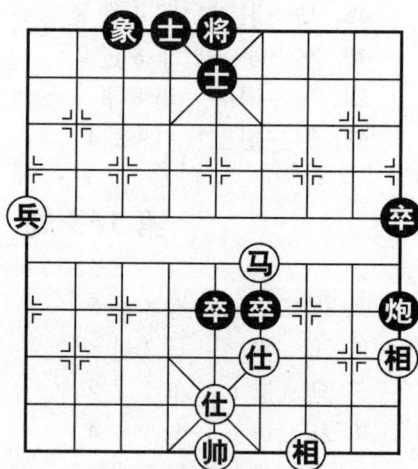

图 336

第 169 局　廖二平负陈翀

1. 炮二平六　炮 8 平 5
2. 马二进三　马 8 进 7

3. 车一平二　马 2 进 3
4. 兵七进一　炮 2 平 1
5. 马八进七　车 1 平 2
6. 炮八进二　车 2 进 4
7. 相七进五　卒 7 进 1
8. 仕六进五　车 9 平 8
9. 车二进九　马 7 退 8
10. 炮六进一　卒 3 进 1
11. 炮六平八　车 2 平 1
12. 兵七进一　车 1 平 3
13. 前炮平七　马 3 进 4
14. 马七进六　炮 5 平 4 （图 337）
15. 炮八平七　车 3 平 2
16. 后炮进六　士 4 进 5
17. 前炮平九　炮 1 平 3
18. 兵五进一　马 8 进 7
19. 兵三进一　炮 4 进 3！
20. 车九平六　卒 7 进 1
21. 兵五进一　卒 5 进 1
22. 炮七平三　马 7 进 6
23. 车六进四　卒 5 进 1！
24. 车六平五　马 4 进 3
25. 车五平七　马 3 进 4！

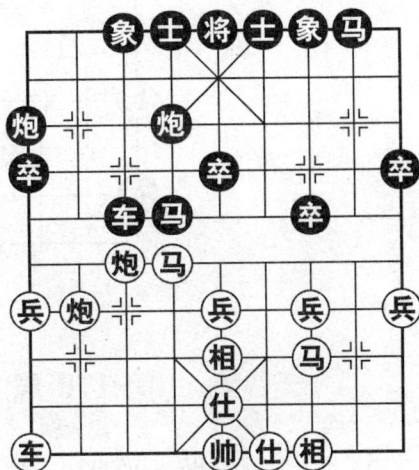

图 337

26. 车七退三　车 2 进 5
27. 仕五退六　马 4 退 6
28. 车七平四　炮 3 平 5！
29. 仕四进五　将 5 平 4！
30. 炮三平五　炮 5 进 5！
31. 帅五平四　前马退 5
32. 车四进四　炮 5 平 1
33. 车四平六　将 4 平 5
34. 车六退一　马 5 进 7
35. 车六平七　士 5 进 6
36. 车七进五　将 5 进 1
37. 车七退六　炮 1 进 2
38. 帅四进一　炮 1 退 1
39. 帅四退一　炮 1 进 1
40. 帅四进一　马 7 退 6
41. 炮九平三　炮 1 退 1
42. 帅四退一　炮 1 进 1
43. 帅四进一　炮 1 退 1
44. 帅四退一　车 2 退 6
45. 炮三退五　炮 1 进 1
46. 帅四进一　炮 1 退 1
47. 仕五进六　车 2 进 2
48. 相三进一　车 2 平 5
49. 车七平四　马 6 进 7！
50. 车四进四　车 5 进 3
51. 帅四退一　车 5 进 1
52. 帅四进一　马 7 退 5！
53. 车四进一　将 5 进 1
54. 马三进五　车 5 退 3
55. 车四退四　马 5 进 3
56. 炮三退四　车 5 进 3
57. 车四平七　马 3 退 5！（图 338）

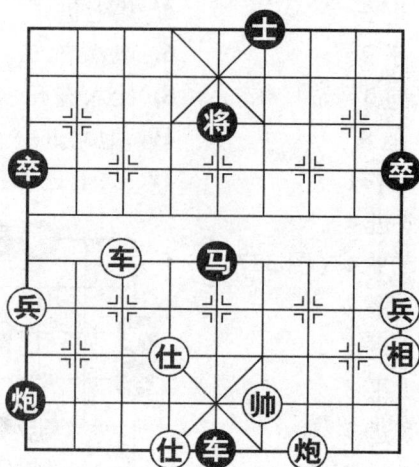

图 338

第 170 局　李雪松胜宇兵

1. 炮二平六　炮 8 平 5
2. 马二进三　马 8 进 7
3. 车一平二　马 2 进 3
4. 兵七进一　炮 2 平 1
5. 马八进七　车 1 平 2
6. 炮八进二　卒 7 进 1
7. 相七进五　车 2 进 4
8. 兵三进一　车 9 平 8
9. 车二进九　马 7 退 8
10. 兵三进一　车 2 平 7
11. 马七进六　炮 1 退 1
12. 炮八进四　车 7 平 2
13. 炮八平七　马 8 进 7
14. 仕六进五　马 7 进 6
15. 马六进四　车 2 平 6
16. 车九平八　炮 5 平 7（图 339）
17. 炮六平九　炮 1 进 5
18. 炮七退二　象 3 进 5
19. 车八进三　炮 1 退 1
20. 车八进四　卒 1 进 1
21. 炮七平九！炮 1 退 2
22. 炮九进四　车 6 平 2
23. 车八退二　马 3 进 2

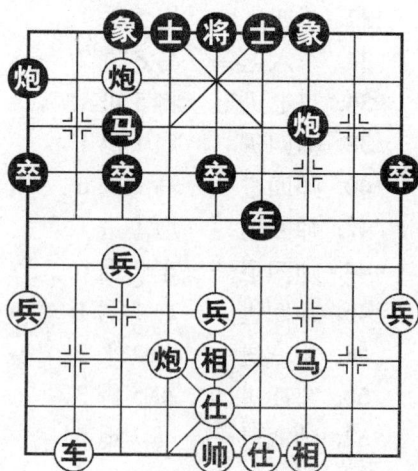

图 339

24. 马三进四！ 炮7平9　　25. 炮九平一　马2退3

26. 马四进二　马3进4　　27. 兵五进一　象5进7

28. 马二进三　马4进3　　29. 马三退五　马3退5

30. 炮一平二　象7退5　　31. 马五退四　炮9平6

32. 炮二退二　马5退6　　33. 马四退六！ 士4进5

34. 兵一进一　马6进5　　35. 兵一进一　卒1进1

36. 相五进三　马5退6　　37. 相三退五　马6进5

38. 兵一平二　炮6进4　　39. 兵二进一　炮6平5

40. 兵二平三　卒1进1　　41. 马六进八　卒1平2

42. 马八进七　卒2平3　　43. 马七进九　炮5平6

44. 炮二平四　炮6平4　　45. 马九进七　将5平4

46. 炮四进一　炮4退5　　47. 炮四平九　卒3进1

48. 马七退八　卒3进1

49. 炮九平六　士5进4

50. 炮六平四　士6进5

51. 相五进三　马5退4

52. 炮四退四　卒3平4

53. 兵七进一！ 马4进6

54. 兵七进一　马6进5

55. 炮四平三　马5退4

56. 马八退七　马4进3

57. 相三进五　炮4平1

58. 马七退九！ 将4平5

59. 马九退七　炮1进3

60. 炮三平六　炮1平3！

61. 相五进七！（图340）

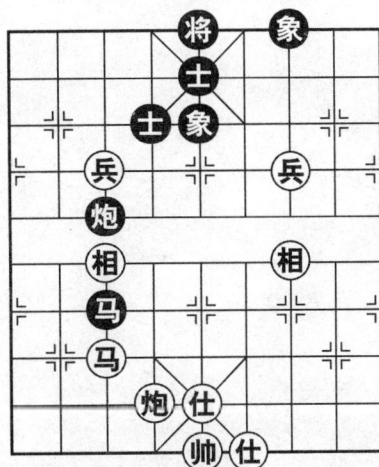

图 340